Himmelbett und Klosterzelle

Außergewöhnlich übernachten in Burgen, Klöstern und Schlössern

BRUCKMANN

Inhalt

1

2

3

4

5

1 Detail der Pforte in St. Odilienberg. **2** Treppenhaus in Schloss Bühlerhöhe. **3** Schloss Lembeck. **4** Die Theaterbühne der Ehrenburg. **5** Deckenmalerei im Kloster Einsiedeln.

Schon tausend Jahre wachen Burgen über Land und Leute, Jahrhunderte voller Geschichte. Burgen als «der Romantik schönster Zufluchtsort» wie Sie der Dichter Ferdinand Freiligrath einmal nannte, sind heute wieder Fluchtpunkt für alle, die den beengten Verhältnissen der Großstadt entfliehen oder einfach nur das Gefühl herrschaftlicher Wohnkultur genießen möchten. Dies gilt auch für barocke Schlösser. Zu ihnen gehören neben den großzügigen Räumlichkeiten auch die Gaumenfreuden der Ritterstuben und Gourmetrestaurants.
Guten Appetit! Im Hotel Schloss Vellberg kommen kreative Speisen frisch zubereitet auf den Tisch. Die festliche Atmosphäre des Speisesaals steigert die zu erwartenden Gaumenfreuden.

In Burgen, Klöstern und Schlössern

Übernachten und feiern in historischen Gemäuern

Burgen und Schlösser faszinieren – immer noch. Das mag zunächst erstaunen, sind sie doch Relikte aus einer Zeit, deren politische und gesellschaftliche Wirklichkeit mit der unseren nahezu nichts mehr gemein hat. Ursprünglich dienten etwa Burgen der Verteidigung und Sicherung von Regionen, Städten, Straßen, Erz-, Salz- und Silberbergwerken. Die zwischen dem 15. und 17. Jahrhundert entstandenen Schlossbauten erfüllten ihre Funktion als Repräsentationsobjekte und Wohnräume der adligen Führungsschicht. Beides gehört der Vergangenheit an, sieht man einmal ab von den vereinzelten, oft sehr kostspieligen Bemühungen seitens einiger Industrieller oder Aristokraten mit einem gewissen Hang zur Nostalgie, die die ehemaligen Herrensitze zur privaten Nutzung erhalten.

Dennoch kann sich kaum einer oder eine dem Zauber, der von Burgen und Schlössern ausgeht, entziehen. Zwar wünschen sich bei nüchterner Betrachtung wohl die wenigsten zurück in die oft kriegerischen und entbehrungsreichen Jahrhunderte, die zwischen Karl dem Großen und dem Dreißigjährigen Krieg lagen, aber es besteht doch eine heimliche Sehnsucht nach der «guten alten Zeit»: Männer aller Altersklassen verbinden das Mittelalter mit Heldentum und Ritterlichkeit und in manch weiblicher Vorstellung mag die Prinzessin wieder aufleben, in deren Rolle viele im Kindergarten zur Karnevalszeit schlüpften. Die gesellschaftliche Ordnung war damals, so der Glaube, leicht überschaubar, und jeder hatte seinen festen Platz als König, Ritter, Bürger oder Bauer. Herkunft und Anwendung der Güter des täglichen Bedarfs waren bekannt und stellten die Menschen nicht wie heute vor die Herausforderung, sich in immer kürzeren Abständen einer sich verändernden technologischen und sozialen Umwelt anzupassen.

Gerade deshalb erscheinen uns Burgen und Schlösser als Orte des Rückzugs und der Besinnung, als Refugium vor dem Stress des Alltags. Um diesem Anspruch gerecht zu werden, tun die Betreiber der Burgen- und Schlössergastronomie alles, um neben dem Komfort der Neuzeit den Flair des Alten zu erhalten: Die Speisekarten halten sich an regionale Traditionen, beim Mobiliar der Räume wird auf die Vereinbarkeit mit der historischen Umgebung geachtet, darunter nicht selten wertvolle Antiquitäten, Schloss- und Burgführungen machen den Besucher mit der Geschichte und den Dimensionen des Hauses vertraut. So erfreuen sich die einstigen Festungen und Prachtbauten besonders bei Firmen zu Tagungszwecken und bei Heiratswilligen großer Beliebtheit.

Die Rückkehr der Klöster – Mönchsleben auf Zeit, Kunst und leibliches Wohl

Aber auch Klöster haben wieder Konjunktur. Vor einigen Jahren entdeckte zunächst eine kleine Minderheit das Leben in der Klausur, und nur wenige Konvente waren darauf vorbereitet. Jetzt rüsten die meisten für Besucher auf, die auf einen Tag, für Wochen oder lediglich zum Einkaufen naturbelassener Lebensmittel sowie Bier, Wein und Klosterlikör herbeiströmen.

Hier ziehen sich nicht nur Frömmler für einige Tage zu geistlichen Übungen hinter den Schutz der Klostermauern zurück, sondern mittlerweile auch gehetzte Manager, Studenten mit Prüfungsangst, Männer und Frauen in der Midlife-Crisis, Unternehmer vor wichtigen Entscheidungen, Gestresste auf der kurzzeitigen Flucht vor Ärger in Beruf und Familie. Eines wissen sie alle: Wer heute an eine Klosterpforte klopft, muss zwar manchmal lange auf Eintritt warten, weil die Gemäuer sich weitläufig ausdehnen und meistens nur noch wenige Patres, Brüder oder Nonnen ihr Leben dort verbringen. Wenn sich dann aber die Tür öffnet, stellt niemand die vielleicht befürchtete Frage: Wie halten Sie es mit der Religion? Ob gläubig oder nicht, ob katholisch, evangelisch oder sonst etwas

1 Holzwappen mit gekreuzten Schwertern im Restaurant Schloss Saaleck: Hier werden köstliche Speisen serviert – vom Wildferkel bis zum Hauskaninchen. **2** Der wunderbare Rosengarten von Schlosshotel Kronberg ist in seiner Art einzigartig. **3** Festliche Kerzenbeleuchtung in der Stiftskirche Zwettl.

2

3

1

spielt beim Eintritt ins Kloster auf Zeit keine Rolle. Bei kunstbeflissenen Suchern nach Zeugnissen großer abendländischer Kultur ohnehin nicht und natürlich auch nicht bei Zechgästen. Auch das Entree für wochenlange Aufenthalte hängt nicht von der Konfession ab. Geistliches Auftanken (Meditation), geistige Ansprüche bei kulturellen Entdeckungen (Kunst und Geschichte) sowie leibliches Wohlergehen (Bier, Wein und Klostergarten) – so entdeckt man heute das Klosterleben.

Wer aber die Klosterpforten für mehrere Tage hinter sich schließen will, sollte mit Bedacht das richtige Kloster für seine Bedürfnisse auswählen. Kernfragen sind dabei: Was suche ich eigentlich? Traue ich mir überhaupt zu, einige Zeit in völliger Stille zu leben?

2

3

1 Gemälde der Abtei Admont in der Steiermark. **2–3** Schätze im Stift Zwettl: Goldkreuz und Krummstab. **4** Gemütlichkeit im Freien: Tische im Hof von Burg Ehrenfels. **5** Beim Orgelspiel im Kloster Benediktbeuern.

Wer noch keine Erfahrungen mit Meditation gemacht hat, sollte zunächst an Meditationsübungen teilnehmen. Für das erste Mal im Kloster empfehlen sich die Programme von «Kloster auf Zeit», die vor allem von den traditionell gastfreundlichen Benediktinern gepflegt werden. Stärker beanspruchen die Kapuziner ihre Gäste. Sie betonen das vollkommene Mitleben mit den Bettelmönchen: Tag für Tag teilen die Gäste das einfache Leben der Brüder. Im Unterschied zu den Klöstern auf Zeit (feste Tarife) bleibt es hierbei den Gästen überlassen, was sie für die Unterbringung bezahlen möchten.

Das Leben als Mönch oder Nonne ist in allen Fällen gesund. Klostergärten sind Bioländer, naturbelassen und voller Kräuter, Aromen und Geschmäcker. Solche Gärten wollen bebaut und gepflegt sein, eine wichtige Arbeit für die Gäste beim Mitleben. Für die Selbstversorgung unterhalten die meisten Klöster einen landwirtschaftlichen Betrieb. Mal als Bauer Hand anzulegen, kann deshalb auch zum Klosterbesuch gehören. Die Hausarbeiten, wie z. B. Geschirrspülen, teilen sich Dauerbewohner und Besucher selbstverständlich. Bei längeren Aufenthalten im Kloster können auch das Freizeitangebot und die umgebende Landschaft ausschlaggebend für die Auswahl sein. Letztlich geht es den «inneren Schulen» aller Orden um die ganzheitliche und harmonische Erkenntnis und Entwicklung des Einzelnen. Ein Ziel, das anscheinend wieder zur Sehnsucht einer wachsenden Zahl von modernen Menschen gehört, die nicht mehr in fernöstliche Kulturen aussteigen müssen, sondern sich sozusagen um die Ecke neu sortieren können.

1

Harmonische Kombination

In dem vorliegenden Band wurde darauf geachtet, neben der Atmosphäre, den Gästeangeboten und der Umgebung des jeweiligen Hauses auch seine Geschichte zu schildern, um dem Leser einen Einblick in das spannende und häufig wechselhafte Schicksal der ehrwürdigen Gebäude zu vermitteln.

Typischerweise gehören auch die Umgebungen der meist von größeren Ortschaften abgelegenen bewirtschafteten Burgen, Klöster und Schlösser zu den reizvollsten in Deutschland, Österreich und der Schweiz, und der besondere Genuss eines Aufenthalts ergibt sich aus der Harmonie von Architektur und Natur: aus der Ruhe, dem Komfort und der Entspannung innerhalb der herr-

2

schaftlichen oder klösterlichen Mauern und den Entdeckungsreisen, die der Gast zum einen in der historisch und landschaftlich reizvollen Umgebung und zum anderen vielleicht auch in sich selbst machen kann.

Von exklusiven, hochherrschaftlichen Schlosshotels über Burghotels der gehobenen und mittleren Preisklasse sowie einfachen Unterkünften, wie z. B. Jugendherbergen, bis hin zu großen und kleineren Klöstern, die ein einfaches Klosterleben auf Zeit anbieten, wird hier eine Auswahl historischer Gemäuer in Deutschland, Österreich und der Schweiz vorgestellt. Dabei wurde auch darauf geachtet, dass sich die geschilderten Schlösser, Klöster und Burgen in den Regionen zu einer kleineren oder größeren Runde zusammenfassen und quasi «erfahren» und erkunden lassen. Denn neben den geschmackvollen Unterkünften bieten die meisten Häuser auch Museen, und viele Schätze an Architektur, Malerei, aber auch Glasfenstern, kunstvollen Uhren und religiösem Mobiliar, kostbaren Paramenten, Altären und schwerem Gestühl locken zu Besichtigungstouren – und hinterher lohnt sich ein Besuch der Klosterbiergärten und Schlossrestaurants allemal.

1 Die Zugbrücke der Wasserburg Anholt. **2** Refektorium im Zisterzienserstift Zwettl im österreichischen Waldviertel. **3** Die Schlosskapelle von Westerburg zeigt die Schnitzkunst des Mittelalters mit einer Altarfigur. **4** Das weitläufige Treppenhaus in Schloss Hugenpoet mit der Gemäldegalerie. **5** Schloss Krönnevitz: Detail im Flur.

Mecklenburg-Vorpommern / Brandenburg

Burg Stargard mit ihrer historischen Burganlage liegt Mitten im grünen Landkreis Mecklenburg-Strelitz

1

2

3

4

Im Einklang mit der Natur

Inmitten eines herrlichen Parks liegt Schloss Schlemmin

Wie edle Fürsten in vergangenen Zeiten, so können Gäste heute im Park-Hotel Schlemmin residieren. Das sanierte Schloss und der wunderbar angelegte Park stehen heute unter Denkmalschutz.

Wie viele andere Herrenhäuser und Schlösser in Mecklenburg-Vorpommern hat auch das Gutsschloss Schlemmin eine wechselhafte Geschichte hinter sich. Der gründlichen Sanierung und Restaurierung, die 1999 begonnen wurden, ist es zu verdanken, dass das Gebäude heute wieder zu einer sehenswerten Kostbarkeit der Gegend avanciert ist. Bereits im 14. Jahrhundert war an der Stelle, an der das Gutsschloss steht, ein Wasserschloss errichtet worden. Um 1320 wird der Ritter Heinrich Thun als Besitzer von Schlemmin genannt. Jahrhundertelang blieb Schlemmin im Besitz der mächtigen Familie von Thun und wurde dabei mehrfach umgebaut. Für das Gutsschloss in seiner heutigen Erscheinung war Wilhelm Ulrich von Thun (1784–1862) bedeutsam. Er ließ Schlemmin vollkommen umgestalten und von 1846 bis 1850 unter der Leitung des bekannten Berliner Architekten Karl Heinrich Eduard Knoblauch das Schloss neu erbauen. Das Schloss wurde im Tudor-/Neugotik-Stil errichtet, der zur damaligen Zeit in Vorpommern sehr beliebt war. In der Folgezeit hatte das Schloss manch prominente Besucher zu Gast. So übernachteten am 18. und 19. August 1853 König Friedrich Wilhelm IV. von Preußen dort und 1863 Kronprinz Friedrich Wilhelm, der spätere Kaiser Friedrich III., mit seiner Gemahlin. Die bedeutende Stellung, die das Gutsschloss einige Zeit innehatte, war mit den wirtschaftlichen Schwierigkeiten in den zwanziger Jahren des 20. Jahrhunderts endgültig beendet. Gut Schlemmin war hoch verschuldet und das Schloss stand längere Zeit leer. Mit dem Zweiten Weltkrieg und später der Teilung Deutschlands erfolgte eine Nutzung als Lazarett, Flüchtlingsunterkunft und Gästehaus für wichtige Persönlichkeiten der DDR. Das Schloss verkam, bis es schließlich ab 1999 grundsaniert wurde. Heute beherbergt es ein luxuriöses Hotel, in dessen durch viele Antiquitäten und Kunstwerke stilvoll gestaltetem Interieur sich Gäste wohl fühlen können. Nicht zuletzt der mehr als 200 000 Quadratmeter große Park, der um das Schloss herum liegt, trägt zu der harmonischen Atmosphäre der schönen Anlage bei.

1 Im Kuppelsaal von Schloss Schlemmin werden von Zeit zu Zeit Kammerkonzerte aufgeführt. **2** In der kalten Jahreszeit liegt das Schloss im Winterwunderland. **3** Interieur mit historischer Uhr. **4** Einladung zum Entspannen; bunte Blumen schmücken Treppenhaus und Foyer.

1 Wer die Wahl hat … Die Entscheidung fällt bei der Vielfalt der angebotenen Köstlichkeiten so manchem Gast schwer. **2** Großzügige Flügelfenster machen die Suiten besonders hell und freundlich. **3** In bequemen Sesseln plaudert es sich viel leichter. **4** Für das leibliche Wohl ist auf Schloss Schlemmin bestens gesorgt. **5** Von der Saauna direkt ins Freie. **6** In der Weinbar findet jeder Weinkenner einen Tropfen nach seinem Geschmack. **7** Die schlosseigene Bibliothek wartet mit vielfältiger Literatur auf.

Park-Hotel Schloss Schlemmin

«Ein Herrensitz zum Entspannen und Wohlfühlen»

Anreise
Auto: Autobahn A 19 oder A 20 bis zum Kreuz Rostock, dann in Richtung Osten auf der A 20 bis Sanitz, weiter in Richtung Grimmen bis Dettmannsdorf-Kölzow, abbiegen nach Marlow/Semlow oder bis zur A 20 Abfahrt Tribsees/Bad Sülze und von dort in nördliche Richtung über Eixen-Semlow.
Oder ab Kreuz Rostock nordwärts bis Ausfahrt Rostock-Ost, B 105 Richtung Stralsund über Ribnitz-Damgarten.
Bahn: Nächster Intercity-Haltepunkt ist Ribnitz-Damgarten. Das Hotel bietet einen Bahntransfer.

Sehenswürdigkeiten
Der Schlosspark, 2003 für die IGA Rostock als Außenstandort gewählt. Reizvolles Fachwerkstädtchen *Tribsees*. Bernstein-Museum Ribnitz-Damgarten. Hansestadt *Stralsund* mit sehenswerter Altstadt. *Rostock* als größte Stadt Mecklenburg-Vorpommerns verfügt über viele Sehenswürdigkeiten.

Freizeitangebot in der Umgebung
Naturschutzgebiete bei Bad Sülze und Marlow laden zu Wanderungen ein. Im Norden liegen die Sandstrände von Fischland. Die Halbinsel Fischland-Darß-Zingst bietet eine der abwechslungsreichsten Küstenlandschaften der Ostsee.

Geschichte
Das Gutsschloss Schlemmin wird auf den Fundamenten einer Wasserburg aus dem 14. Jahrhundert zwischen 1846 und 1850 durch den Berliner Architekten Eduard Knoblauch im Auftrag von Wilhelm Ulrich von Thun erbaut. Ende der zwanziger Jahre des 19. Jahrhunderts war Gut Schlemmin stark verschuldet. Ende 1944 wurden Flüchtlinge aus dem Osten einquartiert. Im Mai 1945 besetzte die Rote Armee den Ort. In den DDR-Zeiten diente das Schloss Flüchtlingen als Unterkunft. Im Musiksaal wurde ein Konsum eingerichtet, im Schloss eine Schule. 1970 wurde das Schloss zum Gästehaus einer LPG für Mitglieder des Politbüros, Minister und Funktionäre. 1991 erlangte die Gemeinde Schlemmin Besitzrechte am Schloss. Eine Unternehmensgruppe aus Berlin bewirtschaftete das Gebäude bis 1992 erfolglos als Schlosshotel. 1999 kaufte Horst Sander aus Bremen das Schloss. Nach gründlicher Renovierung 2002 Eröffnung als Hotel.

Kategorie
Das 4-Sterne-Hotel bietet 35 Zimmer und Suiten. Preis eines Doppelzimmers von 83 bis 152 Euro, für Suiten von 131 bis 195 Euro. Auch behinderten gerechte Zimmer verfügbar.

Gästeangebote
Bibliothek und Konferenzzimmer, Säle für Feiern, Veranstaltungen und Konzerte, Wellnessbereich mit Sauna, Café mit historischer Ausstattung und Wein-Bar mit Tanzfläche. Zwei Restaurants mit regionaler und internationaler Küche.

Veranstaltungen
Trauungen im Schloss sind möglich. Kochkurs mit dem Küchenchef. Kremserfahrten durch den Schlemminer Forst, geführte Radwanderungen, Fackelwanderungen und Lesungen. Golfen, Jagdausbildung möglich.

Adresse
Park-Hotel Schloss Schlemmin, D-18320 Schlemmin, Tel. 038225-5160, Fax 038225-516100, www.schloss-schlemmin.de

1

2

3

4

Märchenschloss auf Rügen

Blick auf den Jasmunder Bodden – Schloss Ralswiek

Nach jahrelanger Zweckentfremdung ist Schloss Ralswiek durch eine gelungene Renovierung wieder aus seinem Dornröschenschlaf erwacht und beherbergt heute ein komfortables Hotel.

Dass Deutschlands größte Insel Rügen einen Besuch lohnt, ist kein Geheimnis. Ralswiek liegt direkt am Großen Jasmunder Bodden, der das Kernland Rügens, Muttland genannt, von der Halbinsel Jasmund trennt. Archäologische Funde belegen, dass der Ort bereits um 800 n. Chr. ein bedeutender Seehandelsplatz der Ranen war. Diese nahmen Rügen seit Beginn des 7. Jahrhunderts in Besitz und entwickelten weit reichende Handelsbeziehungen. Oberhalb von Ralswiek thront unübersehbar das markante Schloss Ralswiek mit zwei runden Ecktürmen. Graf Hugo Sholto Douglas (1837–1912), auch Abgeordneter im preußischen Landtag, hatte 1891 das Gut Ralswiek erworben und das Dorf grundlegend verändert. Als standesgemäße Unterkunft ließ er 1893/94 das Schloss im Stil der Neorenaissance erbauen. Nachdem der Graf den belgischen Künstler Henry van de Velde (1863–1957) kennen gelernt hatte, planten beide gemeinsam einen Umbau, der 1914 erfolgte. Velde, der in Europa als ein bedeutender Wegbereiter und Vertreter des Jugendstils galt, erhielt den Auftrag zur Einrichtung einiger Räume. Da das Schloss nach dem Zweiten Weltkrieg als Altersheim und Pflegeheim genutzt wurde, wurde das Interieur vernachlässigt und zum Teil schwer beschädigt. Als dann später im Zuge einer sorgfältigen Renovierung die Werke Veldes wieder entdeckt wurden, kam dies unter Kunstfreunden einer Sensation gleich.

Von dem auf einem Hügel gelegenen Schloss Ralswiek aus blickt man auf den Jasmunder Bodden und auf eine weitere bekannte Sehenswürdigkeit: die eigens für die Störtebeker-Festspiele geschaffene Naturbühne mit mittelalterlichen Kulissen. Der DDR-Autor Kurth Barthel (1914–1967) nahm das Leben des 1370 auf Rügen geborenen und 1401 hingerichteten Piraten Klaus Störtebeker als Vorlage für eine dramatische Ballade. Die Geschichte um den bärenstarken Seeräuber, der gerne die Reichen plünderte und den Armen half, wurde 1959 erstmals, dann mit Unterbrechungen immer wieder aufgeführt und zählt seit 1993 zu den regelmäßig im Sommer stattfindenden Touristenattraktionen.

1 Die Spaziergänger im Schlosspark genießen die Ruhe und die Natur. **2** Über dem Eingangsportal prangt das Familienwappen. **3** Hochzeit im historischen Ambiente mit historischem Wagen. **4** «Märchenschloss» nennen die Inhaber ihr Schloss stolz – und das völlig zu Recht.

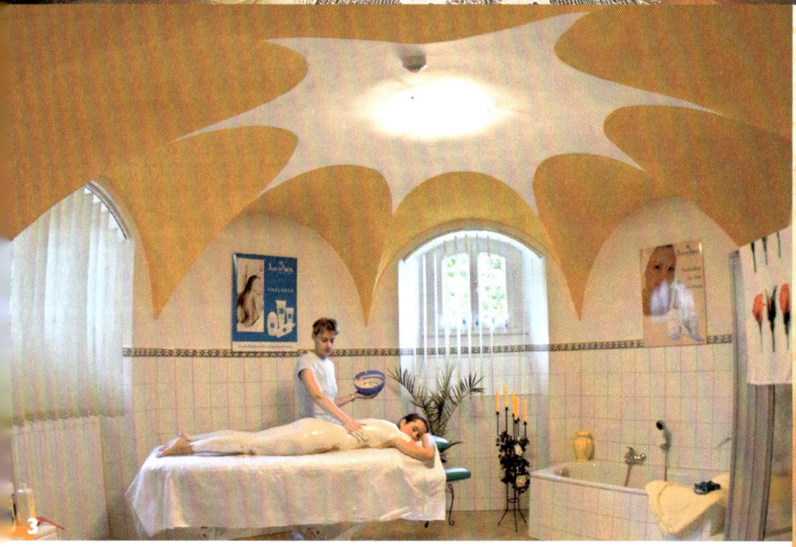

1 In der Schlossbibliothek findet sich so manche interessante Lektüre. **2** Lichtdurchflutete Suite: Das Mobiliar stammt von der Insel Java. **3** Der großzügige Wellness- und Beautybereich bietet viele Möglichkeiten, sich verwöhnen zu lassen. **4** Das 1893/94 erbaute Schloss wurde zwischen 2000 und 2002 aufwändig restauriert. **5** Nicht nur süße Leckereien serviert das Schlossrestaurant. in großer Vielfalt. **6** Das Kaminzimmer ist mit prunkvoll gerahmten Gemälden ausgestattet. **7** Ralswiek liegt am Großen Jasmunder Bodden, einem wahren Wasserparadies.

Schlosshotel Ralswiek

«Jugendstil in märchenhafter Umgebung»

Anreise
Auto: Von Stralsund über den Rügendamm und danach die B 96 über Bergen nach Ralswiek.
Bahn: Über Stralsund nach Bergen. Weiter mit dem Bus.
Schiff: Von Breege aus fahren Schiffe nach Ralswiek.

Sehenswürdigkeiten
Im *Schloss* finden sich Arbeiten des Jugendstilkünstlers Henry van de Velde, der umgebende Park weist dendrologische Seltenheiten auf.
Am Fuße des Schlosses liegt das geschichtsträchtige *Ralswiek* mit der Naturbühne für die Störtebeker-Festspiele, einem idyllischen Hafen und einer schwedischen Kirche.
Putbus gilt als bemerkenswertes Beispiel einer spätklassizistischen Residenzstadt.
Das *Jagdschloss Granitz* gewährt von seinem Turm aus einen herrlichen Blick über Rügen.

Freizeitangebot in der Umgebung
Die Ostseestrände laden zum Baden und Wandern ein. Für Naturfreunde bieten sich Ausflüge in die verschiedenen Naturschutzgebiete Rügens an. Am Jasmunder Bodden lässt es sich gut segeln, der Hafen von Ralswiek ist beliebt als Anlegeplatz.

7

Geschichte
1893/94 wurde Schloss Ralswiek für den Grafen Hugo Sholto Douglas im Stil der Neorenaissance erbaut. 1910 wird der belgische Jugendstilvertreter Henry van de Velde mit der Ausstattung einiger Räume beauftragt. 1913/14 erfolgt ein Umbau und eine Erweiterung des Schlosses. 1945 Enteignung der Eigentümer, fortan wird das Schloss als Altenheim und später psychiatrisches Pflegeheim genutzt. 1999 Erwerb durch die Kurimmobilien Raulff OHG, seit 2000 umfassende Restaurierung und Sanierung. 2002 Eröffnung des Schlosshotels.

Kategorie
Die 65 Zimmer des 4-Sterne-Hotels sind individuell eingerichtet. Die Preise für ein Doppelzimmer betragen 90 bis 180 Euro, Suiten 170 bis 210 Euro und Appartements 160 bis 180 Euro.

Gästeangebot
Im Haus befinden sich Tagungsräume, eine Bibliothek, Schwimmbad, Sauna und Wellnessbereich. Im Restaurant wird regionale Küche gereicht, die Grafenschenke bietet Getränke und kleine Speisen an, Hotelbar vorhanden.

Veranstaltungen
Im Schloss können Trauungen und Feiern durchgeführt werden. Im Februar Rügener Hochzeitsgala. Alljährlich Störtebeker Festspiele auf der Naturbühne.

Adresse
Schlosshotel Ralswiek, Parkstraße 35, D-18528 Ralswiek, Tel. 03838-20320, Fax 03838-2032222, www.schlosshotel-ralswiek.de

1

2

3

4

Perle klassizistischer Baukunst

Das herrschaftliche Schloss Hohendorf

Der Berliner Hofarchitekt Karl–Friedrich Schinkel gestaltete dieses klassizistischen Architekturjuwels mit. Heute, 200 Jahre später, kümmert sich wieder ein Graf um den Erhalt des Schlosses.

Während die armseligen Hütten der Bauern und Tagelöhner längst zu Staub zerfallen sind, künden in Mecklenburg-Vorpommern noch heute zahlreiche Klöster, Burgen, Festungen, Schlösser und Herrenhäuser von einstiger Pracht und Herrlichkeit, vor allem aber von der besonderen Geschichte des Landes. 2500 Schlösser gibt es in dieser Gegend – mal barock, mal klassizistisch, mal im Stil der Renaissance. Manche glänzen wieder in alter Pracht, andere trauern noch vor sich hin: sie verfallen, verschimmeln, verschwinden hinter wucherndem Efeu. Einige der dem Tourismus zugewandten Schlossherrn haben sich auf Initiative von Hubertus Graf von Klot-Trautvetter – einstiger und neuer Besitzer des Schlosses Hohendorf – zur Vereinigung der Schlösser, Herrenhäuser, Gutshäuser in Mecklenburg-Vorpommern zusammengeschlossen. Die Vereinigung steht in erster Linie für eine gemeinsame Vermarktung der Häuser, die allesamt in äußerst reizvoller Landschaft gelegen sind.

Schloss Hohendorf in Vorpommern zählt seit seiner 1993 abgeschlossenen Restauration wieder zu den schönsten Beispielen klassizistischer Baukunst. Erbaut in der zweiten Hälfte des 18. Jahrhunderts, erhielt es seinen endgültigen Charakter Anfang des vorigen Jahrhunderts durch den Architekten Karl Friedrich Schinkel. Nach der Wende konnte Schloss Hohendorf von den Nachfahren seiner Erbauer in Besitz genommen werden. Die Familie von Klot-Trautvetter fühlte sich verpflichtet, aus Schloss Hohendorf wieder einen Ort internationaler Begegnungen in hochherrschaftlichem Ambiente zu machen. Den Gästen stehen 45 Zimmer zur Auswahl – vom Einzelzimmer über Doppelzimmer bis hin zu Suiten, Galerien und Turmzimmer.

Die Räumlichkeiten des Hauses bieten sich neben Familienfeiern und Hochzeiten auch für Tagungen an. Ein Event ganz besonderer Art ist die Ritterhochzeit. Neben dem Terrassencafé können sich die Gäste auch im Schlossrestaurant bei regionalen Wild- und Fischgerichten verwöhnen lassen.

1 Einen prachtvollen Anblick bietet das Schloss von außen. **2** Stolz präsentiert der Küchenchef seine Kreationen. **3** Historisches Foto aus dem Wildgehege. **4** Im schlosseigenen Restaurant speisen die Gäste in stilvollem Ambiente.

1

2

3

1 Ein Bild aus alten Tagen: Festgesellschaft. **2** Auf dem Rasen vor dem Schloss kann man wunderbar die Sonne genießen. **3** Der Reitsport wird auf Schloss Hohendorf seit jeher gepflegt – hier der historische Marstall. **4 – 5** Wellness pur: Wer Entspannung sucht, kommt hier voll auf seine Kosten. **6** Gästesuite im Schloss. **7** Das liebevoll restaurierte Gebäude präsentiert sich heute stolz im alten Glanz. **8** Der Ahnenbaum zeigt die weitläufige Verwandtschaft der gräflichen Familie von Klot-Trautvetter, die das Schloss nach der Wende übernahm.

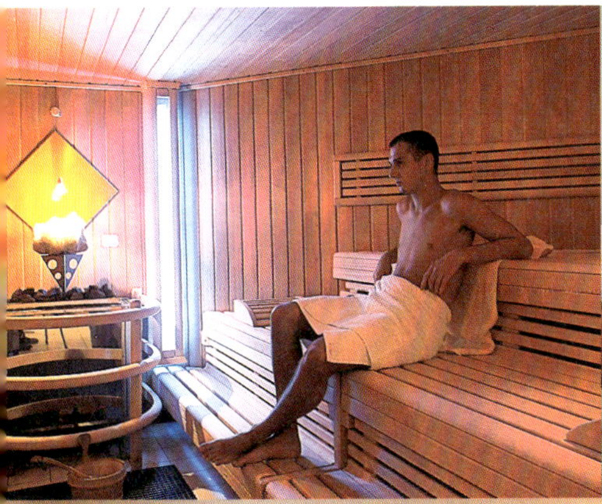

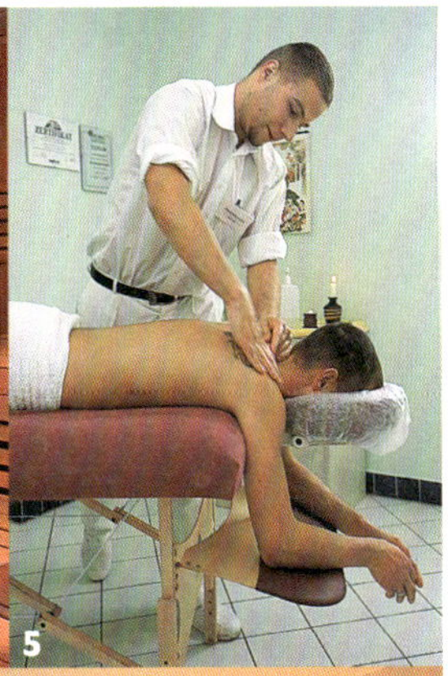

Schloss Hohendorf

«In neuem altem Glanz»

Anreise
Auto: B 105 Richtung Stralsund, dann 2 Kilometer entfernt.
Bahn: Bahnhof Stralsund.

Sehenswürdigkeiten
Stralsund: Die historische Altstadt ist reich an architektonischen Zeugnissen aus der Zeit der Hansekaufleute und seit 2002 Weltkulturerbe der UNESCO. Außerdem bietet die Stadt ein abwechslungsreiches und attraktives Kulturprogramm.
Schlösser, Herrenhäuser und Burgen: In der Umgebung von Hohendorf bezeugen zahlreiche Bauten die herrschaftliche Vergangenheit Mecklenburg-Vorpommerns, teils renoviert, teils dem Verfall preisgegeben.

Freizeitangebot in der Umgebung
Nationalpark «Vorpommersche Boddenlandschaft»: Hier rasten im Herbst und Frühjahr zahlreiche Kraniche. Steil- und Flachküsten, Nehrungen, Buchten, Strandseen, Windwatten, Dünen und Strände mit ihrer typischen Flora und Fauna sind im Nationalpark auf engem Raum anzutreffen.
Rügen: Ausflüge auf die beliebte Urlaubsinsel mit dem Schiff oder über den Rügendamm.

Geschichte
In der zweiten Hälfte des 18. Jahrhunderts erbaut. Nach dem Zweiten Weltkrieg Enteignung der Schlossherrn von Klot-Trautvetter durch die DDR-Behörden. Verfall in der Folgezeit. 1993: Restauration durch die Nachkommen und Umbau zum Schlosshotel.

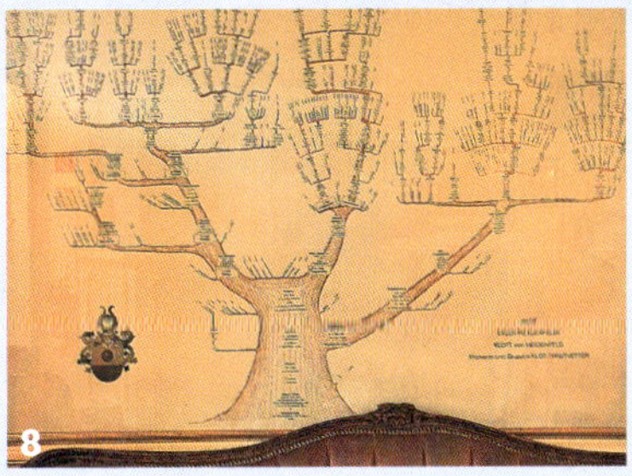

Kategorie
Das Schloss Hohendorf weist 3 Sterne auf. Die Preise für ein Doppelzimmer betragen 75 bis 90 Euro. Jeder Raum ist geprägt von einem individuellen Konzept hinsichtlich Ausstattung und Lage. Im Schlossrestaurant werden vor allem Wild- und Fischspezialitäten aus der Region serviert, der Ritterkeller wartet als Bierbar mit uriger Atmosphäre auf.

Gästeangebot
Hochzeiten, auch mit Ritteraufgebot. Rittermahle mit Mettrunk aus dem Kuhhorn und deftigen Gerichten wie Hirschkeule oder Spanferkel. Für die Wellness-Orientierten: «Lebensenergie tanken» mit Sauna und Sauerstoffkur nach Professor von Ardenne.
Der wunderschöne, 10 Hektar große Park lädt ein zum Spazieren oder einem Kaffee auf der Terrasse. Jagd mit einem professionellen Jäger.

Veranstaltungen
Hochzeiten, Familienfeiern, Tagungen, Fahrradtouristik.

Adresse
Schloss Hohendorf, Am Park 7, D-18445 Hohendorf (Prohn) bei Stralsund, Tel. 038323-250-0, Fax 038323-250-0, www.schlosshohendorf.com

GASTSTUBE
ZUR ALTEN MÜNZE

Lebendiges Mittelalter

Bequemlichkeit im Gefangenenhaus der Burg Stargard

Die Wurzeln der alten Backsteinburg Stargard liegen weit zurück. Die gut erhaltene Anlage ist in Norddeutschland einzigartig und beeindruckt durch mittelalterliche Baukunst und Atmosphäre.

Ungewöhnlich für das ansonsten eher ebene Land liegt die Burg Stargard auf einem Hügel 50 Meter oberhalb der gleichnamigen Stadt. Die komplexe und gut erhaltene Anlage vermittelt auch heute noch einen Eindruck ihrer einstigen Bedeutung. Mit dem Bau der Burg wurde 1236 begonnen, aus dieser Zeit sind noch einige Gebäude erhalten. Ein Umbau und eine Erweiterung erfolgten 1520 bis 1547 durch Herzog Albrecht VII. Die mächtige Backsteinburg stellte lange ein gesellschaftliches, wirtschaftliches und politisches Zentrum in Ostmecklenburg dar. Die Burg gilt als ältestes weltliches Bauwerk Mecklenburg-Vorpommerns und ist die einzige aus dem Mittelalter erhaltene Höhenburg Norddeutschlands.
Die Vorburg betritt man durch das Untere Tor, das vor 1250 erbaut wurde. Danach stößt man auf den Marstall, der 1500 auf mittelalterlichen Fundamenten aufgebaut wurde. Früher diente er 60 Pferden als Stall und als Unterbringung für Burgwache und ein Magazin. Seit 1999 beherbergt das Gebäude ein Museum. Auf über 600 Quadratmetern wird das Leben der alten Stadt Stargard dokumentiert. Daneben steht das alte Gefangenenhaus, das um 1800 als Fachwerkgebäude über alten Kellern und Fundamenten errichtet wurde. Nach 1920 wurde es Wohn- und Wirtschaftsgebäude und beherbergt seit 2000 das Hotel des Burggasthofes.
Weiter in die Hauptburg trifft man unter anderem auf das herausragende Wahrzeichen der Burg: den Bergfried, einen Rundturm, von dem aus man bei schönem Wetter bis 30 Kilometer weit ins Mecklenburger Land schauen kann. Der Turm mit einer Mauerstärke von bis zu 4 Metern wurde 1245 erbaut und enthielt ein tiefes Turmverlies. 1647 nach Blitzeinschlag abgebrannt, wurde der Bergfried 1823 zu einem Aussichtsturm umgebaut. Einen Besuch wert ist auch der Burggasthof «Zur Alten Münze». Im 13. Jahrhundert als Brauhaus genutzt, diente die Alte Münze von 1745 bis 1749 als Münzprägestätte für das Herzogtum Mecklenburg-Strelitz. Während des Zweiten Weltkriegs wurde das Gebäude als Gaststube. 1999 wurde der Burggasthof wieder eröffnet.

1 Edle Rebensäfte werden zur Weinprobe degustiert. **2** Ein Paradies für Weinliebhaber: Stargards begehbarer Weinkeller. **3** Der Burggasthof ist ganz im mittelalterlichen Stil gehalten. **4** Die gesamte mittelalterliche Burganlage von Stargard bietet einen wunderschönen Anblick.

1 Die farbenfrohen Ritterspiele und historischen Märkte erwecken das Mittelalter wieder zum Leben. **2** Die Fachwerkbauten der Burganlage wurden liebevoll restauriert. **3** Die Burg Stargard beherbergt das Standesamt des Städtchens – für eine fürstliche Hochzeit ist gesorgt. **4** In der Burgschmiede. **5** Im Burggasthof: romantische Zweisamkeit im Kerzenlicht. **6** Das ehemalige Gefangenenhaus der Burg wurde zum Hotel: Die Zimmer verströmen einen rustikalen Charme, die Alkovenbetten sorgen für traumhaften Schlaf.

Burggasthof & Hotel «Zur Alten Münze»

«Leben wie die Fürsten»

Anreise
Auto: A 19 Abfahrt Röbel (Müritz), über B 198 nach Neustrelitz oder Abfahrt Güstrow über B 104 nach Neubrandenburg. Von A 11 Abfahrt Gramzow über B 198 nach Prenzlau und Woldegk, dann B 104. Oder A 20 Abfahrt Neubrandenburg oder über B 96 nach Neustrelitz.
Bahn: aus Stralsund oder Berlin mit Regionalbahn bis Bahnhof Burg Stargard oder durch Umsteigen über die Knotenpunkte Neubrandenburg und Neustrelitz.

Sehenswürdigkeiten
Burg und Museum. Stadt *Burg Stargard* mit alten Fachwerkhäusern. Die Vier-Tore-Stadt *Neubrandenburg*. Die Windmühlenstadt *Woldegk*. *Zisterzienser-Klosterruine Wanzka*.

Freizeitangebot in der Umgebung
Tierpark und Sommerrodelbahn von Burg Stargard. Der Wanderrundweg «Über die sieben Berge». Müritznationalpark, Naturpark Tollensebecken oder Feldberger Seenplatte.

Geschichte
Seit 3000 v. Chr. sind erste menschliche Besiedelungsspuren am Burgberg nachweisbar. Im Zuge der großen Völkerwanderung im 5. bis 7. Jahrhundert lassen sich Slawen dort nieder und nennen die Stelle, an der sie wohl Befestigungsreste fanden, «stari gard» (Alte Burg). Im 12. Jahrhundert Eroberung des Gebiets durch deutsche Fürsten. 1170 wird der Ort Stargard erstmals erwähnt. Die brandenburgischen Markgrafen Johann I. und Otto III. beginnen 1236 mit dem Burgbau. 1259 wird der Ort Stargard zur Stadt erhoben. 1292 heiratet Heinrich II. von Mecklenburg Beatrix von Brandenburg, dadurch kommen Stadt und Burg an Mecklenburg. 1348 werden die Söhne aus dieser Verbindung zu Herzögen, Burg Stargard wird herzögliche Residenz. Von 1520 bis 1547 Umbau und Erweiterung der Burg. Im Dreißigjährigen Krieg wird die Burg 1631 Hauptquartier von General Tilly und bei Kämpfen stark beschädigt. 1701 Errichtung des Herzogtums Mecklenburg-Strelitz, die Burg wird nicht herzögliche Residenz, sondern Sitz verschiedener Behörden. 1929 erwirbt die Stadt Stargard die Burg. 1938 wird die «Alte Münze» zu einem Gasthaus umgebaut, das von 1946-63 als Landesjugendschule genutzt wird. Teile der Burg dienen bis 1990 als Jugendherberge. Seit 1990 Restaurierung. 1999 Eröffnung eines Museums im Marstall und erneut Nutzung der «Alten Münze» als Gasthaus, 2000 Eröffnung des Hotels im Gefangenenhaus.

Kategorie
Das zum Burggasthof gehörende Hotel hat 14 stilvoll eingerichtete Zimmer. Doppelzimmer kosten ab 70 Euro.

Gästeangebot
Der Burggasthof «Zur Alten Münze» bietet rustikal mecklenburgische Gerichte. Der Rittersaal hat Platz für 80 Leute. Gewölbeweinkeller mit Möglichkeit zur Weinverkostung.

Veranstaltungen
Da sich das Standesamt auf der Burg befindet, können sich Paare dort trauen lassen. Auf der Burg finden das ganze Jahr hindurch Veranstaltungen statt.

Adresse
Hotel & Burggasthof «Zur Alten Münze», Auf der Burg 5, D-17094 Burg Stargard, Tel. 039603-27400, Fax 039603-274027, www.hotel-burggasthof.de

1

2

3

4

Eine Oase zum Wohlfühlen

Das Schloss Hubertushöhe ist fernab aller Hektik

«Sich drehen und immer wieder Schönes entdecken.» Nach diesem Motto des Schlosshotels Hubertushöhe bieten das Jagdschloss selbst und seine herrliche Umgebung den Besuchern vielerlei.

Wenn der Geheime Königliche Kommerzienrat Georg W. Büxenstein Anfang des 20. Jahrhunderts durch das 60 Kilometer südöstlich von Berlin gelegene Storkow fuhr, sorgte er mit seinem damals noch ungewöhnlichen Automobil gehörig für Aufsehen. Und sicher hat sich manch einer gewünscht, anstelle des angesehenen Berliner Unternehmers durch die idyllische Landschaft zu fahren. Am Westufer des Storkower Sees, im Herzen der Märkischen Seenplatte, endete die Reise mit dem Erreichen von Schloss Hubertushöhe.

Büxenstein (1857–1924), der Verleger und Druckereibesitzer, der ein Ehrengrab auf einem Berliner Friedhof erhalten hat und nach dem die Büxensteinallee in Treptow-Köpenick benannt wurde, galt als Freund und Vertrauter Kaiser Wilhelm II. Der reiche Unternehmer und Förderer des Berliner Rudersports ist nicht der einzige Großstädter, der gerne aus Berlin in das nähere Umland floh und sich dort sogar zeitweise niederließ. Doch ihm ist zu verdanken, dass um 1900 das eindrucksvolle Jagdschloss Hubertushöhe errichtet wurde. Vor allem Berliner Künstler wurden für die Gestaltung des Schlosses engagiert, das bis heute vielfältige Stilelemente von Drachenmotiven, Jugendstilornamentik bis hin zu ländlicher Romantik aufweist. Nach einer Zeit mit wechselnden Eigentümern und Verwendungszwecken wurde das Schloss ab 1992 mit großer Sorgfalt renoviert. Im Inneren sorgen kunsthandwerkliche Meisterstücke aus der Gründerzeit, edles Mobiliar, Wand- und Deckenmalereien, geschnitzte Türen und Holzböden für ein exquisites, angenehmes Ambiente. Bei einem Rundgang um das Schloss stößt man an den Fassaden und Mauern auf zahlreiche Motive aus dem Jagd- und Seeleben sowie auf Drachendarstellungen. Im Zuge der Wertschätzung der skandinavischen Nachbarn und deren Verehrung eines ›nordischen Männerideals‹ waren um die Jahrhundertwende beim Kaiser und vielen Künstlern Darstellungen von Drachen und tapferen Rittern beliebt. Besonders augenfällig zeigt sich das am Turm des Schlosses mit den markanten Drachenköpfen.

1 Durch das schmiedeeiserne Portal schritt schon Wilhelm II. **2** Das Eichhörnchentor ist detailverliebt gearbeitet. **3** An der Rezeption liegt das Gästebuch aus. **4** Herbststimmung im Schlosspark.

Kaiser Wilhelm II. besuchte 1905 höchstpersönlich das Jagdschloss Hubertushöhe. Dass wegen der Überlänge des kaiserlichen Sonderzuges eigens die kleine Bahnstation am Schloss erweitert werden musste, galt allemal als Nebensächlichkeit. Der hohe Besuch zeigte sich jedenfalls von der Architektur und Ausstattung des Schlosses begeistert. Auch in der Folgezeit war Schloss Hubertushöhe Treffpunkt eines erlesenen Publikums. Den Jagdgesellschaften und kaiserlichen Empfängen des Kommerzienrats folgten unter dem nachfolgenden Besitzer, dem Textilfabrikanten Rudolf Bamberger, weitere Feste mit prominenter Gästeliste.

Erst gegen Ende 2002 rückte Schloss Hubertushöhe wieder einmal in das Rampenlicht des öffentlichen Interesses, als der deutsche Bundeskanzler Gerhard Schröder und der französische Präsident Jacques Chirac sich dort zu einem kurzen Treffen einfanden. Doch heute ist es zum Glück nicht mehr nur geladenen Gästen und Prominenten vorbehalten, sich im stilvollen Jagdschloss einzuquartieren und gemäß der Philosophie des Hauses dem Alltag ein Weilchen zu entfliehen.

1 Von der Terrasse bietet sich ein herrlicher Ausblick auf den Storkower See. **2** Der herrliche Schlossbau entstand in den Gründerjahren um 1900. **3** Für den schönsten Tag im Leben kann man sich kaum ein schöneres Umfeld wünschen. **4** Der Weinkeller der Hubertushöhe wartet mit zahlreichen edlen Tropfen auf. **5** Das Interieur besticht durch seine Eleganz. **6** Der markante Turm des Schlosses ist unter anderem mit Drachenköpfen verziert. **7** Der Grundriss zeigt, wie die hochherrschaftlichen Zimmer heute genutzt werden.

6

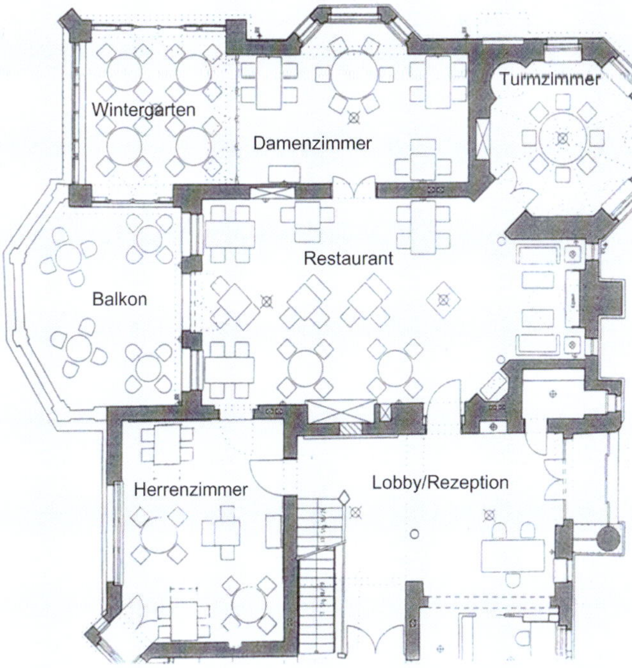
Wintergarten
Damenzimmer
Turmzimmer
Restaurant
Balkon
Herrenzimmer
Lobby/Rezeption

7

1

2

3

1 Im Kaminzimmer. **2** Der einstige Damensalon beherbergt heute den Frühstücksraum. **3** Der Storkower See ist ein wahres Naturparadies und liegt nur 60 Kilometer von Berlin entfernt. **4** Für sportbegeisterte Besucher ist hier viel geboten: Auf dem Programm stehen neben dem Bogenschießen auch Segeln, Kanu- und Kajakfahren. **5** Die frisch gefangenen Fische werden im alten Räucherofen geräuchert.

4

Schloss Hubertushöhe

«Sich drehen und immer wieder Schönes entdecken»

Anreise
Auto: Autobahn A 12, Abfahrt Storkow oder über die B 246. *Bahn*: über Königs Wusterhausen Richtung Frankfurt/Oder, Schloss Hubertushöhe hat eine eigene Bahnstation. *Schiff*: von Berlin aus über Kanäle und Seen als Tagestour, eigener Hafen und eigene Anlegestelle für Salonschiffe.

Sehenswürdigkeiten
Interieur und äußere Gestaltung des Schlosses, Sammlung von 113 grafischen Bildern und sechs Ölgemälden im Schloss und den Zimmern. *Storkow*: eine der ältesten deutschen Städte mit schöner Innenstadt, Burgruine. *St. Marien*: Dom und Kulturfabrik in Fürstenwalde.Kurort *Bad Saarow*.

5

Freizeitangebot in der Umgebung
Baden, angeln, segeln, Boot fahren am Storkower See, Tennis, reiten, Golf spielen. Sehenswert: die größte Binnendüne Deutschlands im Naturschutzgebiet «Waltersberge». Außerdem: Naturschutzgebiet «Marstallwiesen» südlich von Storkow, Fahrrad- und Wanderausflüge in die Umgebung, Vogel- und Naturbeobachtungsgebiet am Groß Schauener See.

Geschichte
1899/1900 erbaut von Georg W. Büxenstein, in den 1920er-Jahren übergegangen in den Besitz des Textilfabrikanten Rudolf Bamberg. 1935 erwirbt die Firma Reemtsma das Schloss und nutzt es als Erholungsstätte für ihre Mitarbeiter. Im Zweiten Weltkrieg werden dort Wehrmachtsflieger kuriert. Zu Zeiten der DDR fungierte es als Sitz der Ingenieurschule für Binnenfischerei. Nach deren Schließung erwirbt die Firma Reemtsma 1992 erneut das Schloss und veranlasst eine umfassende Restaurierung. Im Juni 1998 Eröffnung als exklusives Hotel.

Kategorie
Alle 23 Zimmer und Suiten des 5-Sterne-Hotels sind luxuriös und individuell ausgestattet. Die Preise betragen für ein Doppelzimmer 100 bis 350 Euro und für Suiten 200 bis 440 Euro.

Gästeangebote
Beauty- und Wellnessbereich in der Seesauna, Tagungsräume. Das Restaurant «Windspiel» wurde mehrfach ausgezeichnet und zählt zu Deutschlands Top-Restaurants. In der «Fischerkate» werden Fisch- und Grillspezialitäten angeboten.

Veranstaltungen
Kochkurse mit dem Maître de Cuisine des Restaurants, Open-Air-Konzerte im Schlosspark.

Adresse
Hotel Schloss Hubertushöhe, Robert-Koch-Straße 1, D-15859 Storkow, Tel. 033678-430, Fax 033678-43100, www.hubertushoehe.de

Niedersachsen / Nordrhein-Westfalen

Jugendliche strömen voll freudiger Erwartung zum Tor der Burg Bilstein in Lennestadt.

1

2

3

4

Wo Martin Luther als Mönch grüßt

In Loccum hat ein Konvent die Reformation überlebt

Mehr als ein Tagungsort und eine Stätte für die Ausbildung von Predigerinnen und Predigern. Hier hat monastisches Leben auch Protestanten etwas zu sagen.

Eigentlich kennt die evangelische Kirche keine Klöster. Und dennoch gehört zu ihr eines, das die Wirren der Geschichte fast unversehrt überstanden hat. Es wurde im 12. Jahrhundert von Zisterziensern ins Leben gerufen und wechselte nach einem halben Jahrtausend zum Protestantismus, blieb aber bis heute als Konvent der mönchischen Tradition verpflichtet: Kloster Loccum in Niedersachsen. Ihm gehören Pastorinnen und Pastoren der hannoverschen Landeskirche an, an der Spitze steht die Landesbischöfin. Im heutigen Niedersachsen bestanden im Mittelalter über zweihundert Ordenshäuser und Stifte. Die meisten wurden im Zuge der Reformation und der Säkularisation aufgehoben. Eine kleine Anzahl aber konnte in dem konservativen Land bis heute fortbestehen, weil sie erkannt hatten, dass eine evangelische Neuordnung nicht gegen Martin Luthers Willen sei. Zahlreicher als Männerklöster überdauerten die Frauenklöster und Stifte. Die Äbtissinnen und ihre Klosterdamen widmen sich älteren Menschen, arbeiten in den Kirchengemeinden oder pflegen die Tradition ihrer einstigen Klöster. Die evangelischen Klöster und Stifte Niedersachsens werden heute als eine einzigartige Attraktion in der niedersächsischen Kulturlandschaft anerkannt.

Die Tradition wird also nicht verschwiegen. Die Kirche wirbt sogar mit ihr: «Wenn Sie auf Loccum zukommen, grüßt Sie als Erstes der Dachreiter der Klosterkirche aus der Talsenke, in der das Dorf liegt. Und dann stehen Sie vor dem Tor eines der besterhaltenen Klöster Deutschlands. Auf Schritt und Tritt spüren Sie Mittelalter. 1163 ist das Zisterzienser-Kloster gegründet worden, und es hat nichts von seiner Kraft verloren: Viele empfinden beim Schritt durch die Bögen des Klostertores für einen Moment, in eine andere Welt eingetreten zu sein. Man ahnt, was die Mönche hier vor mehr als achthundert Jahren gesucht haben: Abstand vom Gehetze der Zeit; umringt von der Klostermauer ein geschützter Raum für die Stille vor Gott; Mensch und Natur finden miteinander Platz; Arbeit im Rhythmus, den die Gebetsglocke heute noch schlägt.»

1 Säulen im Kapitelsaal: Ein Großteil der Bauten des 1163 gestifteten Klosters stammt aus dem 13. Jahrhundert und ist heute noch erhalten. **2** Lustige Clownerien bietet der «Eine-Welt-Laden» in der Klosterstube. **3** Geschmiedete Ornamente am Portal der 1240 bis 1280 erbauten

Das Kloster besteht weiter, aber die Zeit ist natürlich nicht stehen geblieben. Mönche gibt es nicht mehr, seitdem die damaligen Zisterzienser im 17. Jahrhundert evangelisch-lutherisch wurden. Viele von ihnen wirkten als lutherische Pfarrer in der Umgebung weiter oder widmeten sich einer Aufgabe, die vor allem von Philipp Melanchthon als Anliegen der Reformation betont worden war. Sie wurden weltliche Lehrer und erzogen ihre Schüler nach den Idealen einer christlich-humanistischen Bildung. So überlebten die «lutherischen Mönche» in anderer Form. Und noch immer wird das Kloster von Abt, Prior und Konvent geleitet. Nur hat es seinen Daseins-Zweck gewandelt: Heute werden hier angehende Pastorinnen und Pastoren im Predigerseminar ausgebildet. Außerdem

1

2

kann man die Gästezimmer und die modernen Seminarräume für Gast-Tagungen buchen. Vor allem aber kann man hier wunderbar spazieren gehen. Vom Tor aus lädt der Zisterzienserpfad mit seinen zwölf Stationen ein. Er führt durch die Klosteranlage und in den Klosterforst hinaus.

Auf den Spuren der Zisterziensermönche erfährt der Gast, dass sie die besten Bauern und die besten Förster des späten Mittelalters waren. Sie waren Meister der Fischzucht und der Wasserwirtschaft. «Bete und arbeite» war ihre Devise, die sie aus dem Benediktinerorden übernommen hatten, den zu reformieren sie durch Strenge und Einfachheit angetreten waren. Ihr Geheimnis aber war, dass sie radikal Ernst damit machen wollten, die Liebe zu Christus in den Mittelpunkt ihres Lebens zu stellen. In der Klosterkirche ist dies noch heute zu spüren. Im Mittelpunkt einer kirchenpädagogischen Erkundung steht deshalb die Begegnung mit dem Kirchenraum in seiner besonderen Prägung. Die Teilnehmer sollen die Kirche als Glaubens- und Lebensraum entdecken. Diese Art der Erkundung dauert daher zwei bis vier Stunden.

Aus den Steinen der Klosterkirche spricht die Geschichte aus mehr als acht Jahrhunderten. Zahlreiche Schenkungen machten das Kloster sehr wohlhabend. Durch seine geschlossene Grundherrschaft

3

4

verfügte es bald über eine eigene hohe Gerichtsbarkeit, die unmittelbar dem Papst unterstand und 1235 in den Schutz des Reiches genommen wurde. Die Gerichtsbarkeit ist allerdings überschattet von schlimmen Hexenprozessen, die im 17. Jahrhundert auch in Loccum wüteten. Der ehemalige Loccumer Studiendirektor und spätere Landesbischof Horst Hirschler schrieb in seinem Buch «Geschichten aus dem Kloster Loccum»: «Die hochgesteigerte Hexenfurcht des Mittelalters ist leider zu einem wesentlichen Teil dem Verhalten der Offiziellen jener Zeit zuzuschreiben: der Kirche, den Landesherren und den Juristen.»

Die Gesamtanlage als mitteralterliches Klosters ist nördlich der Alpen nur noch mit dem Kloster Maulbronn in Baden-Württemberg zu vergleichen. Ein Grund für die Erhaltung des im Jahr 1163 von Volkenroda in Thüringen aus in einer bestehenden Ortschaft statt in der von den Zisterziensern sonst bevorzugten Wildnis gegründeten Klosters liegt gerade in dessen Bedeutung. Der Wechsel der Konfession hätte es nicht vor der Auflösung bewahrt. Es war aber inzwischen ein freies Reichsstift geworden, das von der Säkularisation verschont blieb.

Die von 1234 bis 1277 erbaute spätromanische Kirche mit gotischen Elementen entspricht in ihrer Schmucklosigkeit dem Geist der Zisterzienser. Als schlichtes Bethaus (Oratorium), nicht als Kathedrale, diente sie dem siebenmaligen Stundengebet von bis zu zweihundert Mönchen. Das heute über dem Chorraum hängende Tafelkreuz aus dem 13. Jahrhundert vergegenwärtigt den leidenden Christus als Mitte zisterziensischer Frömmigkeit: «Quantum diligitur, tantum deus cognoscitur. – So weit man seine Liebe erfährt, so weit kennt man Gott.»

Der ursprüngliche Geist der Mönche scheint aber bis heute nicht nur im Baulichen überliefert zu sein. Er inspirierte den evangelischen Konvent und wirkte bis in die jüngste Zeit. So entstand 1954

1 Die spätromanische Kirche aus dem 13. Jahrhundert entspricht in ihrer Schmucklosigkeit dem Geist der Zisterzienser; im Vordergrund das Taufbecken. **2** Das ehemalige Zisterzienserkloster Loccum (Stahlstich von 1850). **3** Historische Aufnahmen: Kandidaten beim Ausflug auf dem klösterlichen Backteich und **4** der frühere Abt Ulhorn mit Gästen im Priorsgarten. **5** Ehemaliges Mönchsrefektorium. **6** Wandgemälde von Eduard von Gebhardt im Gebhardtsaal, geschaffen 1885 bis 1891.

1

2

3

4

im Kloster Loccum eine recht ungewöhnliche Geschwisterschaft, die «Geschwisterschaft vom Kreuz». Drei evangelische Männer schlossen sich zusammen, um ähnlich der Konventualen zu leben, wie sie nach der Reformationszeit entstanden sind und die trotz der Aufgaben, die sie in der Welt übernommen hatten, und später trotz Heirat und Familiengründung als Stiftsherren miteinander verbunden blieben. Die neuen Konventualen wollten an deren Idee anknüpfen und die klösterliche Spiritualität pflegen. 1965 konnten sie mit der Hilfe von befreundeten Zisterzienserklöstern neben dem alten Kloster Walkenried im Harz das ehemalige Forsthaus der Abtei erstehen, das seit dieser Zeit als «Neues Priorat» das geistliche Zentrum dieser Geschwisterschaft ist.

1971 wurde mit dem Eintritt des ersten katholischen Bruders, des heutigen Priors Raymund Schwingel, die Bruderschaft ökumenisch. Von da an gab es evangelische und katholische, verheiratete und zölibatäre Stiftsherren in Walkenried. 1984 erfolgte ein weiterer entscheidender Schritt: Die ersten Schwestern wurden aufgenommen, so dass aus der Bruderschaft eine Geschwisterschaft wurde. Sie ist je nach Verbindlichkeit des Engagements untergliedert in den «Ordo Walkenredensis» und die «Familiaritas Walkenredensis».

1 Im Klosterpark: Zeit für Muße am Brauteich. **2** Reichliche Auswahl im «Eine-Welt-Laden». **3** Klosterführung durch den Kreuzgarten. **4** 22 geräumige und individuell ausgestattete Gastzimmer bieten genügend Platz für die Besucher. **5** Treppenaufgang. **6** Die Natur rund um Loccum.

Alle verbinden fünf Grundsätze: Sie wollen ihr Leben in Familie und Beruf am Evangelium Jesu Christi ausrichten. Sie üben sich in monastischer Spiritualität nach der Regel des heiligen Benedikt. Sie verrichten täglich mindestens eine Hora, ihr Stundengebet. Sie treffen sich zu geistlichen Exerzitien und veranstalten ökumenische Seminare.Die Gemeinschaft ist überzeugt davon, «dass monastisches Christentum mit den Akzenten des regelmäßigen Gebets, des Schweigens, des geistlichen Exerzitiums und der bewusst vollzogenen existenzialen Interpretation des Evangeliums (‹Höre, mein Sohn›) in ihrer verbindlichen Zusammengehörigkeit eine unverzichtbar gewordene Ergänzung zu der Zugehörigkeit zu unseren jeweiligen Kirchen und Ortsgemeinden ist».

Bis heute gilt für Loccum auch der Wahlspruch der Zisterzienser für ihre Klöster: «Porta patet. Cor magis. – Die Tür steht offen. Noch mehr das Herz.» Moderner formuliert liest es sich im Klosterprospekt: «Sie wünschen sich einen Tagungsort mit Charakter? Mit 22 stilvollen Einzelzimmern bietet Ihnen das Kloster Loccum den Raum für die optimale Seminargröße. Ein voll ausgestatteter Seminarraum und mehrere Gruppenräume stehen zu Ihrer Verfügung.» Und in den Pausen lockt ganz in der Nähe des Klosters ein sehenswertes Landschaftsschutzgebiet mit Wald und kleinen Seen.

Loccum (Evangelisches Kloster)

«So weit man seine Liebe erfährt, so weit kennt man Gott.»

Anreise
Bahn: Bahnstation Nienburg/Weser oder Wunstorf, dann Bus oder Taxi.
Auto: A7 Kassel–Hannover, B6 Richtung Nienburg–Bremen, Abzweigung Loccum.

6

Geschichte
Das Kloster Loccum ist eines der besterhaltenen mittelalterlichen Klöster nördlich der Alpen. 1163: Gründung durch die Grafen von Hallermund. Die Klosterkirche wurde zwischen 1240–1277 erbaut. Durch zahlreiche Schenkungen wurde das Kloster sehr wohlhabend und konnte eine geschlossene Grundherrschaft mit hoher Gerichtsbarkeit aufbauen, die unmittelbar dem Papst unterstand und 1235 in den Schutz des Reiches genommen wurde. Auch nach der Reformation blieb Loccum wohlhabend und selbstständig und konnte seinen Besitz bis zu den Agrarreformen des 19. Jahrhunderts halten. Das Kloster wurde erst Ende des 16. Jahrhunderts evangelisch.

Sehenswürdigkeiten
Kloster: Spätromanische Kirche, komplette Klosteranlage.
Umgebung: Klosterwald, Fischteiche, Landschaftsschutzgebiet.

Klosterbetrieb
Evangelische Akademie.

Gästeangebot
Seminare, Tagungen, kirchenpädagogische Erkundung.

Gottesdienste
Täglich um 18 Uhr Hora außer sonntags.

Unterkunft
22 Einzelzimmer, Tel. 05766-960216 (Reservierung siehe unten).

Auskunft
Kloster Loccum, Im Kloster 2, D-31547 Rehburg-Loccum, Tel. 05766-96020, Fax 05766-960211, Internet: www.kloster-loccum.de, E-Mail: klosteranmeldung.loccum@evlka.de.
Touristik: Stadt Rehburg-Loccum, Heidtorstraße 2, D-31547 Rehburg-Loccum, Tel. 05037-97010, Fax 05037-970118, Internet: www.rehburg-loccum.de, E-Mail: stadt@rehburg-loccum.de.

1

2

3

4

Zeugnis barocker Baukunst

Schloss Eringerfeld lädt ein zum Tagen und Wohnen

Als Tagungshotel hat sich Schloss Eringerfeld einen Namen gemacht. Es bietet seinen Gästen viel: Schlossbesichtigung, zahlreiche Sportangebote, Rittermahl und sogar ein waschechtes Schlossgespenst …

Erbaut im 17. Jahrhundert gilt das einsam gelegene Schloss Eringerfeld heute als eine der wichtigsten Bauten des Frühbarock in Westfalen. Stilvoll renoviert beherbergt es ein elegantes Hotel. Auffallend an der prächtigen Schlossanlage ist die symmetrische, rechteckige Gestaltung des Schlossbezirks. Das dominierende Herrenhaus im Norden wird durch zwei Türme flankiert. Durch Schildmauern mit dem Haupthaus verbunden sind zwei schmale und weniger hohe Seitenflügel, die im Süden ebenfalls Türme aufweisen. In den Seitenflügeln liegen heute die Hotelzimmer. Einziger nicht symmetrischer Baukörper des Schlosses ist die Kapelle an der Südostecke. Sie ist älter als die ganze Anlage und wurde 1661 wieder errichtet, nachdem der Vorgängerbau einem Brand zum Opfer gefallen war. Mitten in der südlich gelegenen Eingangsfront zum Schlossbereich befindet sich ein reich verziertes Torhaus, durch das man den Vorplatz betritt. Mit großer Wahrscheinlichkeit ist der Kapuziner Ambrosius von Oelde (ca. 1640–1705) als Architekt für den Bau verantwortlich. Er war damals der bekannteste Architekt in Westfalen. Die Ausführung der Arbeiten erfolgte durch den Baumeister Jobst Scheck. Die Zimmer haben, soweit im ursprünglichen Zustand erhalten, schmucklose Balkendecken und Eichenholzfußböden. Die hölzernen Kassettendecken und Wandtäfelungen in den heutigen Repräsentationsräumen wurden erst um 1873 eingebaut. In einigen Räumen stehen noch die alten Kamine.
Eringerfeld kann noch eine Kuriosität aufweisen, die zu einem richtigen Schloss gehört: einen Geist. Genau über dem Eingang der Schlosskapelle liegt das Fenster der «Rappostube». Rappo war einst Rentmeister im Dienst der freiherrlichen Familie. Doch er missbrauchte das in ihn gesetzte Vertrauen, wirtschaftete in seine eigene Tasche und sorgte mit Drohungen dafür, dass niemand ihn verriet. Nach dem Tod des gefürchteten Rappo soll zum großen Entsetzen aller sein Kopf an dem Fenster der Stube erschienen sein und gellend gelacht haben. Rappo lacht angeblich bis heute und in jeder Neujahrsnacht soll er aus seinem Grab steigen.

1 Das Luftbild zeigt die streng symmetrisch gestaltete, herrschaftliche Schlossanlage. **2** Der Schlosspark beheimatet unter anderem Damwild. **3** Im Gewölbe des Weinkellers werden heute Weinproben veranstaltet. **4** Jagdtrophäen und barockes Mobiliar beeindrucken im Foyer.

1

2

3

4

5

1 Außenansicht des ab 1678 errichteten Barockschlosses. **2** Solch prächtige Zimmer finden sich im Torhaus. **3** In der Zunftstube werden heute deftige Mahlzeiten aufgetischt. **4** Das Treppenhaus, das zu den Zimmern führt, ist mit einem kunstvoll gedrechselten Holzgeländer versehen. **5** Schlafbereich. **6** Café und kleines Restaurant. **7** Der Grundriss zeigt die aufwändige Gestaltung des Schlossensembles. **8** Die schlosseigene Kapelle bietet einen würdigen Rahmen für Hochzeiten.

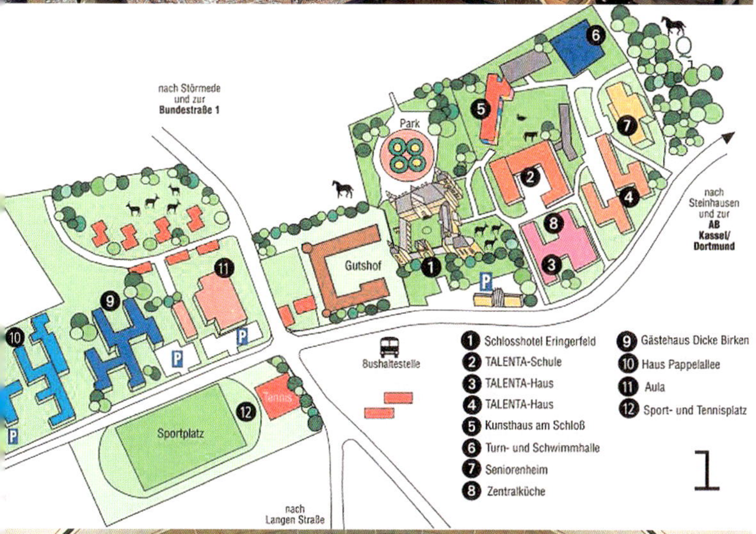

Schloss Eringerfeld

«Tagen in historischem Ambiente»

Anreise
Auto: auf der A 44 Dortmund-Kassel bis zur Abfahrt Geseke, dann Richtung Steinhausen und weiter nach Eringerfeld. *Bahn*: vom Bahnhof Geseke mit dem Taxi zum Schloss.

Sehenswürdigkeiten
Im Kunsthaus auf dem Schlossgelände befindet sich das Internationale Museum für textile Volkskunst mit Exponaten vornehmlich aus dem 18. bis 20. Jahrhundert und wechselnden Ausstellungen. *Lippstadt* mit seinen Fachwerkhäusern, schönen Kirchen und Schlössern sowie die alte Hansestadt *Soest* sind einen Besuch wert. Im Besucherbergwerk *Kilianstollen* in Marsberg kann man einen Blick unter Tage werfen.

Freizeitangebot in der Umgebung
Das Schloss ist von Wanderwegen umgeben, es lassen sich schöne Fahrradausflüge machen. Auf dem Gelände bestehen verschiedene Sportmöglichkeiten, es gibt einen Reiterhof. Naturfreunde besuchen den Naturpark Arnsberger Wald oder unternehmen auf dem Möhnesee Bootsfahrten.

Geschichte
1280 und 1353 ist bereits eine Siedlung «Erjerinkhusen» erwähnt, nach der sich ein Herrengeschlecht benannte. 1395 wurde der Gutshof der Herren von Erjerinkhusen geteilt und verkauft. Nach weiteren Verkäufen und Aufteilungen erhielt Christoph von Hörde 1529 Eringerfeld. Seine Nachfahren nannten sich von Hörde zu Eringerfeld. 1660 wurden wahrscheinlich Teile des Gutshofs oder einer älteren Burg durch einen Brand vernichtet. 1676 erfolgte der Neubau des Schlosses durch die Domherren Johann Gottfried und Raban Christoph von Hörde. 1781 starb der letzte Vertreter der Familie von Hörde zu Eringerfeld, Übergang an die von Hörde Schwarzenraben, die das Schloss zunächst leer stehen ließen. Das Schloss gerät durch Heirat in den Besitz der Familie von Ketteler. 1875 Renovierungsarbeiten am Schloss. Während des Zweiten Weltkriegs wurden holländische Missionare einquartiert. Von 1946 bis 1960 stand das Schloss den Jesuiten zur Verfügung. 1961 bis 1987 richtete das Ehepaar Kirchner ein Internat ein und bezog 1964 das Schloss. Ab 1985 Umbau zu dem heutigen Tagungs- und Schulungszentrum mit Hotel und Restaurierung des Schlossparks.

Kategorie
Das Schlosshotel verfügt über 50 stilvoll eingerichtete Zimmer und eine Hochzeitssuite. Die Preise für ein Doppelzimmer betragen 83 bis 98 Euro, die Suite kostet ab 100 Euro.

Gästeangebot
Das Haus bietet Tagungs- und Konferenzräume, hilft bei Vorbereitungen und Gestaltung des Rahmenprogramms und serviert im historischen Speisesaal Mahlzeiten. Auch ein Rittermahl ist möglich. Es gibt Sauna, Solarium, eine Schwimm- und Sporthalle, und die Hotelbar ist in der Rappostube.

Veranstaltungen
Das Haus organisiert Feierlichkeiten und Hochzeiten. Es werden auch Konzerte und Lesungen veranstaltet.

Adresse
Schlosshotel Eringerfeld, Steinhauser Str. 8, D-59590 Geseke, Tel. 02954-900, Fax 02954-90136, www.schloss-eringerfeld.de

1

2

3

4

Von der Amts- zur Jugendburg

Burg Bilstein war eine der ersten Jugendherbergen

Jahrhundertelang diente Bilstein den großen Kölner Kurfürsten als ein Instrument zur Herrschaftsausübung – heute fungieren Jugendherbergseltern als Burgherrn.

Die Burg Bilstein wurde 1225 das erste Mal erwähnt – zum Anlass der Übernahme durch Ritter Dietrich I. von Gevore, der sich fortan Dietrich von Bilstein nannte. Die Bilsteins verwalteten eine Freigrafenschaft, die sie von Einmischungen seitens des Kölner Kurfürsten freihielt. Sie sorgten für die Durchsetzung ihrer eigenen Gesetze und für Zolleinnahmen. Mehr als ein Jahrhundert lang herrschten sie über das Gebiet vom Ebbegebirge bis zum Kahlen Asten. Johann II. blieb jedoch kinderlos und entwickelte in seiner Einsamkeit wunderliche Züge, was ihm im Volksmund den Namen «Lowwerhannes» eintrug. Nach seinem Tod übernahmen 1365 die Grafen von der Mark die Regierungsgeschäfte, vermochten jedoch nicht dem wachsenden Druck durch den kurfürstlichen Landesherrn standzuhalten und mussten sich schließlich in der Soester Fehde 1444–49 geschlagen geben, nachdem Bilstein unter zweimonatiger Belagerung erstmalig durch kriegerische Gewalt eingenommen worden war.

Mit der Einverleibung in das Herzogtum Westfalen wurden Verwaltungsbeamte, so genannte Landdrosten, auf Bilstein eingesetzt. Die damaligen Verhältnisse – häufige Kriegsführung, oft unkalkulierbare Ausgaben zur Aufstellung von Truppen – machten es für die meisten Landesherren nötig, große Geldsummen auf dem Kapitalmarkt zu leihen und dafür als Pfand und Zinsleistung im Gegenzug landesherrliche Einkünfte wie etwa Ämter zu vergeben. Dies traf auch für das Amt Bilstein zu. Von 1556 bis zur Auflösung des Kölner Kurfürstentums 1802 infolge der französischen Revolutionskriege fungierten die Herren von Fürstenberg als Landdroste. Nach einigen Jahren hessischer Herrschaft wurde auf dem Wiener Kongress das Gebiet 1816 Preußen zugeschlagen, und die verwaltende Funktion Bilsteins erlosch. Die Burg wurde preußische Domäne und Sitz der Forstverwaltung. Seit Beginn des Jahres 1927 wurde in den Mauern der Burg Bilstein die Jugendherberge eingerichtet. Im Jahr 1979 ging der Besitz der Burg vom Land an den DJH Landesverband Westfalen-Lippe über.

1 Alljährlich findet auf Burg Bilstein ein mittelalterliches Fest mit Markt statt. **2** Die Sonnenuhr an der Mauer des Burgvorplatzes zeigt die Zeit zuverlässig – wenn die Sonne scheint. **3** Im Ort Lennestadt verweisen solche Schilder auf die Jugendherberge Burg Bilstein. **4** Für ein lustiges Ritterspiel bemalen diese kleinen Gäste Schilde.

1

2

3

4

1 Zur Mittagspause hat sich diese Schulklasse im Speisesaal versammelt. **2** Westansicht der Burg – das Gebäude ist über 775 Jahre alt. **3** Die Gäste nutzen die Burg gerne für Ritterspiele. **4** Ritterschlag: Viel Spaß macht das Spiel mit hölzernen Schwertern. **5** Burgromantik: Im Trauzimmer von Bilstein. **6** Im Foyer der Burg sind ausgestopfte Vögel ausgestellt. **7** Im Schlafraum. **8** Eine historische Ritterrüstung.

Burg Bilstein

«Dem Zeitgeist auf der Spur»

Anreise
Auto: A 45, Abfahrt Olpe, auf die B 55 Richtung Lennestadt, Meschede.
Bahn: Bahnhof Grevenbrück und mit dem Bus weiter nach Lennestadt-Bilstein.

Sehenswürdigkeiten
Burg Bilstein: Eine Burgführung ist nach Absprache für Übernachtungsgäste als Gruppe möglich.
Die *Attahöhle* in Attendorn (11 km entfernt) ist die größte Tropfsteinhöhle Deutschlands.

Freizeitangebot in der Umgebung
Naturbad und Minigolf am Ort. Der Aussichtsturm Hohe Bracht als Wanderziel. Hallenbäder und die Biggetalsperre zum Baden und Erholen. Karl-May-Festspiele Elspe und Panoramapark Oberhundem: Spaß und Aktion den lieben langen Tag.

Geschichte
1225: Erstmalige urkundliche Erwähnung. 1365: Übernahme der Burg durch die Grafen von der Mark. 1444/45: Einnahme der Festung durch den Kölner Erzbischof mit Hilfe der Bevölkerung von Attendorn. 1556: Friedrich von Fürstenberg erwirbt die Burg Bilstein. 1626: Geburt Ferdinands von Fürstenberg, dem späteren Erzbischof von Paderborn. 1802: Bilstein fällt infolge der Auflösung des Kölner Kurfürstentums an Hessen. 1816: Preußen erhält Bilstein nach dem Wiener Kongress. 1927: Einrichtung der Jugendherberge. 1979 konnte das Jugendherbergswerk die stattliche Burganlage vom Land als Eigentum erwerben.

8

Kategorie
Gerne nutzen Schulklassen, Jugendgruppen, Vereine und Familien das preisgünstige Angebot des Jugendherbergwerks, um in den alten gemütlichen Mauern einige Zeit zu wohnen (insgesamt 226 Betten).

Gästeangebot
Die Ausstattung mit Flügel und Klavier und die gute Akustik im Innen und Außenbereich macht die Burg zu einem beliebten Probeort für Musikgruppen.

Veranstaltungen
Jährlich findet an einem Wochenende im Sommer ein mittelalterliches Treiben statt, in das sich die Gäste mit einbeziehen können.

Adresse
Jugendherberge Burg Bilstein, Von-Gevore-Weg 10, D-57368 Lennestadt, Tel. 02721-81217, Fax 02721-83016, www.burg-bilstein.de

1

2

3

4

Von Rittern erbaut und umkämpft

Schloss Hugenpoet – Hideaway im schönen Ruhrtal

Wasserschloss Hugenpoet ist eine wahre Perle im Ruhrgebiet. Das landschaftlich schön gelegene Renaissanceschloss strahlt Beschaulichkeit aus und ist doch gar nicht weit von Essen und Düsseldorf entfernt.

Aufgrund der günstigen Verkehrsanbindung und der Nähe zu den umliegenden Großstädten ist das Schloss für Geschäftsreisende und Messebesucher, aber auch für Gäste, die beschaulich wohnen und das Kunst- und Kulturangebot der Städte nützen wollen, zu empfehlen. Kurios ist die ursprüngliche Bedeutung des Namens Hugenpoet, die nicht so recht zu der heute so idyllisch anmutenden und eindrucksvollen Anlage passen mag. Der erste Bestandteil ist zurückzuführen auf das teilweise noch gebräuchliche Wort «Huge» für Kröte. Die Nachsilbe «poet» ist gleichbedeutend mit Pfütze oder Pfuhl. Von dem «Krötenpfuhl», der dieser Ort, an dem das Wasserschloss im Sumpf gebaut wurde, einst mal gewesen sein mag, ist heute nichts mehr zu spüren.
Hugenpoet wurde bereits 778 als Königsgut Karls des Großen erwähnt – und kann so eine lange und widrige Geschichte aufweisen. Die ersten Bauherren und Besitzer waren die Herren von Nesselrode. Wie viele andere Ritter ihrer Zeit waren sie oft in Streitigkeiten und Kämpfe verwickelt, was schließlich dazu führte, dass das Schloss 1478 in Flammen aufging. Ein Neubau, erneute Beschädigungen und Abriss des Wasserschlosses führten schließlich im 17. Jahrhundert zu der Errichtung eines Renaissanceschlosses. Im Wesentlichen bestand der Bau somit in der heute existierenden Form. Es folgten weitere Veränderungen, und die Nutzung und Umgestaltung zu einem Hotel und Restaurant erforderten einen behutsamen Umgang, um den Eindruck und das Erscheinungsbild des Ortes nicht zu zerstören. Neben dem sehenswerten Bau, der schönen Parkanlage und der allgemein hochwertigen Ausstattung sind im Inneren des Hauses noch einige Besonderheiten zu beachten: das prächtige Treppenwerk aus schwarzem Marmor und die aus Schloss Horst stammenden Kamine mit Reliefs aus der griechischen Mythologie. Die in den Jahren 1577/78 aus Baumberger Sandstein gefertigten Kamine gelten als eindrucksvolle Beispiele der unter niederländischem Einfluss stehenden Spätrenaissance in den Rheinlanden und Westfalen.

1 Die Remise beherbergt heute das Restaurant «Hugenpöttchen». **2** Im Gourmetrestaurant ist Frau Bergheim die Chefköchin. **3** Allegorische Darstellung: Renaissance-Detail am Kamin. **4** Von der mächtigen schwarzen Marmortreppe fällt der Blick in den Empfangsbereich.

1 Das prächtige Wasserschloss entstand im 17. Jahrhundert. Der Name bedeutet ursprünglich «Krötenpfuhl». **2** In der prunkvoll ausgestatteten Empfangshalle können es sich die Gäste am Kamin bequem machen. **3** Im Restaurant «Hugenpöttchen»: Jeder Handgriff muss sitzen. **4** Im «Hugenpöttchen» speist man im stilvollen Ambiente – die Küche ist von französischen Einflüssen geprägt. **5** Eine Partie Billard gefällig? Das Billiardzimmer macht Lust auf ein Spiel. **6** Viele Zimmer sind mit wertvollen Antiquitäten eingerichtet.

Schloss Hugenpoet

«Traditionen respektieren, für Neues offen sein»

Anreise
Auto: Auf der A 52 oder A 3 am Kreuz Breitscheid die Abfahrt Ratingen-Breitscheid nehmen, dann weiter auf der B 227 in Richtung Velbert und nach Essen-Kettwig.
Bahn: Anreise bis Essen, das Hotel bietet einen Hoteltransfer von der S-Bahn-Station Essen Kettwig-Stausee an.

Sehenswürdigkeiten
Schloss und Park mit altem Baumbestand. *Duisburg*, *Düsseldorf* und *Essen* liegen in der Nähe und bieten für Kulturfreunde verschiedene Museen und bekannte Musicaltheater.

Freizeitangebot in der Umgebung
Im Schlosspark selbst befindet sich eine Tennisanlage, Golfplätze sind gut erreichbar. Rings um das Schloss gibt es schöne Wandermöglichkeiten im Wald oder an der Ruhr entlang.

Geschichte
778 erste Erwähnung als Königsgut Karls des Großen. Erbaut und im Besitz der Herren von Nesselrode. 1478 brannte das Schloss infolge von Streitigkeiten ab. 1509 wurde in der Nähe der Ruine ein neues Schloss errichtet, das während des Dreißigjährigen Kriegs stark beschädigt wurde. Johann Wilhelm von Nesselrode-Hugenpoet ließ es abreißen und 1647 im Renaissancestil wieder aufbauen. 1831 Erwerb des Schlosses durch den Freiherrn Friedrich Leopold von Fürstenberg im Zuge einer Zwangsversteigerung. 1831–1842 wurde das Schlossgebäude um ein Stockwerk erhöht. 1879 verlegte die Familie von Fürstenberg ihren Wohnsitz nach Hugenpoet. Während des Zweiten Weltkriegs war das Schloss 1944/45 von wehrwirtschaftlichen Dienststellen belegt, danach wurde das Erdgeschoss bis 1954 von der Stadt Essen für das Museum Folkwang gepachtet. Umbau zu einem Hotel, das 1955 eröffnet wurde. 1996 Erweiterung des Hotelbaus.

Kategorie
Die Preise für ein Doppelzimmer im 5-Sterne-Hotel betragen 260 bis 335 Euro. Die Suiten liegen zwischen 425 und 750 Euro. Die 26 komfortablen Hotelzimmer sind unterschiedlich und zum Teil mit wertvollen Antiquitäten eingerichtet.

Gästeangebot
Das Haus verfügt über Salons in verschiedenen Größenordnungen für festliche Veranstaltungen und Banketts. Den Gästen stehen ein Billardzimmer mit Bibliothek und ein privater Fitnessclub in der Nähe zur Verfügung. Das Gourmetrestaurant «Nesselrode» ist für seine anspruchsvolle Küche weithin bekannt. Im «Hugenpöttchen» wird einfachere Landhausküche geboten.

Veranstaltungen
Brautpaare können im Schloss ihre Hochzeit feiern.
Gäste können Weindegustationen im Gewölbekeller beiwohnen. Das Haus bietet das Jahr über kulturelle Veranstaltungen und Feste sowie spezielle Wellness-Anwendungen.

Adresse
Schlosshotel Hugenpoet GmbH, August-Thyssen-Straße 51, D-45219 Essen-Kettwig, Tel. 02054-12040, Fax 02054-120450, www.hugenpoet.de

1

2

3

4

Wasserschloss wie aus dem Märchen

Die Architektur von Schloss Lembeck begeistert

Die ehemalige «Herrlichkeit Lembeck» liegt zwischen schönen Wäldern und wasserreichen Wiesen des Naturparks «Hohe Mark» –, regiert wurde von Schloss Lembeck aus.

Im Jahr 1017 wurde Lembeck das erste Mal genannt, als Kaiser Heinrich II. dem Paderborner Dom einige Güter in der Gegend schenkte. Verwaltet wurde das Gebiet von den Ministerialen und Rittern aus der Familie von Lembeck, deren Burg ein paar hundert Meter entfernt lag vom heutigen Sitz des Schlosses. 1526 erlosch mit Johann von Lembeck das Geschlecht im Mannesstamm. Seine Tochter vermählte sich mit Bernhard von Westerholt, einem Vertrauten des Fürstbischofs von Münster, der später die Verhandlungen mit den aufrührerischen Täufern in Münster führte. Auch an Lembeck ging das religiös bewegte 16. Jahrhundert nicht spurlos vorüber. Bernhard von Westerholt und sein Sohn Matthias traten zum Calvinismus über und bekannten sich damit zur humanistischen Erneuerungsbewegung. Erst 1621, im Verlauf der Gegenreformation, wurde in Lembeck wieder der erste katholische Gottesdienst abgehalten.

Im Dreißigjährigen Krieg geriet die Familie in Schulden und musste die Besitzung an die holländische Linie derer von Westerholt-Hackfurt verkaufen. Der offenbar wohlhabende Dietrich Conrad Adolf aus diesem Zweig verlegte Ende des 17. Jahrhunderts den Sitz des Schlosses an seine heutige Stelle, inmitten eines hauseigenen Teichs, und verwandelte somit seinen Herrensitz in ein Wasserschloss. Maria Josefa, die Tochter des Schlossherrn, der ohne Söhne geblieben war, verheiratete sich 1708 mit dem Freiherrn von Merveldt. Im Besitz seiner Familie ist Lembeck bis heute geblieben. 1965 wurde im Herrenhaus ein Hotel mit 16 Zimmern eingerichtet. Unter den Gewölbedecken und vor dem großen Kamin im Restaurant erfährt der Gast heute schlossgemäße Behaglichkeit.

Die gesamte Anlage ist außerordentlich reizvoll, denn das Schloss ruht auf zwei Inseln in einem Hausteich von 190 mal 160 Metern und verfügt über eine Vorburg und das Herrenhaus, die über eine Brücke miteinander verbunden sind. Eine architektonische Besonderheit sind die Durchblicke, die die schnurgerade Verbindung der durchschreitbaren Achsen beider Gebäude gewährt.

1 Aus der Vogelperspektive bietet sich ein wunderbarer Blick auf die gewaltige Anlage. **2** Über dem Portal der Vorburg prangt dieses Wappen. **3** Ganz in Grün ist dieses Hotelzimmer gehalten. **4** Zwei Brückenpfeiler mit lustigen Putti begrenzen die Hauptinsel im Westen.

1

2

3

1 Den prunkvollen Großen Saal entwarf der westfälische Barockarchitekt Johann Conrad Schlaun. **2** Das Kellergewölbe beherbergt das Restaurant. **3** Im Schloss ist das Museum des Heimatvereins Lembeck untergebracht. Es zeigt vor allem landwirtschaftliche Geräte und Handwerkszeug. **4** Ein riesiger Park umgibt die Anlage – hier die Westansicht des Schlosses. **5** Jede Schmalseite des Großen Saals ziert ein Kamin, über dem ein Spiegel hängt. **6** Der Flur ist mit zahlreichen Kunstgegenständen geschmückt, die Wandteppiche zeigen Szenen aus der Odyssee. **7** Insgesamt hat die Burganlage sieben Türme, ursprünglich waren sogar neun geplant.

Schloss Lembeck

«Wasserschloss in Westfalen»

Anreise
Auto: Von der A 31 Abfahrt Lembeck. Von der A 43 Abfahrt Haltern und Richtung Wulfen/Reken, nach ca. 4 km an einer Ampelkreuzung rechts Richtung Lembeck.
Bahn: Bahnhof Lembeck.

Sehenswürdigkeiten
Römermuseum Haltern: Hier werden die Funde aus den Römerlagern an der Lippe zentral zusammengefasst und geben Aufschluss über den ehrgeizigen Versuch der Truppen unter Augustus, Germanien zu unterwerfen, der mit der Varusschlacht 9 n. Chr. jedoch ein jähes Ende nahm.
Warner Brothers Movie World: Ideal für kleine und große Kinder. Hier präsentiert sich Hollywood in einem gigantischen Themenpark, der stark an Disneyland in Paris erinnert, mit Achterbahnen in verschiedenen Ausformungen, Movie-Cafés, Kinos und einem Filmmuseum.

Freizeitangebot in der Umgebung
Hohe Mark: Leicht hügelige Landschaft, die teilweise unter Naturschutz steht. Abwechslungsreiche Wald- und Wiesenlandschaften. Ideal zum Wandern und Rad fahren. Seen und Flüsse bieten willkommene Abkühlung im Sommer.

7

Geschichte
1017: Erstmalige urkundliche Erwähnung. Fünf Jahrhunderte lang regieren die Herren von Lembeck. 1526: Die Lembecker Linie erlischt im Mannesstamm. Heirat der Berta von Lembeck mit Bernhard von Westerholt. 1609: Mathias von Westerholt erreicht durch Verhandlungen mit der spanischen Generalität, dass deren Truppen sich zurückziehen, die im Zuge des Spanisch-Niederländischen Krieges über die Grenzen eingerückt waren. 1965: Eröffnung des Schlossbetriebs.

Kategorie
3 Sterne, gehoben. Die Doppelzimmer-Preise beginnen bei 85,50 Euro. Die Küche ist gutbürgerlich. Die Wildgerichte sind exzellent. Die Zimmer behalten ihren Schlosscharakter. Herrlich ist der Ausblick auf den Schlossteich.

Gästeangebot
Zwei Schlossmuseen. Tagungsräume.

Veranstaltungen
Keine.

Adresse
Schlosshotel Lembeck, Schloss 1, D-46286 Dorsten-Lembeck, Tel. 02369-7213, Fax 02369-7283, www.schlosshotel-lembeck.de

1

2

3

4

Romantisches Kleinod für Genießer

Die Wasserburg Anholt verzaubert ihre Gäste

Umgeben von Wasser bietet die als Schutzburg entstandene Wasserburg Anholt ein unverwechselbares Ambiente und lädt ihre Besucher ein, Geschichte zu erleben und sich verwöhnen zu lassen.

Alte Burgen findet man oft in Höhen und auf steilen Felsen. Denn diese galten früher als idealer Standplatz, um Angriffe heranstürmender Feinde abzuwehren. Ganz anders im Münsterland, der Gegend zwischen Lippe, Teutoburger Wald, niedersächsischem Emsland und der niederländischen Grenze. Ohne richtige Berge und aufgrund des Wasserreichtums errichteten die Münsterländer eine Vielzahl von Wasserschlössern, von denen nach wie vor weit über hundert in der Region vorhanden sind. Während die Felsburgen mit der Zeit oft dem Niedergang und Verfall preisgegeben wurden, dienten die Wasserburgen häufig Adelsfamilien als repräsentativer Wohnsitz und zur Verwaltung der Ländereien. So konnten viele Bauten über die Zeit erhalten werden.

Ein sehenswertes Beispiel dieser Münsterländer Besonderheit ist das romantische Wasserschloss Anholt, das dem Besucher die Möglichkeit bietet, eine Zeitreise in Mittelalter und barocke Pracht mit einem angenehmen Aufenthalt im luxuriösen Parkhotel zu verbinden. Umgeben von einem 42 Hektar großen Park mit altem Baumbestand, Barockgärten, englischen Parkanlagen, Irrgarten und Rosengarten erwartet die Burg, die sich als eine der wenigen auch heute noch in Privatbesitz befindet, ihre Gäste. Die Geschichte von Anholt ist lang, denn bereits im 12. Jahrhundert wurden erste Schutzbauten mit einem Fundament aus Pfahlrosten errichtet, zu denen wohl auch der so genannte Dicke Turm, das bis heute charakteristische Zeichen der Burg, gehört. Wenn man dem Volksmund glauben will, soll der Turm sogar schon zur Römerzeit als Schutzbau gedient haben, wirklich belegt ist dies allerdings nicht.

In der Folgezeit hatte die Burg immer wieder unter Angriffen, Bränden, Pest und Plünderungen zu leiden. Nachdem sie durch zwei Bombenangriffe im Zweiten Weltkrieg zu nahezu siebzig Prozent zerstört war, begann nach dem Krieg der geschichtsgetreue Wiederaufbau. Der Initiative des Fürsten Nickolaus Leopold zu Salm-Salm (1906–1988) ist es zu verdanken, dass die historischen Räume der Hauptburg zum Museum erklärt und damit der

1 Liebe zum Detail: Ein Blumengesteck in der Empfangshalle. **2** Im Schlosspark: Das Holztor führt zum Steg, der den Wassergraben überbrückt. **3** Aus Sandstein entstand diese Reiterskulptur im Schlosspark. **4** Im Dämmerlicht erstrahlen Wohnhaus und Museum der Burg Anholt.

Öffentlichkeit zugänglich gemacht wurden. Das sehenswerte Museum beherbergt heute eine Gemäldesammlung mit über 700 Bildern von Rembrandt, J. Brueghel d. J., Murillo und anderen, eine Bibliothek mit etwa 7000 Bänden, einen Speisesaal mit festlich gedecktem Tisch, eine Hofküche aus dem 15. Jahrhundert, Rüstkammer und Verlies. In den Räumen trifft man auf eine eindrucksvolle Sammlung von kostbaren alten Möbeln, Wandteppichen, Porzellan und Waffen. In einer Führung können Besucher die Räumlichkeiten durchlaufen und Interessantes zu den Exponaten erfahren.

Und wer gerne richtig ritterliches Ambiente schnuppern möchte, kann sich in einem Flügel der Burg im Hotel komfortabel einquartieren und in einem der historisch eingerichteten Zimmer von einem Leben als adeliger Burgherr träumen.

1 Über den Wassergraben fällt der Blick auf die imposante Fassade und die Terrasse. **2** Den historischen Rittersaal aus dem Jahr 1665 schmücken Gemälde verschiedener Adelsgeschlechter. **3** Das mächtige Eingangsportal wird vom stolzen fürstlichen Wappen geschmückt. Die Burg wurde zwischen dem 14. und 16. Jahrhundert erweitert und ausgebaut. **4** Im herrlichen Schlosspark findet sich der Brunnen «Junge mit Fisch». **5** Das Restaurant im Wasserpavillon bietet dem Gast erlesene Gaumenfreuden und einen herrlichen Ausblick auf den Schlosspark.

1

2

3

1 Luftansicht des Wasserschlosses. **2** In der Empfangshalle erhält der Besucher bereits einen Einblick in die Geschichte des Hauses: An den Wänden hängen die Porträts der Fürsten zu Salm. **3** Im Kaminzimmer werden kleinere Gesellschaften empfangen. **4** Perfekt eingedeckte Tafel im Schlossrestaurant. **5** Der Grundriss zeigt, wie die Räume genutzt werden. **6** Himmelbett in der Fürstensuite. **7** Bad des Turmzimmers.

4

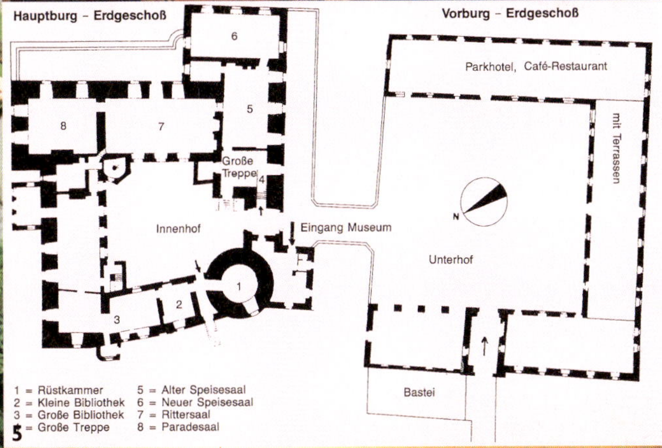

5

6

7

Wasserburg Anholt

«Mittelalter und Barock im Münsterland»

Anreise

Auto: Autobahn A 3 Richtung Arnheim (NL), Abfahrt Nr. 4 Isselburg/Rees.
Bahn: Stationen Empel-Rees oder Emmerich.

Sehenswürdigkeiten

Anholt: Burggebäude, Museum in der Hauptburg mit einstündiger Führung, historischer Schlosspark. *Arnheim* (NL) mit dem Nationalpark «De Hoge Veluwe» und Kröller-Müller-Museum, Burgers Zoo. *Schloss Moyland* mit der Sammlung van der Grinten und dem Joseph Beuys Archiv des Landes Nordrhein-Westfalen. Stadt *Xanten* mit Zeugnissen römischer Geschichte. *Schloss Huis Bergh* als eins der bedeutendsten Schlösser der Niederlande.

Freizeitangebot in der Umgebung

Fahrradausflüge, Kanufahrten auf der Bocholter Aa, Golfspielen im Golfclub Wasserburg Anholt. Anholter Schweiz: Biotop-Wildpark mit Nachbildung des Vierwaldstätter Sees.

Geschichte

Um 1168 entstand die erste Anlage, ab dem 14. Jahrhundert bauliche Erweiterung. Seit 1647 im Besitz der Fürsten zu Salm, von 1697 bis 1703 Ausbau zur prachtvollen Residenz des Salmschen Geschlechts, Umbau im Barockstil. Französische Revolution und folgende Eroberungskriege Napoleons betrafen auch Anholt. 1810 dem französischen Kaiserreich einverleibt, drei Jahre später befreit. Im Wiener Kongress 1815 kam Herrlichkeit Anholt zum preußischen Staat. Zerstörungen im Zweiten Weltkrieg, nach Kriegsende Wiederaufbau, Restaurierung und Umbau zu Museum und Hotel.

Kategorie

Das Parkhotel zählt mit 4 Sternen zu den exklusiven bis luxuriösen Häusern. Es bietet über 31 Hotelzimmer verschiedener Kategorien, die Zimmer sind individuell eingerichtet und einige zu bestimmten Themen, teilweise mit historischem Hintergrund, ausgestattet. Die Preise für ein Doppelzimmer betragen 150 bis 185 Euro. Die Suiten liegen zwischen 125 und 300 Euro.

Gästeangebote

Das Parkhotel verfügt über das Restaurant «Wasserpavillon», integriert in den Schlossgraben mit herrlichem Blick auf die Burg und den Park, das regionale Küche mit mediterranem Einfluss auf gehobenem Niveau serviert. Burgkeller mit Bar. Bankettträume für größere Gesellschaften.

Veranstaltungen/besondere Angebote

An jedem zweiten Samstag im Monat besteht die Möglichkeit, sich auf der Wasserburg trauen zu lassen und anschließend dort zu feiern. Schlossparkrallye, Golfschnupperkurs. Rittermahl mit Musik und Gaukelei. Hochseilgarten.

Adresse und Reservierung

Parkhotel Wasserburg Anholt, Klever Straße, D-46419 Isselburg-Anholt, Tel. 02874-4590, Fax 02874-4035, www.schloss-anholt.de

Blick auf die hochmittelalterliche Klosteranlage der Abtei Maria Laach, die zwischen 1093 und 1216 erbaut wurde.

Rheinland-Pfalz

1

2

3

4

Ein Halleluja auf die Tradition

Maria Laach – romantisches Kloster in der Eifel

Die Fenster der Klosterkirche lassen nur wenig Licht herein, sodass das Dunkel zur Besinnlichkeit und zur Zwiesprache mit Gott einlädt – eine Atmosphäre der Konzentration auf das Wesentliche.

Egal, woher der Reisende sich dem Laacher See nähert, ob von der Eifel her oder vom Rheintal herauf, er wird innehalten, wenn die Türme der Abteikirche Maria Laach aus den sanften Wellen der bewaldeten Hügel auftauchen. In seltener Harmonie scheint sie ein Teil der Landschaft zu sein. Der Kirchenbau aus einheimischem grau-blauem Basaltlava und grau-gelbem Eifeltuff vereint sich auf vollkommene Weise mit dem umgebenden Land. Die von Kennern wegen ihrer Proportionen gerühmte Abtei scheint wie natürlich aus dem Boden am Rand eines Maares gewachsen zu sein. Die Kirche im einheitlich romanischen Stil gilt als ein Bauwerk von vollendeter Klarheit und ausgewogener Gliederung, als ein wohl erhaltenes Juwel unter den romanischen Kirchenbauten. Die beiden Weltkriege überstand das Kloster zudem als Lazarett ohne größere Schäden.

In der näheren und weiteren Umgebung sind Hotel, Seerestaurant und die landwirtschaftlichen Betriebe der Benediktinerabtei, die zur Beuroner Kongregation gehört, nicht nur bei Kirchgängern wohl bekannt. Die Region um den See ist durch die Eigenart der Böden besonders gut für Ackerbau und Gemüse geeignet. In dem neu eröffneten Hofladen neben dem Parkplatz bietet das Kloster aus seinem Hofgut ein breites Angebot von frischem Fleisch aus eigener Tierhaltung, Gesundem aus Getreide, Obst und Gemüse, aber auch Weine und Säfte sowie kunsthandwerkliche Produkte und Geschenkartikel.

Das landwirtschaftliche Anwesen beim Kloster am See ist seit dem Mittelalter gewachsen, vor allem durch mehrfache Trockenlegung. Heute beträgt die landwirtschaftliche Nutzfläche 170 Hektar, davon sind 60 dem Ackerbau und 110 der Viehhaltung vorbehalten. 10 Hektar liegen brach. Die Flächen werden extensiv genutzt, und es wird ein kontrollierter ökologischer Anbau betrieben: Weizen und Roggen werden als Brotgetreide geerntet, Wintergerste und Mais sind Viehfutter, die Sommergerste wird zur Bierherstel-

1 Bruder Joseph präsentiert stolz sein Werk: Das Kloster beherbergt bekannte Kunstwerkstätten. **2** Wandgemälde in der Aula. **3** Spaziergang zur Johanneskapelle. **4** Ein Höhepunkt spätromanischer Steinmetzarbeit ist die Vorhalle der Abteikirche, auch «Paradies» genannt, die als symbolische Darstellung des biblischen Garten Eden zu verstehen ist.

lung verkauft. Auf 6,5 Hektar werden etwa zwanzig Sorten Äpfel, Birnen, Pflaumen und Kirschen geerntet. Ein großer Teil wird im Laacher Gartencenter verkauft, ein weiterer Teil dient dem Eigenbedarf der Mönchsgemeinde und ihrer Mitarbeiter.
Die Gutswirtschaft Maria Laach verfügt heute über 300 Stück Rindvieh, rot gefärbte Limousin-Rinder, eine Fleischtierrasse aus dem mittleren Frankreich. Der Laacher See umfasst etwa 300 Hektar Fläche und ist fischreich. Beliebt sind die «Laacher Silberfelchen», die im Seehotel als Delikatesse serviert werden. Daneben gibt es Hechte, Barsche, Karpfen, Weißfische und Aale.
Für den Unterhalt der Mönchsgemeinschaft spielen die Landwirtschaft und der Markt eine gewichtige Rolle. Doch die Dimension, die Maria Laach in den vergangenen Jahrzehnten wirklich berühmt gemacht hat, liegt auf einem ganz anderen, spirituellen Gebiet. Eine Ahnung davon bekommt auch der oberflächliche Besucher beim Betreten der Abteikirche. Sie beeindruckt nicht nur durch ihre Schlichtheit in Material, Farbe und Ausstattung und die auffallend stimmigen Maßverhältnisse. Die Fenster lassen nur wenig Licht herein, so dass die Kirche zu jeder Tageszeit eher dunkel wirkt und zu Besinnlichkeit und zu Zwiesprache mit Gott einlädt. Die Stille und das zur Meditation anregende Halbdunkel in einem von Klausurmauern umschlossenen Kloster schaffen eine Atmosphäre der Konzentration auf das Wesentliche, die Gottsuche.

1 Maria Laach ist ein Juwel unter den romanischen Kirchenbauten. Die Abtei wurde 1093 begonnen und um 1220 fertig gestellt, sie wird von zwei zentralen Türmen flankiert. **2** Bibliophile Schätze: Bruder Marianus in der Abteibibliothek. **3** In der Abteikirche: Chorgestühl mit Baldachin-Hochaltar, das große Deckenmosaik stellt «Christus in der Verklärung» dar. **4** Stimmungsvoll ist eine Bootsfahrt auf dem Laacher See in unmittelbar Nähe des Klosters.

3

Vielleicht waren es diese äußeren Voraussetzungen im Zusammenspiel mit benediktinischem Ordensleben, dass vor dem Zweiten Weltkrieg von hier die liturgische Erneuerung der katholischen Kirche ausging. Zumindest wesentliche Impulse zur Liturgiereform entstanden am Laacher See, die sich Jahrzehnte später im Dekret «Sacrosanctum Concilium» des Zweiten Vatikanischen Konzils von 1962 bis 1965 niedergeschlagen haben.
Vater dieses Aufbruchs war der am 27. November 1874 in Köln-Jünkersdorf geborene Peter Herwegen. Er trat 1895 in Maria Laach ein und erhielt den Ordensnamen Ildefons. Nach drei Jahren Studium in Beuron empfing er 1901 die Priesterweihe. Ein Jahr studierte er an der Benediktinerhochschule Sant' Anselmo in Rom, bevor er 1904 vor allem zum ordens- und rechtshistorischen Studium an die Universität Bonn ging. 1913 wurde er zum Abt von Maria Laach gewählt. Schon vor seiner Abtswahl hatte er Kontakte zu den katholischen Akademikern, die nun in eine feste Beziehung zur Abtei traten, Zielgruppenseelsorge würde man das heute wohl nennen. Diese Beziehung wurde der Grundstein für das Liturgische Apostolat Maria Laachs. Die Hochschätzung der Tradition verband Ildefons Herwegen mit einem wachen Dialog mit seiner Zeit. Abt Ildefons hatte das Charisma, die ganze Abtei für das Liturgische Apostolat zu gewinnen. Viele setzten sich nach ihren Fähigkeiten und Möglichkeiten dafür ein, sei es auf wissenschaftlichem, literarischem und publizistischem oder künstlerischem Gebiet.
Ende der zwanziger Jahre des vorigen Jahrhunderts gründete der Abt die Laacher Kunstwerkstätten und den Kunstverlag Ars liturgica. Das von ihm herausgegebene lateinisch-deutsche Volksmessbuch erreichte eine große Zahl von Gläubigen. Als er am 2. September 1946 starb, hinterließ Abt Ildefons ein großes geistiges Erbe, das sein Nachfolger Abt Basilius Ebel von 1946 bis 1966 weiterführte. Er rief ein Forschungsinstitut ins Leben, das «Abt-Herwegen-Institut für liturgische und monastische Forschung».
Gestiftet wurde die Abtei Maria Laach übrigens schon im Jahr 1093 durch Pfalzgraf Heinrich II. Er gründete das Benediktinerkloster Abbatia S. Mariae ad Lacum, Abtei der heiligen Maria am See, einfach «Laach» genannt, keine zwei Kilometer von seiner Stammburg entfernt.

Maria Laach (Benediktinerabtei)

«Das tägliche Lob- und Bittgebet ist die Quelle, aus der die Gemeinschaft lebt und wirkt.»

Anreise
Bahn: Bahnstation Andernach (Strecke Frankfurt–Köln), von dort aus mit dem Bus; oder Bahnstation Niedermendig mit dem Taxi (6 km).
Auto: A61 Ludwigshafen–Krefeld, Ausfahrt Mendig oder Wehr.

Geschichte
1093: Gründung durch den Pfalzgrafen Heinrich II. von Laach. Besiedelt wurde die Abtei von Mönchen aus Affligem in Brabant. Die Mönche lebten nach den Konventionen von Cluny, bis sie 1474 der Bursfelder Union beitraten. Aufhebung der Abtei 1802, seit 1815 Eigentum des preußischen Staates, dann in Privatbesitz bis 1862. 1892: Wiederbesiedlung durch Mönche der Beuroner Kongregation. 1924: Rückerstattung der Kirche seitens des preußischen Staates.

4

Sehenswürdigkeiten
Kloster: Abteikirche mit Hochgrab des Stifters, Altarbaldachin, Krypta, spätgotische Fresken.
Umgebung: Laacher Seetal, Vulkanpark, Eifel, Mosel.

Klosterbetrieb
Kunstwerkstätten, Kunstverlag, Buch- und Kunsthandlung, Klosterladen, Klostergaststätte, Naturkundemuseum, Gutsbetrieb mit Rindviehzucht, Gärtnerei, Institut f. Liturgiewissenschaften.

Gästeangebot
Exerzitien, Zielgruppenseelsorge, Konzerte.

Gottesdienste
Werktag: 5.30 Hore, 7.30 Konvent, 11.45 Hore, 17.30 Vesper, 19.45 Komplet.
Sonntag: 5.30 Hore, 9.00 Konvent, 14.30 Hore, 17.30 Vesper, 19.45 Komplet.

Unterkunft
Seehotel Maria Laach (Einzel-/Doppelzimmer, Bad, WC), Tel. 02652-5840, E-Mail: seehotel@maria-laach.de.
Gastflügel der Abtei, Tel. 02652-59282.

Auskunft
Kloster: Benediktinerabtei Maria Laach, D-56653 Maria Laach, Tel. 02652-590, Fax 02652-59359, Internet: www.maria-laach.de, E-Mail: abtei@maria-laach.de.
Touristik: Verbandsgemeinde Mendig, Marktplatz 3, D-56743 Mendig, Tel. 02652-98000, Fax 02652-980019, Internet: www.mendig.de, E-Mail: info@mendig.de

1

2

3

4

Lebendige Geschichte

Auf der Ehrenburg erwacht regelmäßig das Mittelalter

Jahrhundertelang war die Ehrenburg eine starke und fast uneinnehmbare Festung, bis sie im 17. Jahrhundert teilweise zerstört wurde. Heute ist sie vor allem durch ihre Ritterspiele bekannt.

Umgeben von den Wäldern des Hunsrück thront die Ehrenburg unweit der Mosel auf einem steilen Felsen hoch über dem romantischen Ehrbachtal und dem Ort Brodenbach. Schon die exponierte Lage macht klar, dass hier die Schutz- und Abwehrfunktion der Burg im Vordergrund stand. Die mittelalterliche Anlage ist durch steile Felswände von drei Seiten geschützt. Nur nach Osten hin mussten die Burgherren sich vor Angreifern sichern. Jahrhundertelang war die Ehrenburg als Raubritterburg gefürchtet. Auffallend ist zunächst der Rampenturm, der gegen Ende des 15. Jahrhunderts erbaut wurde. Eine Besonderheit stellt die spiralförmige Auffahrt dar, die Reiter und Wagen benutzen konnten, um so in die Burgräume zu gelangen. Der Doppelturm des Bergfrieds besteht aus zwei durch eine Schildmauer miteinander verbundene Türme und wurde im 14. Jahrhundert errichtet. Von dort aus hat man einen wunderbaren Ausblick. Erst im 17. Jahrhundert wurde die Burg von den französischen Truppen Ludwig XIV. besetzt und teilweise gesprengt.

Im ehemaligen Marstall ist heute ein stilvolles Burghotel eingerichtet, das nicht nur zu den Ritterveranstaltungen, sondern ganzjährig zur Verfügung steht. Im gleichen Gebäude befindet sich auch der Rittersaal, der mit prächtigen Wandmalereien ausgestattet ist. Die Burg fasziniert nicht zuletzt wegen der eindrucksvollen Lage und dem herrlichen Panorama, das sich von den Türmen bietet.

Auf der Ehrenburg fühlt man sich zurückversetzt in die Vergangenheit, in ein mittelalterliches Leben zwischen Rittern, Edeldamen, Gauklern und Spielleuten. Zumindest ist das so an jedem Sonn- und Feiertag zwischen Ostern und Ende Oktober, denn dann wird die Burg lebendig und entführt Besucher in die Zeit der Ritter mit Tanz, höfischer Musik, Wettbewerben im Bogenschießen, Axtwerfen und natürlich mit Essen und Getränken nach alten Rezepten aus der Hofküche. Für Freunde des Mittelalters und des Ritterlebens ist die Ehrenburg ein unbedingt lohnendes Ausflugsziel.

1 Vom Tal aus blickt man auf Bergfried und Plateau des Rampenturms. **2** Ritterzeit: Im Burgmuseum ist diese historische astronomische Uhr zu bewundern. **3** Zeitreise zu den Rittern: Regelmäßig finden auf der Ehrenburg mittelalterliche Festspiele statt. **4** Der einstige Rittersaal dient heute als Speisesaal. Bei Veranstaltungen und Spielen finden hier zahlreiche Gäste Platz.

1 Vom Plateau des Rampenturms fällt der Blick auf das mächtige Eingangsportal. **2 – 4** Eine Burg im Jahr 1192: Die Rittertspiele erwecken das Mittelalter zum Leben: Maid mit Ritterschwert, Schmied, Marktszene. **5** Die Zimmer sind schlicht, aber sehr gemütlich eingerichtet. **6** Im Gewölbekeller speist man stilecht bei Kerzenschein. **7** Die Burg verfügt nur über fünf Zimmer.

Ehrenburg

«Willkommen in der Vergangenheit»

Anreise
Auto: A 61 Koblenz-Ludwigshafen, Ausfahrt Boppard, dann weiter auf die B 327, Richtung Brodenbach. Oder über B 49 Koblenz–Cochem nach Brodenbach.
Bahn: Fahrt nach Koblenz oder Boppard und dann mit Bus bzw. Taxi weiter zur Burg.

Sehenswürdigkeiten
Die Burg bietet die feste Erlebnisausstellung «Ritter, Ränke und Romanzen». *Koblenz* hat eine hübsche Altstadt. Lohnend auch die Residenz Schloss *Stolzenfels* und die Festung *Ehrenbreitstein*. Bei St. Goarshausen befindet sich der *Loreley*-Felsen. *Cochem* hat mit seinen Fachwerkhäusern und der Reichsburg viele Sehenswürdigkeiten zu bieten.

Freizeitangebot in der Umgebung
In Brodenbach befindet sich ein großer Jachthafen, Wassersportler kommen auf der Mosel auf ihre Kosten. Eine Schifffahrt durch die UNESCO-Kulturlandschaft Mittelrheintal führt vorbei an schönen Städten, Burgen und Weinbergen. Schön wandern kann man im Baybachtal oder im Ehrbachtal.

Geschichte
Schon um 70 n. Chr. bauten die Römer auf dem Felsen eine Zuflucht. 1125 Bau der Ehrenburg. Friedrich I. Barbarossa schlichtete 1161 einen Streit um den Besitz der Burg zwischen dem Erzbischof von Trier und dem Pfalzgrafen von Stahleck. Der Pfalzgraf sollte die Burg als Unterlehen an den Ritter von Ehrenberg geben. Doch die Herren von Ehrenberg unterwarfen sich nicht. Nach dem Tod des Stahleckers gab der Kaiser die Ehrenburg 1162 als pfälzisches Lehen an seinen Halbbruder, Konrad von Hohenstaufen. 1331 schlossen sich die Häuser Waldeck, Schöneck, Eltz und Ehrenberg zur «Eltzer Fehde» zusammen gegen den Erzbischof Balduin von Trier. Mit dem Frieden von 1335 wurde der Lehensbrief Barbarossas über die Ehrenburg erneuert. Nach dem Aussterben des Rittergeschlechts Ehrenburg ging die Burg in den Besitz von Johann von Schönberg über. Während des Deißigjährigen Kriegs besetzten die Spanier die Ehrenburg und bleiben bis 1651. 1668 ging sie in den Besitz von Freiherr von Clodt über. 1688 nahmen französische Soldaten unter Ludwig XIV. die Burg ein und sprengten Teile der Anlage. 1798 wurde die Burg Eigentum des Freiherrn von Stein, 1831 ging sie ans Geschlecht von Kielmannsegge über und 1867 an den Grafen von Kanitz. 1991 kauften Gerhard Kurz und Thomas Schulz-Anschütz die Burg. Seit 1992 wird die Ehrenburg durch den Freundeskreis der Ehrenburg e. V. erhalten.

Kategorie
Das Hotel im westlichen Teil der Burg verfügt über fünf stilvolle Zimmer. Ein Doppelzimmer kostet 120 Euro.

Gästeangebot
Der Rittersaal bietet Platz für 180 Personen. In der ehemaligen Wächterstube im Rampenturm ist ein gemütliches Kaminzimmer und ein Skriptorium. Erlebnis-Gastronomie.

Veranstaltungen
Organisation mittelalterlicher Rahmenprogramme für Feiern und Tagungen. Trauungen auf der Ehrenburg sind möglich.

Adresse
Ehrenburg, D-56332 Brodenbach/Mosel, Tel. 02605-3077/-2432, Fax 02605-3079, www.ehrenburg.de

1

2

3

4

Rosenkranz und Weinberge

Kloster Marienthal im Rheingau hilft Stress abbauen

Die nahe gelegene Gutenbergstadt Mainz verpflichtet. In Geisenheim stand die erste Klosterdruckerei der Welt, in der die Druckkunst zunächst mit Ablassbriefen erprobt wurde.

Schütt' die Sorgen in ein Gläschen Wein. Wie könnte es anders sein, wenn man ausgerechnet im weinseligen Rheingau, wo die sangesfrohe Rüdesheimer Drosselgass nicht weit ist, ins Kloster gehen will. Gemach. Es gibt auch andere Möglichkeiten, mit Sorgen und Stress fertig zu werden – was den Wein nicht ausschließt. Etwa im Franziskanerkloster Marienthal. Es liegt mitten im angesehensten Riesling-Gebiet Deutschlands und einen Katzensprung von Frankfurt, Mainz und Wiesbaden entfernt. Es reiht sich aber auch in eine Perlenkette von Klöstern ein, die zwischen Schlössern und Reben zum Verweilen einladen.

Eine Wanderung dorthin beginnt gewöhnlich beim Kloster Eberbach, begründet um das Jahr 1116 als Augustiner-Chorherrschaft am gleichnamigen Bach, etwa 4,5 Kilometer von der Mündung in den Rhein entfernt. 1131 wird es den Benediktinern in Johannisberg überlassen, 1135 den Mönchen von Clairvaux übergeben und entwickelt sich zu einem der bedeutendsten Zisterzienserklöster. Bei der Säkularisierung 1803 geht es an die staatliche Weindomäne, die dort jährlich ihren Wein versteigert.

Von Eberbach führt der Weg weiter durch den Wald zum Schloss Vollrads, dem nach einer Wanderung durch Weinberge Schloss Johannisberg folgt, ebenfalls ein ehemaliges Kloster, das ursprünglich Bischofsberg hieß. Hinter Johannisberg erreicht der Wanderer schließlich das Kloster Marienthal, das als Mariengnadenort die bedeutendste Wallfahrtsstätte des Rheingaus ist.

Das Kloster, im von schattigen Wäldern umgebenen Höhenort Marienthal, lädt heute Menschen jeden Alters zu Besinnung, Sammlung und zum Atemholen ein. In einer Atmosphäre der Stille, des Friedens und der Gemeinschaft mit anderen besteht die Chance in der Begegnung mit Gott neu zu sich selbst zu finden. Die Patres bieten den Pilgerinnen und Pilgern Gottesdienste und das persönliche Gespräch oder das Sakrament der Versöhnung, die Beichte, an. Das Kloster verfügt über eine Reihe von Gästezimmern und

1 Im Kloster wird das Musical «Hochzeit zu Kana» von einer Laienspielgruppe aufgeführt; der Mariengnadenort gilt als die bedeutendste Wallfahrtsstätte im Rheingau. **2** Stationshäuschen am Kreuzweg. **3** Bei der Prozession wird der Marienschrein aus der Wallfahrtskirche getragen. **4** Feierliche Messe auf dem großen Pilgerplatz hinter der Kirche.

über ein Selbstverpflegungshaus für Gruppen junger Erwachsener. Das «Kloster auf Zeit» haben die Franziskaner als ein wirkliches Bedürfnis unserer Zeit erkannt: «Einmal heraus aus dem, was die Welt zu bieten hat, und hinein in das, was Gott zu bieten hat; hinaus aus den ewigen Kreisen um sich selbst und die eigenen Dinge und hinein in die Beziehung zu Gott, zu Jesus und in das ehrliche Gespräch mit dem Anderen; hinaus aus der Sackgasse, in die wir uns selbst oder die Umstände des Lebens manövriert haben, und hinein in das Licht, das von Gott und seinem Wort zu uns kommt.» Das Kloster Marienthal bietet dazu Gelegenheit in großer Einfachheit. Noch ehe die ersten Besucherinnen und Besucher sich zeitweise ins Kloster zurückgezogen haben, wie es heute vielfach angeboten wird, sind die Menschen aus dem Rheingau nach Marienthal zu einem Gnadenbild gepilgert, das Maria darstellt, die nach der Kreuzabnahme ihren toten Sohn auf dem Schoß hält. Es handelt sich um eines der frühesten Vesperbilder, dessen Verehrung der Überlieferung 1309 begann. In diesem Jahr kniete der Jäger Hecker Henn vor dem Bild nieder und soll sein durch einen Unfall verlorenes Augenlicht wiedererlangt haben. Dieses Wunder war der Anlass zur Errichtung einer Kapelle, aus der dann später das Kloster hervorgegangen ist.
Einer der Initiatoren der Klostergründung war der Mainzer Domprediger Gabriel Biel, der in Mainz die Entwicklung der Druckkunst

verfolgen konnte. So wurde schnell der Nutzen der neuen Technik erkannt. Es wurde im Kloster eine Druckerei eingerichtet, die eine der ersten Druckereien überhaupt, auf jeden Fall jedoch die erste Klosterdruckerei der Welt war.
Das Kloster Marienthal hatte das Recht, Ablässe zu erteilen. Da lag es nahe, die Druckkunst zunächst mit Ablassbriefen zu erproben. Der erste datierte Druck stammt aus dem Jahr 1468 und ist ein zwölf Folioblätter umfassender Indulgenzbrief für das Fest Mariä Opferung. 1474 erschien ein aus zwei starken Quartbänden bestehendes Brevier für die Geistlichkeit des Erzbistums Mainz, dem «Breviarum moguntinum». Die Anleitung zur Beichte von Johannes Lupus wurde 1478 in Marienthal gedruckt. Auch das letzte datierte Werk aus der Klosterdruckerei ist ein Ablassbrief aus dem Jahr 1484. Danach erschütterte Luthers Reformation auch das Rheingau. Viele Ordensleute liefen zu ihm über. Die «Brüder vom gemeinsamen Leben», die bis dahin die Wallfahrt betreut hatten, kehrten 1550 dem Kloster den Rücken. Augustiner-Chorherren versuchten erfolglos, 1566 die Wallfahrt wieder zu beleben. 1612 schenkte Erzbischof Johann Schweikard von Cronberg das Kloster dem Jesuitenkolleg in Mainz. Der Orden löste sich 1773 auf, der Besitz wurde vom Staat eingezogen. Es folgte eine Reihe weltlicher Besitzer, bis es 1873 von den Franziskanern übernommen wurde. 1890 schuf August Martin einen Bilderfries mit der Darstellung des Rosenkranzgeheimnisses. Martin konzentrierte sich dabei auf die mittelalterliche Malerei. Er setzte bewusst nur wenige kräftige Farben und kopierte sogar die Perspektivefehler des Mittelalters, um eine größtmögliche Authentizität zu schaffen.
Der Rosenkranz ist ein kontemplatives Gebet. Er wurde früher vor allem in den Marienmonaten Mai und Oktober in den Kirchen viel gebetet und ist bei den Pilgerinnen und Pilgern überaus beliebt. Als ein Bestandteil der praktizierten Volksfrömmigkeit wird das Rosenkranzgebet vor allem von volksnahen Orden gepflegt, zu denen neben den Franziskanern die zur selben Ordensfamilie gehörenden Kapuziner zählen. Die von ihnen betreuten Wallfahrtsorte sind in der ganzen Welt Hochburgen der Marienverehrung und des Rosenkranzgebets.

1 Pilger strömen an Mariä Himmelfahrt herbei. **2** Die Wallfahrtskirche: Das Wunder vom wiedererhaltenen Augenlicht führte 1309 zu ihrer Errichtung. **3** Altar der Wallfahrtskirche **4** Ausflugstipp: Schloss Johannisberg, Sitz der Familie Metternich, inmitten von Weinbergen.

Marienthal (Franziskanerkloster)

«Einmal heraus aus dem, was die Welt zu bieten und hinein in das, was Gott zu bieten hat.»

Anreise
Bahn: Bahnstation Geisenheim, dann Bus zum Kloster.
Auto: A3 Köln–Frankfurt oder A61 Köln–Ludwigshafen, Abfahrt B42 Wiesbaden, Richtung Rüdesheim.

Geschichte
Marienthal ist einer der ältesten Wallfahrtsorte in Deutschland. 1309 begann die Wallfahrt nach dem ersten beschriebenen Heilungswunder. Die Kirche wurde 1330 von Balduin von Trier, Administrator des Erzstiftes Mainz, geweiht. Zunächst taten Diözesanpriester Dienst. 1468 wurde in Marienthal die erste Klosterdruckerei der Welt eingerichtet. Im 16. Jahrhundert folgten die Augustiner-Chorherren, im 17. und 18. Jahrhundert die Jesuiten. Nach der Aufhebung von deren Orden 1773 wurde die Kirche teilweise zerstört. Nach dem Wiederaufbau mit Hilfe von Staatskanzler Fürst Metternich wurde die Kirche 1858 von Bischof Josef Peter Blum von Limburg erneut geweiht. 1873 übernahmen Franziskaner den Dienst am Wallfahrtsort.

4

Sehenswürdigkeiten
Kloster: Wallfahrtskirche, Hauptportal, Gnadenbild.
Umgebung: Rheingau, Rüdesheim.

Gästeangebot
Kloster auf Zeit, Mitleben in der Gemeinschaft, Exerzitientage, Einzelgespräche.

Gottesdienste
Werktag: 6.30, 7.00 Laudes, 10.30, 11.50 Sext, 17.30 Rosenkranz (außer Mittwoch), 18.00 Vesper. *Dienstag:* 19.30 Bibelgespräch. *Mittwoch:* 17.30 Eucharistie. *Donnerstag:* 19.00 Konvent. *Sonntag (Wallfahrtskirche):* 8.30 Eucharistie, 10.30 Eucharistie, 14.30 Marienlob/Vesper.

Unterkunft
Kloster: Gästezimmer (Reservierung siehe unten).
«Akzent Waldhotel Gietz», Tel. 06722-99600.

Auskunft und Reservierung
Franziskanerkloster Marienthal, D-65366 Geisenheim,
Tel. 06722-99580, Fax: 06722-995813,
Internet: www.franziskaner-marienthal.de,
E-Mail: info@franziskaner-marienthal.de.
Touristik: Stadt Geisenheim, Rüdesheimer Str. 48, D-65366 Geisenheim, Tel. 06722-7010, Fax 06722-701120, Internet: www.geisenheim.de,
E-Mail: stadtverwaltung@geisenheim.de

1

2

3

Schöner leben «Auf Schönburg»

Die Festung am Rhein macht ihrem Namen alle Ehre

Im 14. Jahrhundert wohnten «Auf Schönburg» über 24 Familien gleichzeitig, später geriet sie in Vergessenheit, heute erstrahlen die Räume der Festung wieder in lebendigem Glanz.

Der revolutionäre Dichter und mit Karl Marx befreundete Journalist Ferdinand Freiligrath bezeichnete die Schönburg einst als «der Romantik schönster Zufluchtsort am Rhein». Als willkommene Heimstätte für die Burgherrn, die Stadtvögte von Oberwesel aus dem Geschlecht der Schönburger, diente sie seit ihrer Entstehung. Mit anderen Festungen, wie etwa Wernberg, teilte sie das Schicksal der Ganerbenburg, das heißt, dass das Burgerbe nach dem Tod des Vaters zu gleichen Teilen an alle Söhne überging und nicht – wie allgemein üblich – nur an den ältesten Sohn. So kam es, dass Mitte des 14. Jahrhunderts etwa 250 Nachkommen der Schönburger sich den Wohnraum auf der Burg teilten. Nach den Chroniken zu urteilen kam es jedoch nie zu ernsthaften Auseinandersetzungen um den Besitz.

Der letzte Schönburger erlangte gleichzeitig auch den größten Ruhm: Friedrich von Schönburg erlebte in den wilden Kriegsjahren des 17. Jahrhunderts einen steilen Aufstieg zum französischen General, 1675 ernannte ihn der Sonnenkönig gar zum «Maréchal de France», nur um später die Seiten zu wechseln. Er unterstützte Wilhelm von Oranien als Kandidaten auf den englischen Thron. In der berühmten «Battle of Boyne» am 12. Juli 1690 waren die Truppen Wilhelm I. gegen die Jakobiten zwar siegreich – der 74-jährige von Schönburg fiel jedoch. Fast schon symbolisch scheint, dass der Tod des letzten Schönburgers und die Zerstörung der Festung am Rhein sich fast zeitgleich ereigneten. Erst nachdem ein Amerikaner namens T. J. Oakley Rhinelander mit deutschen Vorfahren und viel Geld 1885 die Burg kaufte und bis 1914 zwei Millionen in die Renovierung steckte, begann sich eine neue Ära abzuzeichnen. Die Stadt Oberwesel erwarb sie 1950 von Rhinelanders Sohn. Familie Hüttl pachtete die Burg und verwandelte sie in ein exklusives Burghotel. Die gemütlich-luxuriösen Burgkemenaten sind mit verschleierten Himmelbetten, Spinnrädern und Gemälden eingerichtet, der Blick auf das Weltkulturerbe Rheintal vom Burgfenster oder vom Burgbalkon bietet unvergessliche Eindrücke.

1 Blick über den Rhein auf Oberwesel mit Burg Schönburg (kolorierte Radierung von Johann Ziegler, 1750-1812). **2** An lauen Sommertagen lassen sich die Gäste im Innenhof verwöhnen. **3** Seit 1000 Jahren wacht die Schönburg über dem Rhein. Ihr Anblick ist wirklich atemberaubend.

1 Ein historisch gewandeter Leser in der Bibliothek. **2** Die mächtige Burg fand zwischen 911 und 1166 erste Erwähnung in der Geschichtsschreibung. **3** Geradezu himmlisch nächtigt man hier… **4** … und genießt am Morgen ein Frühstück auf der Terrasse mit herrlichem Ausblick über den Rhein. **5** Die Festtafel ist angerichtet. **6** Das Serviceteam lässt keine Wünsche offen. **7** Burgwappen. **8** Wohl behütetes Beisammensein. **9** Flusskreuzfahrt auf dem Rhein.

7

«Auf Schönburg»

«Mit Blick auf die Loreley»

Anreise
Auto: A 61 Ausfahrt Nr. 44 Laudert/Oberwesel. Nach der Ausfahrt die 2. Straße rechts über Perscheid und Dellhofen zur Schönburg.
Bahn: Bahnhof Oberwesel. Dann mit dem Taxi zur Schönburg.

Sehenswürdigkeiten
Oberwesel: Das mittelalterliche Stadtbild ist nahezu perfekt erhalten, inklusive Stadtmauer und Wehrtürmen. In den verwinkelten Gassen bieten die Restaurants hervorragende Weine der zahlreichen lokalen Winzer.
Rheinburgen: Zwischen Koblenz und Mainz liegen viele weitere Festungen mit Namen wie Rheinfels, Stolzenfels, Marksburg und Reichenstein am wichtigsten Handelsfluss des Mittelalters.

9

Freizeitangebot in der Umgebung
Mittelrheintal: Das UNESCO-Weltkulturerbe bietet herrliche Aussichten für Wanderer und sagenumwobene Plätze wie den *Loreley-Felsen*. Die Geschichte vom schönen Mädchen, das sich von hier in den Fluss stürzte, inspirierte Heinrich Heine zu seinem beliebten Volkslied «Ich weiß nicht, was soll es bedeuten».

Geschichte
1149: Erste Erwähnung der Schönburg, der Bau dürfte jedoch wesentlich früher entstanden sein. 13.–14. Jahrhundert: Die Ganerbenburg dient schließlich 24 Familien als Heimstätte. 1318: Die Festung geht an das Erzbistum Trier, die Familien wohnen weiter auf der Schönburg. 1689: Truppen Ludwigs XIV. brennen die Burg nieder. 18. Jahrhundert: Wechselnde Besitzer versäumen den Wiederaufbau. 1885: Der deutsch-amerikanische Bankier Rhinelander aus einer der einflussreichsten Familien der amerikanischen Ostküste restauriert die Burg. 1957: Pacht durch Familie Hüttl, die bis heute das Burghotel führt.

Kategorie
«Auf Schönburg» ist ein exklusives Burghotel mit 20 Zimmern und 2 Suiten. Die Preise der Doppelzimmer betragen 160 bis 250 Euro, die Suiten kosten 250 Euro. Die Speisekarte bietet bürgerliche und französischer Küche.

Gästeangebot
Ausrichten von Festlichkeiten und Tagungen, Organisation von Ausflügen und Weinproben, Buchung von Theaterabenden und Rittermahl.

Veranstaltungen
Zu allen geraden Jahreszahlen findet an Pfingsten in Oberwesel das mittelalterliche Spektakulum statt, jedes Jahr im September das Oberweseler Weinfest.

Adresse
Burghotel-Restaurant «Auf Schönburg», Familie Hüttl, D-55430 Oberwesel, Tel. 06744-93930, Fax 06744-1613, www.burghotel-schoenburg.de

1

2

3

4

Sich in seiner Haut wohlfühlen

Die Dominikanerinnen von Arenberg und ihr Garten Gottes

Wer im schwäbischen Preußen dem Tal der Mönche folgt, wandert direkt in ein Naturschutzgebiet mit siebzig Burgen, Ruinen, steilen Felswänden und mittelalterlichen Städten.

Ein neuer Trend ist angestoßen. Er kommt aus einem Frauenkloster und wird sich durchsetzen, weil er anscheinend mehr als alle anderen klösterlichen Angebote größere Bedürfnisse der modernen Menschen ernst nimmt und Lösungen bietet. Es sind nicht Mönche, die zwar die Rückkehr der Klöster in die Gesellschaft geschafft haben. Es sind Nonnen und nicht zufällig Dominikanerinnen, deren Ordensfamilie seit der Entstehung im 13. Jahrhundert Menschen, vor allem Frauen, in geistiger wie körperlicher Not helfen. Das Beten und Arbeiten der Benediktiner, ora et labora, modernisieren sie. Bei ihnen findet der gestresste Zeitgenosse zu sich selbst im Gleichgewicht von Leib und Seele. «Life in balance» heißt das in Neudeutsch-Englisch.

Wie hätten Sie es denn gern? Entspannend, erfrischend, anregend? Die Frage stellt eine Ordensschwester, die Dominikanerin Andrea, mal in Ordenskleid, mal in Jogginganzug. Der Kunde liegt auf einer Behandlungsliege im Vitalzentrum und ist umgeben von aromatischen Düften. Gleich wird die Schwester mit Aromaöl seinen Körper einreiben und sanft massieren. Ungewöhnlich? Nicht so im Kloster Arenberg, dem ersten breit aufgestellten Wellness-Kloster in Deutschland, wo sich diese Szene täglich mehrfach wiederholt.

Das Modewort im Erholungstourismus «Wellness» hören die Schwestern und das übrige Personal in der weitläufigen Anlage mitten im Grünen hoch über Koblenz nicht gern. Das sieht nur nach Fitness, Training, Sport und Gesundheitsapostel aus, wofür die Dominikanerinnen seit Pfarrer Kneipps Wirken als Beichtvater im Dominikanerinnenkloster von Wörishofen 1855 zwar auch mal standen. Hier geht es jedoch um mehr als kalte Duschen und Wassertreten, auch wenn alles, was ein Wellness-Hotel an Wohltaten anbietet, auch hier zu finden ist.

Im Wohlfühlgarten Gottes auf dem Arenberg, wo der Gast mit allen Sinnen zu neuer Vitalität findet, wie die Schwestern es formuliert haben, kommt viel mehr hinzu. Haben Sie schon einmal in einem Bibelgarten über Ihr Leben nachgedacht oder morgens nach einem Spaziergang barfuß in taufrischem Gras Ihre Vergan-

1 Das Chartres-Labyrinth im Park des Klosters. **2** Haupteingang zum Gästehaus. **3** Der Schwesternchor. **4** Foyer des neuen Gästehauses.

genheit Revue passieren lassen? Die Stundengebete der 80 Schwestern, denen Sie beiwohnen dürfen, eine abendliche Meditation in der Hauskapelle laden ein, sich in sich selbst zu versenken. Das Konzept fassen die Schwestern in dem Motto zusammen: «Erholen, Begegnen und Heilen». Das leibliche Wohl vom Essen bis zur körperlichen Fitness der Gäste wird ebenso wichtig genommen wie die Sehnsucht nach innerer Stille. In keinem Kloster, so fiel einem klosterbewanderten Besucher auf, entwickelt sich eine so offene und heitere Stimmung wie hier, wo die Menschen selbstverständlich aufeinander zugehen.

Meditation muss nicht unbedingt religiös sein oder gar christliche Mystik bedeuten. Die Arenberger fragen keinen Gast, der sich für wenige Tage oder auch Wochen bei ihnen einquartiert, nach seinem Glauben und seinen Motiven. Jeder ist willkommen, der den keineswegs zu hoch bemessenen Pensionspreis zahlt. Jeder findet ein Angebot an Spiritualität, das ihm zwanglos vorgestellt wird. Es umgibt ihn den ganzen Tag freibleibend, freiwillig, vorurteilsfrei, jederzeit nutzbar oder auch nicht. Schwestern und drei Priester lassen sich gerne auf Gespräche ein, ohne sich aufzudrängen. Der Gast soll sich wohlfühlen. Arenberg will nicht Wellness, sondern Wohlfühlen. Jeder soll nach diesem Klosterurlaub vielleicht das eine oder andere Problem seiner körperlichen wie seelischen Gesundheit gelöst haben und sich in seiner Haut wieder wohl fühlen. Arenberg hat eine Nische entdeckt, die mehr als nur das Überleben des Klosters sichert. 1999 fing alles an, als sich der Niedergang des bislang auf klassische Kneipp-Anwendungen mit viel Wasser und sonst wenig mehr verharrten Kloster fast unausweichlich abzeichnete. Zu dieser Zeit, als die Verantwortlichen nach neuen Wegen suchten, setzte in Deutschland ein neuer Trend ein. Die Klöster öffneten sich als «Kloster auf Zeit» für Urlauber, die, statt

1 Zum Morgenimpuls in der Gästekapelle ein vorgetragenes Rollenspiel. **2** Krankengymnastik unter Aufsicht von Schwester Andrea. **3** Ikebana-Kurs unter der Leitung von Hans-Peter Boor, Thema: Die Schöpfung. **4** Aquafitness im Hallenbad des Klosters. **5** Nische mit Tafeln vom im Krieg gestorbenen Schwestern. **6** Altar in der Gästekapelle. **7** Muttergottesstatue in der Gästekapelle. **8** Modernes Gästezimmer.

wie früher in asiatischen Tempeln den Ausstieg zu suchen, jetzt daheim um die Ecke klösterliche Besinnung in aller Stille entdeckten. Ein Kloster nach dem anderen bot solche Einkehrtage an, mal mit, mal ohne Programm, mal mit Betreuung, mal einfach nur mit garantierter Stille gegen Vollpension oder Küchen- oder Gartenhilfe.

Den Arenberger Dominikanerinnen war dies zu wenig. Zum Wohlfühlen braucht der Mensch nicht nur Stille und Ruhe. Sie erinnerten sich des dominikanischen Mystikers Meister Eckhart. Der empfahl all jenen, die auf der Suche sind, die krank sind, ohne zu wissen warum: «Nimm Dich selbst wahr.» Die Schwestern verhelfen dazu mit der Heilkraft des Wassers, aktiver Entspannung, heilender Wirkung von Kräutern, einer gesunden Ernährung, Entspannung und, wenn es sein muss, sogar mit chinesischem Qi Gong. Sie haben dabei nicht nur dem eigenen Kloster und vielen Gästen geholfen. Arenberg findet schon Nachahmer in anderen Klöstern.

7

Arenberg (Dominikanerinnenkloster)

«Bewahrung der Schöpfung – in unserer Umgebung»

Anreise

Bahn: Hbf Koblenz, Buslinie 9 Arenberg/Immendorf in 28 Minuten zur Haltestelle Pfarrer-Kraus-Straße oder Haltestelle Ringstraße (5 Minuten Fußweg hinauf durch Parkanlage oder ab Hbf Koblenz oder Bf Montabaur (ICE-Bahnhof) Buslinie 460 Koblenz–Montabaur in 20 Minuten (ab Montabaur etwa 25 Minuten) zur Haltestelle Koblenz-Arenberg, zum Kloster 5 Minuten Fußweg.

Auto: Von Köln oder Trier über die A61 und A48 Richtung Koblenz-Nord über den Rhein bis Abfahrt Bendorf/Neuwied/ Vallendar B 42 am Ortsende Vallendar nach Urbar folgen, dann weiter Richtung Koblenz–Arenberg/Immendorf bis Hinweis Kloster Arenberg. Von Mainz über die A61 Abfahrt Koblenz-Mitte/Waldesch B327 Richtung Koblenz/Montabaur bis Abfahrt Koblenz-Arenberg/Immendorf nach Ausfahrt links ab Richtung Koblenz nächste links Richtung Koblenz-Arenberg/Immendorf. Von Frankfurt/ Main oder Köln Abfahrt Montabaur, Koblenz, B255/B49 nach 12 km Ortschaft Neuhäusel, bis Kreisel Richtung Koblenz und nach 1 km rechts ab und weiter Richtung Koblenz Arenberg/Immendorf.

8

Geschichte

Drei Schweizerinnen errichteten 1868 ein kleines Kloster auf dem Arenberg und gründeten dort die Gemeinschaft der Arenberger Dominikanerinnen – Schwestern der heiligen Katharina von Siena.

Sehenswürdigkeiten

Großzügiger Park, Kräutergarten.

Klosterbetrieb

Wohlfühlangebote, Vitalzentrum, Brandungsbad, Aromaölmassage, Shiatsu, Sauna, Kneipp'sche Anwendungen, Kälte- und Wärmebehandlung, Krankengymnastik, medizinische Fußpflege.
Die Dominikanerinnen laden ein, das persönliche Leben in den Blick zu nehmen, der eigenen Intuition nahe zu kommen, die eigene Lebensspur zu entdecken, die nächsten Schritte zu wagen und zu üben.
Sie bieten an eine Atmosphäre der Stille, Anleitung zur Meditation, Gesprächsbegleitung, praktische Mithilfe in Haus und Garten.
Sie erwarten Teilnahme am Gemeinschaftsleben und eine eigenständige Gestaltung der stillen und freien Zeiten.

Gästeangebote

Übernachtungen mit Vollpension in zwei Kategorien und individuelle Buchung der Heilangebote. Konzerte.

Auskunft und Reservierung

Kloster Arenberg, Cherubine-Willimann-Weg 1, D-56077 Koblenz, Tel. 0261-64012090, Fax 0261-64013454, Internet: www.kloster-arenberg.de, E-Mail: info@kloster-arenberg.de

Blick von der Wachsenburg auf das Thüringer Burgenland bei Holzhausen.

Hessen / Thüringen

Burg Hessenstein

Modernes Leben im mittelalterlichen Ambiente

Erbaut vom hessischen Landgraf Heinrich dem Eisernen, diente die Festung lange Zeit als Verwaltungsmittelpunkt, heute ist sie eine beliebte Jugendburg.

Die Herrschaft Keseburg wurde einst gesichert durch eine Doppelburg: die Keesburg. Zum Schicksal für die Vogtei wurde der Umstand, dass drei mächtige Interessenten ihren Bereich begehrten: Landgraf Konrad von Thüringen, Landgraf Heinrich I. von Hessen und Siegfried III. Erzbischof von Mainz. Schließlich setzte sich der Hesse durch und zerstörte 1277 die Keesburg, die damals noch die Herren von Keseburg bewohnten, welche sich auf die Seite des Mainzer Erzbischofs geschlagen hatten.

Bezeichnenderweise baute der neue Herrscher über die Vogtei eine Burg mit dem Namen Hessenstein. Die Überreste der ehemaligen Doppelburg sind noch heute auf dem Keseberg sichtbar. Der Name stammt vom mittelhochdeutschen Kees, Eichengebüsch. Die neue Burg Hessenstein diente als Verwaltungsmittelpunkt. Der hessische Landgraf setzte Burgmannen darauf. Kriegerische Ereignisse gingen an Hessenstein nicht spurlos vorüber. Mitten im Dreißigjährigen Krieg, am 28. 6. 1635, vermerkte ein hessischer Adliger, dass «jetzo umb 9 Uhr der Rentmeister uff Hessenstein umhero schicket und begehret zur Defension des Hauses 10 Schützen». Es nützte nichts – Hessenstein wurde von kurbayerischen Soldaten überfallen und alles Vieh und Mobiliar geraubt.

Mehrmals wurde die Burg in den folgenden Jahren baufällig, doch es fanden sich immer wieder Rentmeister, die die Verwaltung gegen Entgelt übernahmen und dafür die Dienste der umliegenden Bauernhöfe beanspruchten. Sollten die Bauern ihren Pflichten nicht nachkommen, drohte ihnen Kerker – auf Hessenstein sind noch zwei Zellen erhalten, eine mit, eine ohne Tageslicht.

Seit 1821 war Burg Hessenstein Revierförsterei. 1920 wurde im nördlichen Flügel eine Jugendherberge eingerichtet. In den späten sechziger Jahren wurde durch das Land Hessen die Burg für 1,4 Millionen DM aufwendig renoviert. Im Mai 1970 wurde die neue Jugendburg Hessenstein offiziell eingeweiht. Seit 2008 ist die Burg eine Bildungseinrichtung mit umweltrelevantem Schwerpunkt für Schüler, Jugendgruppen und Wanderer.

1 Das im 14. Jahrhundert erbaute Gebäude liegt zwischen dem nordhessischen Frankenberg und dem Edersee direkt am Waldrand. **2** Die Wappentafel der Burg Hessenstein. **3** Die mächtige Burg ist eine beliebte Kulisse für Theaterfreizeiten.

1 Das rusikale Kaminzimmer der Burg ist ein beliebter Treffpunkt der Jugendlichen für Gespräche oder Spiele. **2** Blick in eines der Turmzimmer. **3** Burg Hessenstein verfügt über ein breites Freizeitangebot für Jugendliche und Kinder, auch für die ganz Kleinen. **4** Bis ins Detail sind Fassade und Fensterläden originalgetreu instand gehalten. **5** Sehr beliebt: die Grillstelle im Burghof. **6** In den Bastelkursen können die kleinen Gäste kreativ sein – wie wär's mit einem Geistermobile?

5

6

Burg Hessenstein

«Mittelalterliche Herberge – moderner Komfort»

Anreise
Auto: Von Norden und Westen bis Autobahnabfahrt Diemelstadt/Arolsen, von Süden bis Autobahnabfahrt Gießen/Marburg, von Norden und Osten bis Autobahnabfahrt Bad Wildungen/Frankenberg.
Bahn: Von Süden bis Bahnhof Frankenberg, von Norden bis Bahnhof Korbach. Weiter mit dem Bus.

Sehenswürdigkeiten
Bad Arolsen: Die einstige Residenz der Fürsten zu Waldeck und Pyrmont. Das Barockschloss, Museen und viele andere Sehenswürdigkeiten laden zu einer Besichtigung ein.
Frankenberg (Eder): Historische und neuzeitliche Stadt mit mittelalterlichen Fachwerkbauten. Gotische Liebfrauenkirche mit Marienkapelle, zehntürmiges Rathaus mit Markthalle zwischen Ober- und Untermarkt, Heimatmuseum im ehemaligen Zisterzienserinnenkloster sowie eine attraktiv gestaltete Fußgängerzone.
Korbach: Das tausendjährige Korbach ist die Stadt des Mittelalters und der Neuzeit. Historische Stadtmauern und kleine Gassen wechseln über in moderne Architektur mit einladender Fußgängerzone. Sehenswert sind die Kilianskirche mit eindrucksvollem Südportal und die Nikolaikirche mit einem Grabdenkmal eines Waldecker Fürsten.

Freizeitangebot in der Umgebung
Edersee: Hervorragend geeignet für einen Badeurlaub. Der «Nationalpark Kellerwald-Edersee» ist seit 2003 offiziell ausgewiesen. Aufgrund des außerordentlich hohen ökologischen Wertes seiner Buchenbestände genießt der Kellerwald einen besonderen Status. Eine faszinierende Tierwelt lockt jährlich etwa 120 000 Besucher in den Wildpark am Edersee. In natürlicher Umwelt verzaubern vor allem Waldtiere wie Rothirsche, Wildschweine und die Waschbären vom Edersee, aber auch Luchs, Wisent, Auerhahn, Wildpferd und Wolf die kleinen und großen Besucher. Größte Attraktion ist die Greifvogelstation im Wildgehege. Falken, Milane, Uhus, Gänsegeier, Steinadler oder Kaiseradler sind hier zu bewundern.

Geschichte
1277: Zerstörung der Keesburg. Danach Bau von Burg Hessenstein. 1555–1821: Burg Hessenstein wird von Rentmeistern geführt. 1821–1920: Revierförsterei. 1920: Einrichtung der Jugendherberge. 1970: Einweihung der Jugendburg Hessenstein.

Kategorie
134 Betten. Preise ab 20,50 Euro. Vollpension möglich.

Gästeangebot
Vielfältige Sport- und Spielgelegenheiten, Musikinstrumente zum Verleih. Tagungsräume mit Equipment.

Veranstaltungen
Erlebnisprogramme für Jugendliche mit Wanderungen und Lehrteil.

Adresse
Jugendburg Hessenstein gemeinnützige GmbH, D-34516 Vöhl/Ederbringhausen, Tel. 06455-7590090, Fax 06455-7590020, www.jugendburg-hessenstein.de

1

2

3

4

Ein langer Schönheitsschlaf

Das Dornröschenschloss Sababurg bezaubert

Nach Jahrhunderten des Verfalls ist das sagenhafte Schloss aus Grimms Märchen zu neuem Leben erwacht und heute ein Ort voller Atmosphäre und vollendeter Gastlichkeit.

Ob Dornröschen wirklich auf der Sababurg einem hundertjährigen Schlaf verfiel, bevor sie ihr Märchenprinz durch einen Kuss erlöste, wie uns die Gebrüder Grimm berichten, kann nicht mit letzter Sicherheit geklärt werden. Betrachtet man allerdings die Geschichte des Schlosses durch die nüchterne Brille des Historikers, werden die Zeiträume für einen ungestörten Jahrhundertschlummer doch erheblich eingegrenzt. 1334 wurde die «Zappenborgk» vom Mainzer Erzbischof gebaut, zum Schutz der Pilger an den nahen Wallfahrtsort Gottsbüren. Im Laufe des 14. und 15. Jahrhunderts verfiel das Schloss – gleichzeitig die einzige Epoche, über die die Quellen nichts aussagen, die Prinzessin also in Ruhe hätte schlafen können. Später wurde es weniger beschaulich: Der hessische Landgraf baute Sababurg zum Jagdschloss um, ersetzte die sagenhafte Dornenhecke durch starke Mauern und richtete zahlreiche glanzvolle Feste und Gesellschaften aus.

Im Siebenjährigen Krieg wurde die Burg von französischen Truppen erobert, die 1759 durch Ferdinand Herzog von Braunschweig wieder vertrieben wurden. Die hessischen Landgrafen verloren das Interesse an der halb verwüsteten Burg, die in einen wildromantischen Verfallszustand überging und die Grimms zur Niederschrift ihres Volksmärchens inspirierte. Erst 1959 wurde die Sababurg wieder wach geküsst und sukzessive restauriert. Familie Koseck ließ das Erbe der Gastlichkeit auf der Sababurg wieder aufleben. Die Zimmer sind prachtvoll eingerichtet, im Himmelbett auf dem Turmzimmer fühlt man sich unweigerlich wie ein Märchenprinz bzw. eine -prinzessin. Eine Besonderheit von Sababurg ist der hauseigene Wildtierpark, den schon die Landgrafen im 16. Jahrhundert angelegt hatten, mit Luchsen, Wölfen und Wildpferden. Dazu kommt der überregional bekannte Rosengarten mit Beispielen von Züchtungen quer durch die Jahrhunderte bis ins Mittelalter zurück. Doch Vorsicht: Wer weiß, womöglich sorgt der Stich einer Dorne für eine ungewollt lange Auszeit?

1 Schloss Sababurg liegt im Herzen des nordhessischen Reinhardswalds auf einer Anhöhe mit weiter Sicht. **2** Kostümfeste und Theateraufführungen gehören auf Sababurg fest zum Programm. **3** Bei Kindern ist der hauseigene Wildpark eine Attraktion. **4** Zu später Stunde entfaltet Schloss Sababurg bei stimmungsvoller Beleuchtung besonderen Zauber.

1 Der Gewölbekeller ist Schauplatz kultureller Veranstaltungen. **2** Die mit Stilmöbeln ausgestatteten Zimmer sind liebevoll dekoriert. **3** Am festlich gedeckten Tisch schmecken die Neuinterpretationen heimischer Spezialitäten besonders gut. **4** Fürstlicher Komfort bestimmt die Zimmer. **5** Beim Frühstück genießt man die Aussicht auf den Reinhardswald. **6** Der Burggarten mit seinen Rosen ist von großer Schönheit.

Dornröschenschloss Sababurg

«Märchenhafte Romantik»

Anreise
Auto: Auf der B 80 Richtung Höxter–Bad Karlshafen, Schilder zum Tierpark Sababurg und zum Hotel.
Bahn: Bahnhof Hofgeismar-Sababurg.

Sehenswürdigkeiten
Kassel: Hessens alte Residenzstadt wurde durch die Gegenwartskunstausstellung «documenta» weltberühmt. Die schönste Seite der Stadt ist die Wilhelmshöhe. Neben dem Bergpark und dem Schloss bietet sich Gästen auf Sababurg das «Gebrüder-Grimm-Museum» an.
Bad Karlshafen: Ein barockes Kleinod, einst gegründet für hugenottische Einwanderer. Das «Deutsche Hugenottenmuseum» dokumentiert die Einflüsse auf die Region.

Freizeitangebot in der Umgebung
Reinhardswald: Auf den Spuren der Gebrüder Grimm führen die Wege durch die schönsten 200 Quadratkilometer im Kasseler Land. Wildtiere wurden hier angesiedelt. Zahlreiche Zeugen aus der Siedlungsgeschichte wie Grenzwälle, Eichelgärten und Hügelgräber geben einen Einblick in die vergangenen Jahrhunderte. Das bekannteste Stück ist wohl der «Urwald Sababurg» mit seinen uralten Eichen und mächtigen Buchen.

Geschichte
1334: Gründung durch das Erzbistum Mainz. 14. oder 15. Jahrhundert: Lebte Dornröschen zu dieser Zeit auf der Burg? 1490: Umbau durch den hessischen Landgrafen Philipp II. zum Jagdschloss. Siebenjähriger Krieg: Besetzung durch Franzosen. 1959: Umbau zum Schlosshotel.

Kategorie
4 Sterne, die Doppelzimmer kosten von 155 bis 220 Euro. Die Küche empfiehlt sich als «Hessen à la carte» – eine gelungene Neuinterpretation heimischer Spezialitäten. Mitglied im «Small Luxury Hotels of the World»-Verband.

Gästeangebot
Spezielle Romantikübernachtungen mit Candle-Light-Dinner, (Rad-)Wanderungen, Märchenführungen, Rosengarten, Tierpark, Weinproben, standesamtliche Hochzeiten in der mittelalterlichen Kanzlei.

Veranstaltungen
Theater, Buchpräsentationen, Konzerte.

Adresse
Dornröschenschloss Sababurg, Im Reinhardswald, D-34369 Hofgeismar, Tel. 05671-8080, Fax 05671-808200, www.sababurg.de

2

Refugium der Landgrafen

Im Kurhessischen Bergland – Schloss Spangenberg

In einem reizvollen Seitental der Fulda gelegen erhebt sich Schloss Spangenberg über das Kurhessische Bergland mit einem herrlichen Blick auf Fachwerkhäuser und Wälder.

Im Jahre 1214 werden die Grafen von Treffurt von den Grafen von Ziegenhain – die übrigens auch die Keesburg, die spätere Burg Hessenstein, bauten – mit der Herrschaft Spangenberg belehnt und nannten sich fortan nach der Burg, die hier zur Verrichtung ihres Amtes diente, nämlich dem Schutz der Handelsstraße vom Rhein-Main-Gebiet nach Leipzig. 1350 wurde Burg Spangenberg an den hessischen Landgrafen Heinrich II. verkauft, dessen Nachkommen sie fortan als Jagd- und Lustschloss diente. Man ahnt den hervorragenden Nutzen solcher Einrichtungen, wenn man weiß, dass sich Landgraf «Philipp der Großmütige» mit seiner Nebenfrau Margarethe von der Saale Mitte des 16. Jahrhunderts gerne hierher zurückzog.

Im Dreißigjährigen Krieg wurden die Befestigungsmauern Schloss Spangenbergs verstärkt und trotzten erfolgreich jeder Belagerung. Allerdings gelang den Franzosen im Siebenjährigen Krieg 1758 eine kurzfristige Eroberung. In den nächsten Jahrhunderten diente Schloss Spangenberg – unterbrochen von einer Phase als preußische Forstschule – zweimal als Gefangenenlager im Krieg gegen Frankreich 1870/71 und für britische Offiziere während des Zweiten Weltkriegs. Die Royal Air Force «bedankte» sich mit einem Bombengeschwader, das 1945 die Festung zerstörte. 1950 begann der Wiederaufbau. Ein Detail der Zerstörung ließ sich allerdings nicht beseitigen: Der Schlossbrunnen war einst 128 Meter tief, heute sind es «nur» noch 105 wegen der Trümmer, die noch immer darin liegen.

Auf Schloss Spangenberg findet man alle romantischen Vorstellungen einer alten Burganlage wieder, vom Burggraben bis zur hölzernen Zugbrücke und dem mit Zinnen bewehrten Torhaus. Die Gästezimmer sind geräumig und individuell gestaltet, die dicken Gemäuer und Kirschholzmöbel verleihen dem Speiseraum eine besondere Atmosphäre. Man lebt komfortabel und fast intim. Terrasse und Fenster gewähren einen herrlichen Ausblick auf die umliegende Hügellandschaft und die historische Kulisse der Stadt Spangenberg. Feine Wildgerichte sind eine Spezialität des Hauses.

1 Schloss Spangenberg thront im Abendlicht über dem Kurhessischen Bergland. **2** Schloss Spangenberg zählt zu den schönsten und stärksten Befestigungen in Hessen und wurde im 13. Jahrhundert erbaut.

1

2

3

1 Schon die Rezeption im Innenhof verheißt Geborgenheit hinter dicken Mauern. **2** Das Restaurant präsentiert sich in klarem Design. **3** Geradezu rustikal hingegen die Himmelbetten, hier mit Spiegel im Himmel ... **4** Champagner, Blumen, frisches Obst sorgen für eine anregende Atmosphäre. **5** Trauungen sind auf dem Schloss möglich. **6** Auf die Details kommt es an: Vitrine mit kostbarem Besteck im Restaurant. **7** Wappen über dem Burgtor. **8** Auf festliche Anlässe wie Jubiläen und Hochzeiten ist man einge-

7

6

Schloss Spangenberg

«Romantisches Lustschloss»

Anreise
Auto: B 487 nach Spangenberg.
Bahn: Melsungen oder Eschwege-West, von dort mit Bahnbus.

Sehenswürdigkeiten
Kassel: Hessens alte Residenzstadt wurde durch die Gegenwartskunstausstellung «documenta» weltberühmt. Die schönste Seite der Stadt ist die Wilhelmshöhe.
Fulda: Von St. Bonifatius wurde hier 744 das im Mittelalter höchst einflussreiche Kloster gegründet. Mit dem Amtsantritt von Fürstabt Adalbert begann der Umbau der Stadt zu einem noch heute erhaltenen barocken Kleinod mit Dom und Residenzschloss.

Freizeitangebot in der Umgebung
Kurhessisches Bergland: Die Landschaft um Schloss Spangenberg gehört zu den schönsten Gegenden Mitteldeutschlands. Seen und Flüsse laden ein zum Baden und zu Floßfahrten. Die hügeligen Wälder sind dicht bewachsen, und immer wieder trifft man auf Fachwerkhäuser und alte Festungen in romantischen Örtchen.

Geschichte
1214: Gründung von Burg und Ort Spangenberg. 1350: Verkauf an den hessischen Landgrafen. Nutzung als Jagd- und Lustschloss. 1402: Geburt von Landgraf «Ludwig der Friedfertige» auf Spangenberg. 1631: Schloss Spangenberg wird zu einer der stärksten hessischen Festungen ausgebaut. 1871: Kriegsgefangenenlager für Franzosen. 1907: Preußische Forstschule.

Kategorie
Gehoben, 24 Doppelzimmer ab 99 Euro, stilvoll eingerichtet. Spezialitäten des Hauses sind Wildgerichte, z.B. Wildplatte «Schloss Spangenberg».

8

Gästeangebot
Programm und Verköstigung bei Hochzeiten (Standesamt auf Schloss Spangenberg), Geburtstagen, Jubiläen. Konditorei und Terrasse. Tagungsräume voll ausgestattet. Führungen durch das schlosseigene Heimat- und Jagdmuseum.

Veranstaltungen
Veranstaltungen im Rahmen des Kultursommers Nordhessen, traditionelles Weihnachtskonzert mit Kammersolisten.

Adresse
Hotel Schloss Spangenberg, Zum Schloss 1, D-34286 Spangenberg, Tel. 05663-93980, Fax 05663-7567, www.schloss-spangenberg.de.

Hier kämpfte Luther mit dem Teufel

Die Wartburg blickt auf eine lange Geschichte zurück

Im «Hotel auf der Wartburg» erlebt der Reisende Gastfreundschaft, die schon Könige, Reformatoren und Goethe schätzten, und wird entführt auf eine Reise durch tausend Jahre deutscher Geschichte.

Wohl kaum eine andere deutsche Festung erlangte im Lauf ihrer Geschichte die Bedeutung der Wartburg. 200 Meter über Eisenach thront sie zwischen den grünen Hügeln des Thüringer Waldes, zu ihren Füßen das gleichnamige Hotel. Und von Anfang an waren die Burgherrn findige Machtpolitiker. Schon die Erbauung durch Ludwig den Springer im 11. Jahrhundert ist eine beliebte Legende: Der Landgraf wollte auf dem Wartberg seine Burg errichten. Daran hinderte ihn jedoch zunächst der Umstand, dass sich die Anhöhe auf dem Gebiet eines anderen Grundherrn befand. Kurzerhand ließ er den Baugrund mit Erde aus seiner Landgrafschaft auffüllen, um später im Rechtsstreit zu behaupten, dass die Burg auf seiner Erde errichtet worden sei.

1080 wurde die Wartburg das erste Mal vom Bischof von Merseburg in seinem Buch vom Sachsenkrieg, «De Bello Saxonico», erwähnt, als sich König Heinrich IV. mit den rebellischen Sachsen auseinandersetzen musste und beinahe auf der Harzburg gelyncht wurde. Während der Stauferzeit um 1200 stellten sich hier am Hof der thüringischen Landgrafen zahlreiche Kunstschaffende ein. Zu dieser Zeit kam es – der Legende nach – zu einem Wettstreit der Minnesänger, dem Richard Wagner im «Thannhäuser» ein musikalisches Denkmal setzte.

Auch Elisabeth, Tochter des ungarischen Königs und Gemahlin des Landgrafen Ludwig IV., mehrte den Ruhm der Wartburg, als sie Armen und Kranken half. Sie lebte hier von 1211 bis 1228, wurde heilig gesprochen und wird noch heute verehrt. Im Jahr 1521 fand der vom Papst geächtete Martin Luther Asyl hinter den Burgmauern und übersetzte in der «Lutherstube» die Heilige Schrift ins Deutsche. Dabei weilte er auf der Wartburg als Häftling – natürlich war das nur die offizielle Version: Sein Schutzherr, Kurfürst Friedrich der Weise, hatte seinem Namen alle Ehre gemacht und zu einer List gegriffen. Er täuschte ein Kidnapping vor und ließ Luther «einsperren» – auf diese Weise war Luther in Sicherheit vor seinen Häschern und Friedrich gelang es gleichzeitig, der katholischen

1 Einfach nur die Atmosphäre genießen im Kaminzimmer des Wartburghotels. **2** Die reich verzierte Decke im Wappensaal. **3** Trutzige Erscheinung, Hort deutscher Geschichte, UNESCO-Weltkulturerbe: die Wartburg, hoch über Eisenach thronend.

1

2

Kirche gegenüber seine Hände in Unschuld zu waschen. Zum 300-jährigen Jubiläum der Reformation 1817 sammelten sich die studentischen Burschenschaften auf der «Lutherburg» und forderten die nationale Vereinigung der deutschen Länder. 1999 wurde die inzwischen restaurierte Wartburg in das Weltkulturerbe der UNESCO aufgenommen. Doch die Reize der Wartburg beschränken sich nicht nur auf kunsthistorische Aspekte, obwohl sie mit einem besonderen Reichtum an Kunstgegenständen aus insgesamt knapp einem Jahrtausend aufwarten kann, sondern erstrecken sich auch – besonders heute – auf kulinarische Genüsse.
Schon zu Zeiten Kaiser Wilhelms II. waren hierher jährlich mehr als 100 000 Personen gepilgert. Um die Besucherströme aufzufangen, gab der sächsische Großherzog 1912 dem Berliner Architekten Bodo Ebhardt den Bau eines größeren Gasthofs in Auftrag. Bedingung war, in der Gestaltung der Innen- und Außenräume der architektonischen Vorlage des Hauptgebäudes zu entsprechen. Diese Tradition wahrt das «Hotel auf der Wartburg» bis heute: Wandmalereien, gusseiserne Leuchter und das Knistern des Kaminfeuers in den Schlafzimmern und Speisesälen verbreiten Burgenromantik und die wohltuende Atmosphäre von gediegenem Luxus.

3

1 Die Wartburg ist ein Touristenmagnet: hier drängen die Massen durch den Hof der Vorburg. **2** Und hier studieren die Touristen die aufwändig gearbeitete Decken- und Wandgestaltung des Sängersaals. **3** Blick vom Südturm auf die Hofburg mit Bergfried. **4** Eindrucksvoll und doch bedrückend – enge Wehrgänge in dem Fachwerkbau.

5 Die so genannte Lutherstube: hierher zog sich Luther zurück, um an seiner Bibelübersetzung zu arbeiten. Unter dem Decknamen «Junker Jörg» verbrachte er nach der Reichsacht von 1521 zehn Monate auf der Wartburg und übersetzte in nur zehn Wochen das Neue Testament.
6 Blick in den Innenhof der Wartburg.

1

2

3

1 Der Speisesaal des Restaurants Landgrafenstube bietet nicht nur ein großes Maß an Atmosphäre, sondern auch eine schöne Aussicht. **2** Von klassisch schlichter Eleganz ist das Dekor im Kaminzimmer. **3** Es müssen nicht immer Stilmöbel sein, wenn es um gehobene Ausstattung in einem Burghotel geht. Die Palette reicht von frechen Farben in der Hochzeitssuite … **4** bis hin zu gedeckteren Tönen und zurückhaltender Eleganz im Prinzenzimmer. **5** Schlichtes edles Design bestimmt die sanitären Anlagen der Zimmer. **6** Der Rittersaal der Wartburg. **7** Bildnis Martin Luthers von Lucas Cranach d. Ä. aus dem Jahre 1525. **8** Wappen der Thüringer Landgrafen. **9** Grundrisszeichnung.

7

8

Hotel auf der Wartburg

«Zeitgemäßer Komfort und Burgenromantik»

Anreise
Bahn: Bahnhof Eisenach.
Auto: A 4 Ausfahrt Eisenach-West oder Eisenach-Ost Richtung Zentrum.

Sehenswürdigkeiten
Wartburg: Die Vorburg mit Zugbrücke, Vogtei, in der sich die Lutherstube befindet, Wehrgängen und Ritterhaus entstammt der Renaissance. Teile der Burg wurden Mitte des 19. Jahrhunderts im Stil des Historismus restauriert und enthalten u. a. das Museum mit dem Dürerschrank sowie Werken von Lucas Cranach d. Ä. Im beeindruckenden Repräsentativ- und Wohnbau des Landgrafen, dem spätromanischen Palas, hat Moritz von Schwind romantische Wandmalereien hinterlassen.
Eisenach: In der historischen Stadt geben Attraktionen wie das Bachhaus, das Lutherhaus und das Stadtschloss Zeugnis von seinen illustren Bewohnern.

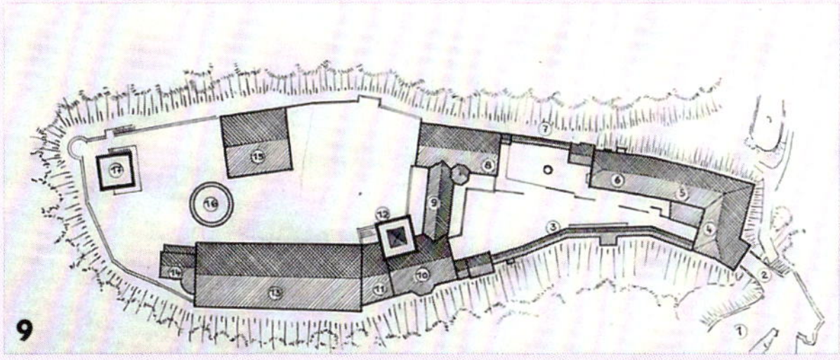

9

Freizeitangebot in der Umgebung
Drachenschlucht: Wanderungen durch den Thüringer Wald mit seinen Felslandschaften sowie die dramatische Schönheit der Drachenschlucht entzückten schon Goethe.
Rennsteig: Deutschlands bekanntester Höhenweg, knapp 170 km lang, führt an Eisenach vorbei durch das Mittelgebirge bis nach Blankenstein im Frankenwald.

Geschichte
1080: erste schriftliche Erwähnung, Bau wohl 1067. 1211–28: Die Heilige Elisabeth lebt und wirkt auf der Wartburg. 1521: Martin Luther übersetzt die Bibel ins Deutsche. 1817: Wartburgfest der Burschenschaften. 1838–90: Restauration der stark beschädigten Burg. 1912: Bau des Hotels auf der Wartburg. 1999: Die Wartburg wird Weltkulturerbe.

Kategorie
Das Hotel auf der Wartburg zählt mit 5 Sternen zur Luxusklasse. Die 35 Zimmer passen sich mit ihrem Interieur geschmackvoll in die historische Umgebung ein. Ein Doppelzimmer kostet zwischen 192 und 275 Euro.

Gästeangebot
Das «Hotel auf der Wartburg» bietet gutbürgerliche Küche der gehobenen Art. In den Sälen finden Konferenzen und Hochzeiten statt. Wanderungen, Golf, Tennis.

Veranstaltungen
Klassische Konzerte vor allem im Sommer, historischer Weihnachtsmarkt und Silvestergala.

Adresse
Hotel auf der Wartburg, Wartburg D-99817 Eisenach,
Tel. 03691-7970, Fax 03691-797100, www.wartburghotel.de

1

2

3

4

Zankapfel der Mächtigen

Lange umkämpft – die Wachsenburg

Einstmals Heimstatt von Benediktinermönchen, später Festung eines Raubritters und heute ein gepflegtes Hotel für gehobene Ansprüche.

Die Burgherrn auf der Wachsenburg waren von jeher handfeste Leute: Die Benediktinermönche, die sie im 10. Jahrhundert zum Schutz des reichen Klosters Hersfeld gebaut hatten, entsprachen keineswegs dem Bild des weltabgewandten und asketischen Geistlichen. Sie führten selbst die Waffen zur Verteidigung – und genossen die Erzeugnisse der klostereigenen Brauerei. Das belegt zumindest ein Gemälde vom ersten Abt Meingoth von Hersfeld, in einer Nische sitzend, betitelt mit folgendem Vers: «Abt Meingoth zu Wassenburg (sic!) Hof gern hält, dieweil der Mönche Braunbier ihm wohlgefällt.» Im 12. Jahrhundert wurde die Wachsenburg in die Auseinandersetzung zwischen Welfen und Hohenstaufen hineingezogen, wobei die Abtei unter Führung des thüringischen Landgrafen für den Staufer König Phillipp von Schwaben Partei ergriff – eine folgenreiche Entscheidung, wurde Phillipp doch 1206 von der Wachsenburg, die er erst 1204 gegen die Truppen des welfisch gesinnten Kölner Erzbischofs in einem Sturmangriff eingenommen hatte, vertrieben und zwei Jahre später ermordet: Der Besitz der Burg gelangte in die Hände der Grafen von Käfernburg. Erst 1369 konnten die thüringischen Landgrafen die Wachsenburg wieder käuflich erwerben, da dessen Burgherrn aus dem mittleren Adel dringend Geld brauchten.

1441 setzten die Landgrafen den berüchtigten Raubritter Apel von Vitzthum auf der Wachsenburg ein, der mit seinen Gesellen Kaufleute auf dem Weg von und nach Erfurt überfiel. Apel von Vitzthum versuchte später vergeblich die Festung gegen den übermächtigen Bruder des Landgrafen, den sächsischen Kurfürsten, zu verteidigen, der sein Herrschaftsgebiet im so genannten Bruderkrieg auf des Landgrafs Kosten vergrößern wollte. Apel von Vitzthum rächte sich am 19. Juni 1472 an den Siegern durch ein von ihm gelegtes Feuer, mit dem er große Teile der Stadt Erfurt in Schutt und Asche legte. Doch die Wachsenburg blieb sächsisch. Seit 1861 wurde die Burg auf Geheiß des Landesherrn gastronomisch genutzt, auch zu DDR-Zeiten. Seit 2001 wird die Tradition fortgeführt.

1 Leuchtet mit ihren roten Dächern weit ins Land hinein – die Wachsenburg. **2** Ein Raum im Museum zum Thema Bauernfleiß. **3** Das richtige Kostüm sorgt erst für das echte Flair. **4** Für Reiterferien ist die Region um die Wachsenburg bestens geeignet.

1 Der Wassenberg ist die höchste Erhebung des Drei-Gleichen-Gebietes. Von den Burgmauern aus hat man eine hervorragende Aussicht in das waldreiche Gebiet. **2** Das Interieur der Zimmer wird in der Regel von Stilmöbeln bestimmt. **3** Die Bäder sind hingegen optisch wie technisch auf dem letzten Stand modernen Sanitärdesigns. **4** Das Burgmuseum zeigt zahlreiche Exponate aus der reichen Geschichte der Burg und der Region. **5** Das Restaurant Burgverlies klingt bedrohlicher, als es ist – ganz im Gegenteil: es besticht nicht nur durch seine eindrucksvolle historische Ausstattung, sondern auch mit exquisiten Gerichten. **6** Schöner kann das Ambiente für eine Hochzeitsnacht wohl kaum sein: das luxuriöse Himmelbett in der Hochzeitssuite. Selbstverständlich sind auch Hochzeiten in der Burgkapelle möglich. **7** Detail an der Burgmauer: das Burgwappen.

Hotel & Restaurant Veste Wachsenburg

«In geschichtsträchtiger Umgebung»

Anreise
Auto: A 4 Wandersleben, Abfahrt nach Holzhausen.
Bahn: Bahnhof Holzhausen.

Sehenswürdigkeiten
Erfurt: Eine der schönsten und ältesten Großstädte der neuen Bundesländer mit reicher Kultur. Das städtebauliche Profil wurde im Laufe ihrer Entwicklung wesentlich bestimmt von dem bis heute weitgehend erhalten gebliebenen mittelalterlich geprägten historischen Altstadtkern. In seiner Geschlossenheit gehört er zu den größten und sehenswertesten in Deutschland und Europa. Erfurts Wahrzeichen, das in Europa einzigartige Kirchenensemble von Mariendom und Severikirche, überragt majestätisch das Bild der Stadt.
Weimar: Die über 1100 Jahre alte Goethe- und Schiller-Stadt ist ein architektonisches Gesamtkunstwerk. Zu seiner überaus reichen Geschichte gehören so fortschrittliche Errungenschaften wie die Gründung der ersten deutschen Demokratie im Deutschen Nationaltheater und das Staatliche Bauhaus, aber auch der Schrecken der NS-Gewaltherrschaft, verkörpert durch das Konzentrationslager Buchenwald.

Freizeitangebot in der Umgebung:
Rennsteig: Deutschlands bekanntester Höhenweg, knapp 170 km lang, führt an Eisenach vorbei durch das Mittelgebirge bis nach Blankenstein im Frankenwald und bietet sehenswerte Kultur und Naturlandschaften.

7

Geschichte
Ca. 930: Gründung der Burg. 1100: Der Landgraf von Thüringen übernimmt die Wachsenburg von den Benediktinermönchen. 1204: König Phillipp von Schwaben erobert für kurze Zeit die Festung gegen die Truppen des Kölner Erzbischofs. 1441–51: Apel von Vitzthum, nutzt die Burg für seine Raubzüge. 1861: Korporal Schottmann zieht als Kastellan und Wirt auf die Burg ein. Seit 2001 ist die Burg in Privatbesitz.

Kategorie
Gehoben, die Preise für ein Doppelzimmer beginnen bei 120 Euro. Die Zimmer sind stilecht und mit originalem Burgmobiliar eingerichtet. Regionale Küche genießt man im «RPW», im Rittersaal, Burgverlies oder im Burghof.

Gästeangebot
Hochzeiten in der burgeigenen Kapelle St. Georg, Konferenzräume, Partys und Bälle. Burgzelte für bis zu 1500 Personen. Hervoraagender Weinkeller. Burgmuseum.

Veranstaltungen
Burgfeste an den Feiertagen und zur Walpurgisnacht. Romantikkonzerte.

Adresse
Hotel & Restaurant Veste Wachsenburg, D-99310 Holzhausen (bei Erfurt), Tel. 03628-74240, Fax 03628-742461, www.veste-wachsenburg.de

Sachsen-Anhalt / Sachsen

Schloss Augustusburg thront über der gleichnamigen Stadt im Landkreis Mittelsachsen.

1

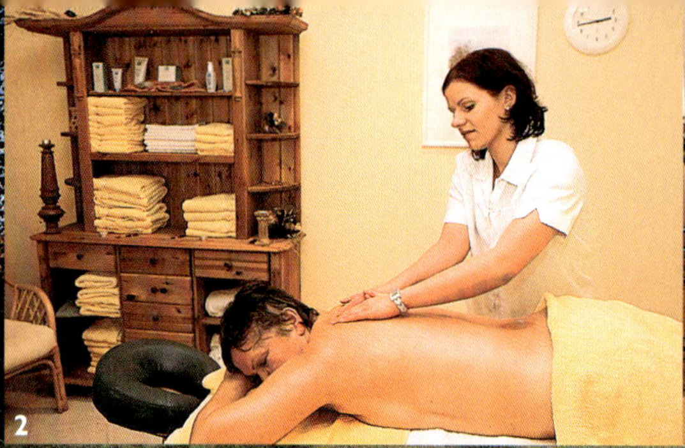
2

3

4

Festung zum Schutz des Frankenreichs

Wasserschloss Westerburg diente Karl dem Großen

Schon zu Zeiten Karls des Großen wurde die Burg bei Halberstadt als Festung genutzt – die großen Epochen deutscher Geschichte brachten der Burg wechselnde Besitzer ein.

Die genauen geschichtlichen Daten über die Burg liegen im Dunklen. Fest steht, dass das Wasserschloss Westerburg als militärischer Außenposten von Kaiser Karl dem Großen während der Kriege gegen die Sachsen gebaut wurde. Sie diente wohl zum Schutz des nahe gelegenen Salzwerks. Damit gilt sie als älteste Wasserburg Deutschlands. Die Burganlage wurde durch einen doppelten Wall und das sumpfige Gebiet ringsherum geschützt. Die erste urkundliche Erwähnung fand die Burg im Rahmen einer Gebietsschenkung Kaiser Heinrich III. am 17. Januar 1052 an das Bistum Halberstadt, die der salische Herrscher vornahm, um sich Verbündete in der ständig schwelenden Auseinandersetzung mit den auf autonome Rechte pochenden sächsischen Großen zu sichern. Da es nach dem 13. Jahrhundert von der Westerburg keine Aufzeichnungen mehr geben soll, vermutet man wohl richtig, dass die Burg in diesem Zeitraum zerstört wurde oder zerfallen ist. Erst 1521 findet sie wieder Erwähnung in einer Verpfändungsurkunde zwischen dem Bistum und einem gewissen Bertram von Dorpstadt. Religiöser Eifer der Burgherrn gehörte auch zur Geschichte der Westerburg: 1597 befahl der Burgverwalter Peregrinus Hühnerkopf Hexenverbrennungen im Amt Westerburg. Mit dem Westfälischen Frieden ging die Westerburg durch die Säkularisierung 1650 aus dem Besitz des Bistums Halberstadt in den des Kurfürsten von Brandenburg über. 1802 bis 1945 ist die Westerburg preußische Staatsdomäne, mit einer kurzen Unterbrechung von 1807 bis 1813, als Marie Pauline, Schwester von Kaiser Napoleon Bonaparte, als offizielle Besitzerin der Burg firmierte. Westerburg gehörte in dieser Zeit zum neuen «Königreich Westphalen», regiert durch Napoleons Bruder Jerome.

Nach 1945 wird die Westerburg, wie in der DDR üblich, Gemeinschaftszwecken zugeführt. Im Jahr 2000 erweckt Familie Lerche die gastliche Tradition des großen Hauses wieder zu neuem Leben und bietet seitdem den Gästen Burgenromantik, ein abwechslungsreiches Veranstaltungsprogramm und eine hervorragende Küche.

1 Dominiert die Westerburg: der eindrucksvolle Taubenturm. **2** Wellnessanwendungen laden die Hotelgäste zum gesunden Entspannen ein. **3** In der Schlosskapelle sind Trauungen möglich. **4** Luftansicht des ältesten und besterhaltenen Wasserschlosses in Deutschland.

1 Historische Ansicht der Westerburg. **2** Die Fürstensuite. **3** Die Westerburg ist beliebt für Tagungen und Konferenzen. **4** Ausgesprochen stilvoll lässt es sich im Fürstensaal tafeln. **5** Die Zimmerausstattung ist dezent modern gehalten. **6** Das Restaurant befriedigt auch vewöhnte Gaumen. Wer's rustikal mag, probiert es mal mit den Gerichten im Ritterkeller. **7** Der Wellnessbereich verfügt über ein Schwimmbecken mit Schwalldusche, ein Kneippbecken, eine Sauna und vieles mehr. **8** Blick aufs Wasser von der Terrasse. **9** Wappen in der Schlosskapelle.

Romanik-Hotel Wasserschloss Westerburg

«1200 Jahre Geschichte»

Anreise
Auto: Von Süden kommend auf der A 7 die B 82 Richtung Goslar, weiter nach Wernigerode und dann die B 244 Richtung Helmstedt. Ab dem Ort Zily den braunen «Westerburg»-Schildern folgen. Von Norden kommend auf der A 7 die A 2 Richtung Braunschweig. Dann die B 79 Richtung Halberstadt. Von der A 2 kommend auf die B 244 Richtung Wernigerode.
Bahn: Bahnhof Halberstadt oder Wernigerode.

Sehenswürdigkeiten
Halberstadt: Die 804 als Bistum gegründete Stadt feiert 2004 ihr 1200-jähriges Jubiläum. Das kulturelle Angebot reicht vom Mittelalter bis in die Gegenwart. Der Dom St. Stephanus und Sixtus und die Liebfrauenkirche gehören zur so genannten *«Straße der Romanik»* mit zahlreichen beeindruckenden Sakralbauten.

9

Goslar: Die Kaiserstadt Goslar kann auf eine über tausendjährige Geschichte zurückblicken. Das Oval des Altstadtkerns wurde auf engstem Raum angelegt, mittendrin der mächtige Pfalzbau im romanischen Stil. Als wunderbare Naturkulisse erhebt sich dahinter der Rammelsberg mit dem erst im Jahr 1988 stillgelegten Erzbergwerk. Das Bergwerk und Altstadt stehen seit 1992 auf der «UNESCO-Liste des Kultur- und Naturerbes der Menschheit».

Freizeitangebot in der Umgebung
Harz: Die abwechslungsreiche Landschaft hat für jeden etwas zu bieten. Berge, Seen, ausgedehnte Wälder, wilde Schluchten und liebliche Täler, rauschende Bäche und Flüsse, tosende Wasserfälle, bunte Wiesen und Felder. Zahlreiche Sagen und Legenden ranken sich um geheimnisvolle Hochmoore, verwunschene Höhlen und um solche Plätze wie den Brocken, den Hexentanzplatz, die Burgruine Regenstein, die Teufelsmauer oder das Bodetal.

Geschichte
770/80: Gründung durch Karl den Großen. 1770–1945: Pacht durch Familie Wahnschaffe. 1945–1990: Sitz einer LPG, Gemeindebüro. 1999: Kauf durch Familie Lerche.

Kategorie
Die Preise für die stilvollen Doppelzimmer reichen von 49 bis 84 Euro. Das kulinarische Angebot reicht von der mittelalterlichen Speisetafel im Ritterkeller bis hin zu Gourmetgerichten im Spiegelsaal.

Gästeangebot
Tagungsräume, Beautyfarm, Wellness, Burgführungen, Arrangements zu den Feiertagen und zu speziellen Anlässen, Kultururlaub, Trauungen in der barocken Schlosskapelle möglich.

Veranstaltungen
Konzerte, Theateraufführungen, Mittelalterspektakel, Open-Air-Schlossfeste.

Adresse
Romanik-Hotel Wasserschloss Westerburg, Westerburg 34
D-38836 Westerburg/Dedeleben, Tel. 039422-9550,
Fax 039422-95566, www.hotel-westerburg.de

ANNO
ET NOSTRA HIC RESTAT VIRIDANS E GERMINE RVTA

Der Kurfürst als Bauherr

Schloss Augustusburg – Perle der Renaissance

Der prächtige Renaissancebau wurde von manchen Schlossherren etwas stiefmütterlich behandelt – und dennoch gilt Schloss Augustusburg als einer der schönsten Vertreter seiner Gattung.

Ursprünglich befand sich auf dem 500 Meter hohen Schellenberg die Burg Schellenberg – nach den gleichnamigen Herren, die jedoch schon Ende des 13. Jahrhunderts ihre Festung an die Markgrafen von Meißen, aus denen später die sächsischen Kurfürsten hervorgingen, abgeben mussten. Burg Schellenberg diente bis zu ihrer Zerstörung durch Brände in den Jahren 1528 und 1547 als Jagd- und Hoflager. Kurfürst August von Sachsen ließ sie 1568 wieder auf- und umbauen: zu einem Schloss. Damit beauftragte er den Baumeister Hieronymus Lotter, der gleichzeitig Bürgermeister von Leipzig war – und verfügte, dass der Neubau nach ihm fortan Schloss Augustusburg heißen sollte. Nach der Manier eines Renaissancefürsten versprach der Kurfürst August Hieronymus Lotter freie Hand, mischte sich jedoch ständig in die Bauarbeiten ein, wurde ungehalten und feuerte den Bauleiter schließlich, nachdem das Schloss schon fast fertig war. Seine Vorgehensweise scheint aus heutiger Sicht kaum verständlich, zählt Schloss Augustusburg doch zu den bedeutenden Vertretern mitteleuropäischer Renaissancearchitektur. Allerdings verloren die Kurfürsten im Laufe der Zeit die Lust an Augustusburg als Jagd- und Reiseschloss und nutzten es seit dem 19. Jahrhundert als Verwaltungssitz. Die Außenfassade wurde der klassizistischen Stilauffassung in einem großen Umbau von 1798 bis 1802 angepasst.

Zur größten Bedrohung für das Schloss wurden die Nazis: 1933 bis 1945 befand sich hier die NS-Gauführerschule. Beim Einmarsch der Roten Armee am 7. Mai 1945 ließ der Leiter der Gauführerschule vor seiner Flucht im Schlossbereich Sprengsätze anbringen – getreu dem Befehl «Verbrannte Erde». Doch die russischen Panzer rollten zu schnell – zur Sprengung kam es nicht mehr.

Zu den sinnvollsten Einrichtungen auf Schloss Augustusburg, die sich neben den verschiedenen Museen bis heute bewährt haben, gehört die schon 1923 gegründete Jugendherberge, deren umfangreiches Freizeit- und kulinarisches Angebot dem Anspruch von Kurfürst August wieder ein Stück entgegenkommt.

1 Jagdfalkenhof auf Schloss Augustusburg. Der Falkner Michael Löbel mit einem Europäischen Seeadler. **2** Das Wappen über dem Südportal. **3** Das Luftbild zeigt die große Ausdehung des Schlosses und seine angrenzenden Wirtschaftsgebäude. **4** Die Festung, in der heute eine Jugendherberge untergebracht ist, dominiert das Ortsbild.

1

2

3

1 Im Motorradmuseum kommen Technikbegeisterte und Zweiradfans auf ihre Kosten. **2** Die Zimmer sind einfach aber liebevoll ausgestattet. **3** Der Spieseraum der Jugendherberge, hier gerade von einer Schulklasse okkupiert. **4** Drum prüfe, wer sich ewig bindet – ein Hochzeitspaar beim Burgschmied. **5** Regelmäßig gibt es Oldtimertreffen auf Augustusburg. **6** Historische Feste finden während des ganzen Jahres statt.

Schloss Augustusburg

«Erbe der Renaissance»

Anreise
Auto: A 4 bis Ausfahrt Frankenberg, B 180 nach Flöha, ab Flöha Ausschilderung nach Augustusburg folgen. A 72 bis Chemnitz-Süd, Richtung Zentrum Chemnitz, von dort Ausschilderung nach Augustusburg folgen.
Bahn: Bahnhof Chemnitz. 10 km weiter mit dem Zug nach Erdmannsdorf. Von dort die Standseilbahn bis Augustusburg.

Sehenswürdigkeiten
«Die Sehenswerten Drei»: Unter diesem Titel firmieren die Schlösser Augustusburg und Lichtenwalde (10 km entfernt) sowie die Burg Scharfenstein (15 km). Letztere weisen wie Schloss Augustusburg eigene Museen sowie eine attraktive landschaftliche Umgebung auf.
Stadt *Augustusburg*: Augustusburg wird mit der Familie von Schellenberg bereits im 13. Jahrhundert erwähnt. Die historische Innenstadt ist denkmalgeschützt. Der pittoreske Ort war schon im 19. Jahrhundert beliebtes Ausflugsziel der Chemnitzer Bürger und ist seit 1910 mit einer Drahtseilbahn erreichbar.

Freizeitangebot in der Umgebung
Erzgebirge: Schloss Augustusburg liegt mitten im Erzgebirge im Landkreis Freiberg. Im Naturpark Erzgebirge/Vogtland führen hunderte Kilometer gepflegter Wander-, Rad- und Reitwege die Besucher durch weit reichende Wälder und romantische Bachtäler auf Naturlehrpfaden zu den schönsten Aussichtspunkten der Region.
Auf Bergbaulehrpfaden und in den zahlreichen Schaubergwerken erhält man Interessantes Hintergrundwissen über die Zeit des Altbergbaus.

Geschichte
1206: Herrensitz der Familie von Schellenberg. 1324: Schellenberg wird Besitz des Markgrafen von Meißen. 1568: Umbau der Burg zum Schloss durch Kurfürst August von Sachsen. 1722: 330 Geweihe werden von Schloss Augustusburg zu dem neuen Jagdschloss Wermsdorf und nach Moritzburg verbracht. 1800. Versteigerung der letzten vorhandenen Ausstattungsstücke im Schloss. 1831: Kauf des Schlosses durch den Staat und Einrichtung von Wohn- und Diensträumen. 1923: Gründung der Jugendherberge. 1990–2000: umfassende Renovierung des weitläufigen Schlossgeländes.

Kategorie
Als Jugendherberge richtet sich das Angebot an Preisbewusste: Übernachtung inkl. Frühstück 13,80 Euro.

Gästeangebot
Trauungen in der «Glücksschmiede». Sonderführungen möglich. Motorradmuseum. Sommerrodelbahn. Adlerhof. Schlossrestaurant und Augustuskeller.

Veranstaltungen
In den Sommermonaten finden Konzerte, Ritterspektakel und Oldtimertreffen statt.

Adresse
Jugendherberge Schloss Augustusburg, D-09573 Augustusburg, Tel. 037291-20256, Fax 037291-6341, www.augustusburg.jugendherberge.de

2

3

4

Ein Spiegel der deutschen Geschichte

Das Zisterzienserinnenkloster in St. Marienthal

Wie Nonnen Glaubenskriege, Plünderungen, Vertreibung, Naturkatastrophen, Reformation und Säkularisation, braune und rote Diktaturen, Glanz und Elend ungebrochen überlebten.

Manchmal ist der Weg ins Kloster nicht nur durch Gewissenserforschung, Zweifel und Hoffnung geprägt. Er kann auch ganz banal mühsam sein. So muss man bis heute ins polnische Ausland reisen, um in das östlichste deutsche Kloster zu gelangen. Zumindest all jene, die mit der Bahn das Zisterzienserinnenkloster am deutsch-polnisch-tschechischen Dreiländereck besuchen wollen. Gottverlassen könnte man sagen, wenn es sich nicht um das Kloster Sankt Marienthal handeln würde, das in Ostritz im südöstlichsten Zipfel von Sachsen liegt und nur über den öden Bahnhof Krzewina Zgorzelecka zu erreichen ist.

Von dort führt eine kleine Fußgängerbrücke zurück in die Bundesrepublik. Wie eine Erscheinung empfängt den Klostersuchenden plötzlich auf grünen Wiesen das an einen reichen Gutshof erinnernde, barocke Klostergebäude. Bis zur Wende, als Landwirtschaft noch der Hauptwirtschaftszweig der Region war, standen Kühe und Schweine in den alten Stallgebäuden. Doch die allgemeine Umstrukturierung hat auch vor den Klostermauern nicht Halt gemacht, und so ist in einigen der böhmisch weißen und rot-braunen Gebäude – die meisten stammen aus dem 18. Jahrhundert – ein modernes Tagungszentrum mit familien- und behindertengerechten Übernachtungsmöglichkeiten entstanden.

Die abgeschiedene Lage im Dreiländereck, die St. Marienthal einige Jahrzehnte in den Schatten der Welt – und vor allem der deutschen Geschichte rückte, scheint dennoch wie geschaffen zu sein für eine Neubesinnung des klösterlichen Lebens; und vielleicht für neue Brücken in Länder, die einmal Hinterland, Einzugs- und Einflussgebiet der Zisterzienserinnern waren, die dieses Haus als einziges ununterbrochen seit 1234, also im achten Jahrhundert, bewohnen. Lange Zeit hindurch war die Äbtissin auch Landesherrin. Ostritz entwickelte sich unter deren Herrschaft zur Stadt. Heute wird die Landschaft als romantisches Neiße-Tal bezeichnet.

Nach dem Zweiten Weltkrieg war hier Deutschland zu Ende, das Kloster verlor ein Drittel seines Besitzes. Doch das war beileibe

1 Äbtissin Regina Wollmann im Garten der Zisterzienserinnenabtei. **2** Von saftigen, grünen Wiesen umgeben: Das östlichste Kloster in Deutschland liegt abgeschieden im deutsch-tschechisch-polnischen Dreiländereck. **3** In der Klosterschenke gibt es Erzeugnisse aus der eigenen Landwirtschaft. **4** Die Klostergemeinschaft beim Chorgebet.

1

2

3

4

nicht das erste Mal, dass die Geschichte Elend über den Konvent brachte. Die Chronik von St. Marienthal liest sich wie ein Spiegel der deutschen Geschichte mit Fürstenherrschaft, weltlichen und Glaubenskriegen, Plünderungen, Vertreibung, Naturkatastrophen, Glanz und Elend.

Die älteste Stiftungsurkunde für St. Marienthal wird am 14. Oktober 1234 in Prag von Königin Kunigunde, der Gemahlin König Wenzels von Böhmen, ausgestellt. Schon bald wird das Kloster in den Zisterzienserorden eingegliedert, und zwar in seinen böhmischen Teil. 1427 fallen die Hussiten in die Lausitz ein und zerstören die Gebäude. Der Konvent flüchtet ins Exil nach Görlitz. Im 16. Jahrhundert kommt es zu mehreren Bränden. In der Reformation verhindern die Schwestern die Umwandlung des Klosters in ein weltliches Damenstift. Sie halten am katholischen Glauben und dem Ordensleben fest, obwohl die Region zum evangelischen Glauben übertritt. In dieser Zeit werden drei Äbtissinnen hintereinander ihres Amtes enthoben.

1683 fallen bei einem Großbrand die meisten Gebäude und fast die ganze bewegliche Habe den Flammen zum Opfer. Dieser Brand ist wie eine Zäsur und macht eigentlich auch erst die neue barocke Gesamtanlage möglich, die um 1744 vollendet wird.

1756 wird die heutige Kapelle mit ihrer Rokokoausstattung geweiht. Urkunden bezeugen, dass es bereits vor 1700 eine Kreuzkapelle in St. Marienthal gab. Ein überlebensgroßes, realistisch gestaltetes Kruzifix inmitten eines Strahlenkranzes beherrscht den Raum, in dem außer dem Michaelsaltar alles auf das Kreuz ausgerichtet ist.

In der Kapelle befindet sich die Gruft der Sängerin Henriette Sontag (1806–1854). Eigentlich hieß sie Gertrude Walpurgia und war eine begnadete Sängerin. Berühmte Künstler wie Carl Maria von Weber, Ludwig van Beethoven, Hoffmann von Fallersleben und Johann Wolfgang von Goethe waren von ihr begeistert. In Amerika erntete sie euphorische Beifallsstürme. Auf dem Höhepunkt ihrer Karriere erkrankte sie dort während einer Gastspielreise tödlich. Ihr Gemahl, der sardische Graf Carlo Rossi, erfüllte der Verstorbenen ihren letzten Wunsch und überführte ein Jahr nach ihrem Tod ihre sterblichen Reste nach Marienthal, wo sie im Kloster ihre letzte Ruhestätte fand. Auch Graf Rossi wurde an ihrer Seite beigesetzt.

1 Eingebettet in das Tal der Neiße: die Klosteranlage von St. Marienthal. **2** Der Kapitelsaal ist von beeindruckender Schlichtheit. **3** Marienfigur mit Christuskind über dem Kircheneingang. **4** Die Zisterzienserinnen beim gemeinsamen Gebet. **5** Altarraum der Klosterkirche; im Jahr 1897 vernichtete ein verheerendes Hochwasser die gesamte barocke Inneneinrichtung. **6** Ausmalungen am Deckengewölbe im Stil der Nazarener.

6

Anfang des 19. Jahrhunderts wurde das Kloster durch den verbrieften und vertraglichen Schutz des sächsischen Königshauses vor der staatlich verordneten Aufhebung bewahrt. Während der ersten Hälfte des 19. Jahrhunderts wurde der größte Teil des Grundbesitzes vom Staat übernommen. Die weltliche Herrschaft der Abtei endete. Aber auch danach setzte das Kloster seinen Beitrag zur Entwicklung des Umlandes durch die Errichtung von Schulen, Einrichtungen der Seelsorge, Waisen- und Krankenversorgung fort. Hiervon zeugen jene Orte des Klosterumlandes, die heute zu Polen gehören.

1838 gründete St. Marienthal ein Waisenhaus und eine Schule, in denen die Schwestern selbst unterrichteten. Beide Einrichtungen wurden hundert Jahre später unter dem Regime der Nationalsozialisten zwangsweise aufgelöst. 1897 vernichtete das größte Hochwasser in der Geschichte des Klosters die gesamte barocke Inneneinrichtung der Klosterkirche. Die völlig neue Gestaltung lässt die barocke Vergangenheit heute nur noch erahnen.

1901 zogen 18 Schwestern aus Marienthal aus, um das Zisterzienserinnenkloster «Porta coeli» (Himmelspforte) in Mähren, das während der Säkularisation aufgehoben wurde, neu zu beleben. Am 3. Mai nahmen sie gemeinsam mit neun Kandidatinnen das reguläre Ordensleben wieder auf. Wenige Jahre später gründeten sie eine Ordensniederlassung in Allerslev/Dänemark, später siedelten sie in ein Wasserschloss nach Sostrup um.

Während des Zweiten Weltkrieges wurde Kloster St. Marienthal zum größten Teil von der SS annektiert. In den Räumen wurde ein so genanntes KLV-Lager (Kinder-Land-Verschickung) eingerichtet, von 1942 bis 1945 ein Lazarett, in dem bis zu vierhundert Soldaten von den Klosterschwestern gepflegt wurden.

1945 weigerten sich Äbtissin und Konvent, dem Räumungsbefehl der SS zu folgen, und verhinderten damit die geplante Sprengung.

5

So wurde in den letzten Kriegstagen «nur» die Neißebrücke vernichtet, die Neiße wurde die neue Grenzlinie Deutschlands zum Osten. Die neuen kommunistischen Machthaber hoben das Kloster «Porta coeli» auf. Die Kirche wurde verfolgt; es gab keine Religionsfreiheit mehr. Die Schwestern lebten als Internierte im eigenen Kloster, das Kloster drohte sogar zu verwaisen. In den achtziger Jahren des vorigen Jahrhunderts wurde zweimal unter großen Gefahren eine Schwester von «Porta coeli» zur Äbtissin geweiht.
1949 gründeten kirchliche Land- und Waldeigentümer die kirchliche Landes- und Forstgemeinschaft (KiLaFo) und verhinderten so die Landenteignung durch die Bodenreform. 1952 bestätigte der damalige Ministerpräsident der DDR, Otto Grothewohl, dem Kloster St. Marienthal schriftlich den Status des öffentlichen Rechts aufgrund seines ununterbrochenen Bestehens. Dieser Status war dem Kloster vom nationalsozialistischen Regime aberkannt worden.

1 Großzügiges Gastzimmer in der Propstei. **2** Wandmalereien zieren den Kirchenraum. **3** Hilfe für Irrläufer: Das Klosteranwesen ist vorbildlich beschildert. **4** Die Propstei beherbergt eine Reihe von historischen Gemälden. **5** Nach uraltem Vorbild angelegt: der Garten der Bibelpflanzen. **6** Im alten Sägewerk von St. Marienthal findet nur noch Schausägen statt. **7** Mythischer Ort in Klosternähe: Kelchstein im Zittauer Gebirge.

1955 eröffnete das Kloster innerhalb des Abteigebäudes ein Pflegeheim für geistig behinderte Mädchen, heute für ältere Frauen. 1979 wurde der «Pater-Kolbe-Hof», ein Behindertenwohnheim für geistig behinderte junge Männer, auf dem Klostergut in Schlegel gegründet. Das Heim wurde unter das Patronat von Maximilian Kolbe gestellt, dem polnischen Märtyrer im deutschen Konzentrationslager Auschwitz. Bis zur Wende, als die Landwirtschaft noch der Hauptwirtschaftszweig der Region war, standen Kühe und Schweine in den alten Stallgebäuden.
1984 feierte das Kloster sein 750-jähriges Bestehen. Am großen Wallfahrtstag im September begingen die Schwestern auf der Festwiese unter freiem Himmel den Gottesdienst vereint mit 25 000 Pilgern. Diese große kirchliche Feier unter sozialistischen Verhältnissen an der Ostgrenze Deutschlands hatte Signalwirkung.
1992 gründeten die Zisterzienserinnen das Internationale Begegnungszentrum St. Marienthal, dessen wichtigste Inhalte Versöhnung, Völkerverständigung im Dreiländereck über kulturelle und konfessionelle und Landesgrenzen hinaus sind.
1998 feierte der Orden sein 900-jähriges Bestehen und lud in alter Tradition in die grundlegend sanierte historische Klosterschenke ein: Im rustikalen Ambiente der Ausflugs-, Familien- und Vereinsgaststätte können Spaziergänger, Klosterbesucher oder Tagungsgäste die Oberlausitzer Küche, Klosterspezialitäten und sächsische Weine genießen.
2002 fand erstmals ein Winzerfest mit Markttreiben auf dem Klosterhof statt. Der östlichste Weinberg in Deutschland gehört nämlich zum Klostersprengel. 2008 beging das Kloster seinen 775. Geburtstag mit Festfeiern und vielen Veranstaltungen.

5

6

St. Marienthal (Zisterzienserinnenabtei)

«Die Gastfreundschaft soll allen erwiesen werden, die ins Kloster kommen.»

Anreise
Bahn: polnische Bahnstation Krzewina Zgorzelecka (Ostritz/Sachsen) – erreichbar über Görlitz und Zittau.
Auto: A4 über Dresden bis Weißenberg, weiter über Reichenbach bis Görlitz (E40/B6), in Görlitz auf die B99 in Richtung Zittau bis St. Marienthal.

Geschichte
St. Marienthal ist das älteste durchgehend besiedelte Zisterzienserinnenkloster in Deutschland. 1234 wurde die Stiftungsurkunde für St. Marienthal in Prag von Königin Kunigunde, Gemahlin König Wenzels von Böhmen, ausgestellt.

7

Sehenswürdigkeiten
Kloster: Klosterkirche, Kreuz- und Michaeliskapelle, Garten der Bibelpflanzen, Dauerausstellung «Ora et labora».
Umgebung: Stationsberg (Kalvarienberg), romantisches Neißetal, Dreiländereck Deutschland, Polen und Tschechien.

Klosterbetrieb
Klosterschenke, Gesindestube, Klosterbäckerei, Klostermarkt in der ehemaligen Brauerei, Land- und Forstwirtschaft, Weinanbau, Klostergärtnerei.

Gästeangebot
Kloster auf Zeit, Fastenwochen, Besinnungstage, Mitarbeit, Internationales Begegnungs- und Erholungsszentrum mit Bildungsprogramm, Konzerte, Fahrradverleih.

Gottesdienste
Werktag: 4.15 Vigil/Laudes, 6.45 Terz, 7.00 Eucharistie, 11.30 Sext/Non, 17.00 Vesper, 19.00 Komplet.
Sonntag: 5.30 Vigil/Laudes, 8.45 Terz, 9.00 Eucharistie, 11.30 Sext/Non, 16.30 Vesper, 19.00 Komplet.

Unterkunft
Gästehaus St. Marienthal, Propstei, Int. Begegnungszentrum: alle Einzel-/Doppelzimmer teils mit Dusche/WC, DZ ab 16 Euro,Tel. 035823-77368 (Reservierung siehe unten).

Auskunft und Reservierung
Kloster: Zisterzienserinnenabtei St. Marienthal, D-02899 Ostritz, St. Marienthal 1, Tel. 035823-77300, Fax 035823-77301, Internet: www.kloster-marienthal.de, E-Mail: kloster-marienthal@t-online.de.
Touristik: Stadtverwaltung Ostritz, Markt 1, D-02899 Ostritz, Tel. 035823-8840, Fax 035823-86584, Internet: www.ostritz.de, E-Mail: post@ostritz.de.

2

3

4

Historische Ausnahme in Sachsen

St. Marienstern hat alle Ideologien überlebt

Ein weitgehend entchristlichtes Land staunte, als die Nonnen für die Erste Sächsische Landesausstellung «Zeit und Ewigkeit» zum ersten Mal die Pforten ihrer Klausur öffneten.

Schon der Weg zum Kloster deutet auf etwas Besonderes hin. Wegkreuze und Bildstöcke am Rand und in den Vorgärten lassen den Geschichtsunkundigen zweifeln, ob der Ort wirklich im protestantischen Sachsen liegt. Zweisprachige Schilder klären auf. Das Dorf Panschwitz-Kuckau ist sorbisch geprägt und liegt zwischen den Kreisstädten Kamenz und Bautzen umgeben von sanften Hügeln, weiten Feldern, alten Alleen und stillen Wäldern in der Oberlausitz im Osten des Freistaats Sachsen. Und inmitten dieser Landschaft liegt am Rand des Dorfes das Kloster St. Marienstern. Unter seinem Schutz haben die katholischen Sorben, die slawische Minderheit in Ostdeutschland, ihre Kultur bewahren können.

Im Wechselspiel zwischen der Tradition sorbischer Kultur – vor allem der Volkskultur –, historischen Bedingungen, wirtschaftlichem und sozialem Engagement ist es den Ordensfrauen der Zisterzienserinnen gelungen, hier religiöses Leben seit der Klostergründung 1248 aufrechtzuerhalten. Eine Leistung, die angesichts der Wirren von Kriegen, Herrschaftswechseln, Reformation, nationalsozialistischer und kommunistischer Diktaturen erstaunt.

Die Ausnahme gehört zur Geschichte der Oberlausitz. Im Mittelalter gehörte die Lausitz als Nebenland zur böhmischen Krone, konnte aber unter dieser Herrschaft eine große Selbstständigkeit erreichen. Im Jahr 1346 schlossen sich die wichtigsten Städte der Lausitz – Bautzen, Görlitz, Zittau, Löbau, Kamenz und Lauban – zum Sechsstädtebund zusammen. Als Ständerepublik mit einer eigenen Ständeversammlung bewahrte die Region auch nach ihrem Übergang zu Sachsen 1635 einen wichtigen Teil ihrer Autonomie.

Die staatsrechtliche Sonderstellung des Landes ließ ein einzigartiges System konfessioneller Toleranz entstehen. Anders als Sachsen, das als Kernland der Reformation zu einer evangelischen Vormacht des Reiches wurde, bildete sich in der Lausitz konfessionelle Pluralität aus. Die mittelalterlichen Klöster und Stifte St. Marienstern, St. Marienthal in Ostritz, St. Petri in Bautzen sowie das Magdalenerinnenkloster in Lauban konnten den alten Glauben bewahren.

1 Hinter den Heiligenfiguren auf der Nonnenempore der Klosterkirche verbirgt sich der Kreuzgang des Konvents. **2** Das Klosterwappen über dem Kircheneingang. **3** Nonnen bei der Kräuterandacht im Klostergarten. **4** 1998 öffneten sich die Pforten erstmals für die Allgemeinheit.

1998 feierte St. Marienstern sein 750-jähriges Bestehen. Begonnen hat die Geschichte des Klosters nur wenige Jahrzehnte nach der Gründung des Reformordens der Zisterzienser, dessen Klöster für ihre Zucht, Disziplin und praktischen Arbeiten bekannt wurden. Ihre Äbte ließen sich in abgelegenen Gegenden nieder, die sie für ihr geistliches Leben bevorzugten, die sie aber auch als autarke Selbstversorger schnell wirtschaftlich entwickelten. Die Ansiedlung der Klöster löste einen Gründerboom von Handwerksbetrieben und Zulieferern aus.
So kam 1248 Bernhard III. von Kamenz in die Weltabgeschiedenheit eines stillen Tales, um das Zisterzienserinnenkloster St. Marienstern zu gründen. Den Namen gab er ihm, wie die Legende erzählt, aus Dankbarkeit für die Rettung aus Lebensgefahr. Der Morgenstern soll ihm den Weg aus dem Sumpf gewiesen haben.
Der angesehene und weltgewandte Bernhard III. erwarb für sein Kloster einen großen Schatz an Reliquien. Das kostbarste Geschenk an das Kloster, ein angeblicher «Splitter vom Kreuz Christi», brachte Bernhard aus Italien in einem im 11. Jahrhundert in Byzanz geschaffenen Klappaltar mit. Zu den wertvollsten Reliquien gehören die Schädelreliquien Johannes des Täufers und des heiligen Jakobus. Viele sind bis heute im Bernhardhaus, der Schatzkammer von St. Marienstern, ausgestellt.
Für die Erste Sächsische Landesausstellung «Zeit und Ewigkeit – 128 Tage in St. Marienstern» öffneten die Zisterzienserinnen zum

1 Besucher im Umwelt- und Lehrgarten bei der Kräuterandacht. **2** In der Klosterbäckerei. **3** Sorbische Küche lockt im «Klosterstübel». **4** Im Maria-Martha-Heim werden seit 1973 geistig behinderte Mädchen von den Zisterzienserinnen betreut. **5** In der Klosterkirche: Der Hochaltar wurde 1751 von Franz Lauermann aus Prag geschaffen. **6** Gastzimmer.

750-jährigen Bestehen zum ersten Mal in ihrer Klostergeschichte die Pforten zum Klausurbereich. Lebendige Geschichte, die sich in Jahrhunderten um das Kloster abspielte, tauchte aus dem Vergessen auf. Immerhin war Marienstern bis ins 19. Jahrhundert der größte Grundbesitzer der Oberlausitz und am Ort der wichtigste Arbeitgeber. Die Äbtissin herrschte über sechzig Dörfer und zwei Städte. St. Marienstern war nicht nur geistliches, sondern auch wirtschaftliches Zentrum.

Der Besucher erfährt aus Dokumenten des Klosters, einem Urbar (Grundbuch) von 1373, wie viel Geld, Getreide, Hühner, Eier und Käse der Bauer Martin Czesslawicz aus Cannewitz jährlich an das Kloster abtreten musste, 22 Groschen Zins pro Jahr, eine Summe, die damals dem Wert einer halben Kuh entsprach und zu verkraften waren.

Rings um das Kloster siedelte sich ländliches Handwerk an. Der Konvent betrieb Ackerbau und Viehzucht, er züchtete Fische in 34 klostereigenen Teichen. Im Grüngürtel um das Kloster bauten die Nonnen Obst, Kräuter, Gemüse und Hopfen an, zeitweilig waren auch Tabak. Kräutertee, Klosterbalsam und Klosterbier (bis 1973) begehrte Handelsartikel. Der Klostergarten zieht ganz auf der heutigen Gesundheitswelle immer mehr Neugierige an.

St. Marienstern (Zisterzienserinnenabtei)

«Seitdem Schwestern hier leben, ist das Gotteslob nie verklungen.»

Anreise
Bahn: Bahnhof Kamenz (Sachsen), weiter mit dem Bus.
Auto: A4 Dresden Richtung Bautzen, Abfahrt Uhyst a. T.

Geschichte
Der Morgenstern soll im Jahr 1248 dem Ritter Bernhard von Kamenz den Weg aus dem Sumpf gewiesen haben. Als Dank stiftete er mit seiner Familie die Zisterzienserinnenabtei. 1264 wurde Bernhard in den Zisterzienserorden aufgenommen. 1635: Die Lausitz wird Teil des Kurfürstentums Sachsen. 1826 wird in St. Marienstern das St.-Josefs-Institut gegründet, eine Mädchenschule mit Internat. 1923 findet die Erste Diözesansynode des 1921 wiedererrichteten Bistums Meißen in St. Marienstern statt. 1973: Eröffnung des Maria-Martha-Heims für geistig und mehrfach behinderte Mädchen.

6

Sehenswürdigkeiten
Kloster: Schatzkammer im Bernhardhaus mit Meisterwerken gotischer Goldschmiedekunst, Mariendarstellungen, Jesuskindfiguren, Perlstickereien, Holzskulpturen, Gemälden und Buchmalereien. *Umgebung:* Bautzen, die stille, hügelige Landschaft der Oberlausitz mit Zeugnissen sorbischer Kultur.

Klosterbetrieb
Klosterladen, Klostergarten, Klosterstübel, Behinderteneinrichtungen.

Gästeangebot
Gästehaus (20 Zimmer). Fastenkuren. Tagungen.

Gottesdienste
Werktag: 4.30 Vigil, 6.00 Laudes, 7.00 hl. Messe, 17.00 Vesper, 19.00 Komplet, 19.30 Rosenkranz. *Dienstag:* 15.30 Kindermesse (deutsch/sorbisch). *Mittwoch/Donnerstag:* 8.00 sorbische Messe, 11.30 Sext/Non. *Freitag:* 19.30 Abendmesse (deutsch/sorbisch).
Sonntag: 5.30 Vigil, 6.30 Laudes, 7.30 sorbische Messe, 8.45 Terz, 9.00 Hochamt, 10.30 deutsche Messe, 14.00 Rosenkranz, 14.30 Andacht, 16.30 Vesper, 19.00 Komplet.

Auskunft und Reservierung
Kloster: Zisterzienserinnenabtei St. Marienstern, Ćišinskistr. 35, D-01920 Panschwitz-Kuckau, Tel. + Fax 035796-99444, Internet: www.marienstern.de, E-Mail: info@marienstern.de.
Touristik: Verwaltungsverband Panschwitz-Kuckau, Am Klosterwasser, Poststr. 8, D-01920 Panschwitz-Kuckau, Tel. 035796-9460, Fax 035796-94667, Internet: www.panschwitz-kuckau.de.

Innenhof des Benediktinerklosters Beuron mit Blick auf die Bibliothek.

Baden-Württemberg / Elsass

1

2

3

4

Geheimnisvoll seit Tausenden von Jahren

Drei Wunder und ein Mysterium: Odilienberg

Auf den heiligen Berg des Elsass pilgern Wallfahrer, Historiker und Naturfreunde, um der heiligen Odilia zu huldigen und die Geschichte Europas von der Steinzeit bis zur Gegenwart zu erkunden.

Eine mächtige, rund 10 Kilometer lange und bis zu 3 Meter hohe Mauer, die noch heute gut zu erkennen ist, umkreist schützend den Gipfel des 763 Meter hohen Odilienbergs im Elsass. Ein Kloster, das nach der heiligen Odilia benannt ist, krönt den lang gestreckten Bergrücken auf einem zur Rheinebene hin steil abfallenden Buntsandsteinfelsen. Mauer, Lage und die Klosterfrau sind bis heute von Geheimnissen umgeben, die Tausende von Jahren zurückreichen und aus dem Mont Sainte Odile den bekanntesten und meistbesuchten Wallfahrts- und Ausflugsort zwischen Vogesen und Rhein gemacht haben.

Die Heilige ist seit 1807 die Schutzpatronin des Elsass und wird vor allem von Blinden angerufen, soll aber auch bei anderen Augen-, ebenso wie bei Ohren- und Kopfleiden helfen. Die heilige Odilia, Tochter des elsässischen Herzogs Athich, wurde in Obernai geboren, wo der Odiliabrunnen auf dem malerischen Marktplatz an sie erinnert. Sie war bei der Geburt blind. Die Legende berichtet, dass ihr Vater sie deshalb töten lassen wollte, die Mutter Bethsvinda sie aber retten konnte und von einer Amme im Kloster «Palma», vermutlich im heutigen Baume-les-Dames, aufziehen ließ. Ein Bischof, Erhard von Regensburg, soll in einer Engelerscheinung den Auftrag erhalten haben, das Kloster zu besuchen, um die verstoßene Herzogstochter zu taufen. Dabei geschah das erste Wunder, das die christliche Geschichte des Odilienbergs begründete: Odilia konnte nach Erhalt des Taufsakramentes sehen.

Ihr jüngerer Bruder ließ sie nach Jahren wieder nach Hause holen. Doch der herzlos sture Vater schlug im Zorn seinen Sohn so hart, dass dieser tot niederstürzte. Das zweite Wunder geschah: Odilia erweckte ihn wieder zum Leben und musste nun abermals vor dem Vater fliehen. Sie verbarg sich in einer Höhle bei Arlesheim. Herabstürzende Steine verwundeten den sie verfolgenden Vater schwer. Erst nach Jahren schweren Leidens wollte er sich endlich

1 Terrasse des Klostergangs mit herrlicher Fernsicht über die elsässische Ebene bis zum Schwarzwald. **2** Rundgewölbe in der Tränenkapelle; dargestellt wird Christus als Hohepriester, umgeben von den christlichen Tugenden. **3** Mystisch wirkt die alte Heidenmauer: Der gut erhaltene Schutzwall ist rund 10 Kilometer lang, bis zu 3 Meter hoch und vermutlich um 400 v.Chr. entstanden. **4** Aus dem 12. Jahrhundert stammt die romanische Krypta in der Kreuzkapelle, dem ältesten Teil des Gebäudes.

mit seiner Tochter versöhnen. Odilia besuchte ihn und erhielt als Zeichen der Wiedergutmachung den Platz auf der Hohenburg, um ein Kloster erbauen zu können. Dort pflegte sie dann ihre Eltern bis zu deren Tod. Das Kloster blühte auf, obwohl das Gebäude mehrmals zerstört, dann umgebaut und umgestaltet wurde. Die Kreuzkapelle bildet den ältesten Teil. Sie stammt aus dem 12. Jahrhundert und ist im romanischen Stil erbaut. Im nördlichen Teil des Klosters befindet sich eine Terrasse mit zwei Kapellen und einem wunderschönen Blick auf die Vogesen.

Die Überlieferung berichtet auch, wie die sterbende Odilia ihre besorgten Schwestern zum Gebet in die Kirche sandte. Als sie zurückkamen, fanden sie Odilia tot. Das dritte Wunder: Von ihren inständigen Gebeten ins Leben zurückgerufen, erklärte Odilia: «Warum beunruhigt ihr euch? Lucia war bei mir und ich sah und hörte, was man mit Augen nicht sehen, mit Ohren nicht hören, sondern nur mit dem Herzen wahrnehmen kann.» Dann ergriff sie selbst den Kelch, nahm die Kommunion und starb. Der Kelch wurde nach alten Berichten noch 1546 auf dem Odilienberg gezeigt, lange Zeit gab man den Pilgern aus ihm zu trinken.

Der Odilienberg mit Odilias Grab wurde zum «heiligen Berg des Elsass» und zu einem der bedeutendsten Wallfahrtsorte in Frank-

1 Gottesdienst in der Klosterkirche. **2** Im Klostergang. **3** Der alte Klosterhof mit einer Statue der heiligen Odilia, Tochter des elsässischen Herzogs Athich (oder Adalrich genannt), die im 7. Jahrhundert lebte. Der Legende nach wurde sie blind geboren und durch die Taufe sehend. **4** Die Geschichte der heiligen Odilia als Wandgemälde. **5** Odilienstatue aus dem 8. Jahrhundert in der Kreuzkapelle; hier sind auch die Eltern Odilias begraben. **6** Die letzte Ruhestätte der Heiligen in der Odilienkapelle. **7** Als Schutzpatronin des Elsass grüßt St. Odilia vom heiligen Berg.

7

6

reich. Neben den Klostergebäuden erinnert bis heute eine überlebensgroße Sandsteinstatue an die Heilige. Das Kloster Niedermünster am Fuß des Berges, das 700 ebenfalls von Odilia gegründet worden ist, wurde durch einen Brand im Jahr 1542 vollständig zerstört. Die dortige Quelle, der Odilienbrunnen, gilt als hilfreich bei Augenleiden. Seine Blütezeit erlebte das Kloster Odilienberg im 12. Jahrhundert. Die damalige Äbtissin Herrad von Landsberg (1167–1195) schrieb für ihre Novizinnen und Nonnen das Buch «Hortus Deliciarum» (Garten der Wonnen), welches den Bildungskosmos des ausgehenden Mittelalters erfasste. Das Original verbrannte 1870 bei einer Belagerung Straßburgs durch deutsche Truppen. Nach mehreren Plünderungen und Bränden wurde das Kloster Ende des 17. Jahrhunderts wieder aufgebaut. Eine Gedenktafel im Hof des Klosters erinnert an den Besuch von Papst Johannes Paul II. im Jahr 1988.

Der Odilienberg zieht Gläubige und Ungläubige gleichermaßen an, Christen und Mystiker, die ihre eigene Kirchengeschichte kritisch durchleuchten wollen, historisch und archäologisch Interessierte oder Menschen, die auf der Suche nach neuen spirituellen Wegen und dem verdrängten Wissen vorchristlicher Religionen und Kulturen sind. Sie alle gehen den Weg hinauf, der sich auf der Zufahrtstraße durch dunkle Wälder den «Heiligen Berg» hinaufwindet. Fast wähnt man sich weitab von der Großstadt Straßburg und der belebten Rheinebe. An mehreren Stellen passiert die Fahrstraße den Wall der Heidenmauer.

Ihr genaues Alter ist unbekannt. Es wird vermutet, dass sie von keltischen Stämmen ungefähr 1000 v. Chr. (nach neueren Forschungen 400 v. Chr.) als Fliehburg errichtet und im 4. Jahrhundert n. Chr. erneuert wurde. Während des Mittelalters wurde das Gemäuer als Steinbruch zum Bau der umliegenden Burgen und Klöster verwendet. Wirklich gesichert sind nur wenige Fakten. Den Berg umgeben Mysterien, die allerhand seriöse wie weniger seriöse Forscher auf den Plan gerufen haben. An Hypothesen mangelt es nicht. Den einen gilt der Berg seit dem Mesolithikum als Heiligtum. Siedlungsreste vom Gipfel und am Fuß sollen von einer der ältesten Siedlungen Europas stammen. Etwa 6000 v. Chr. sollen Nomadenjäger auf dem Elsberg und dem Stollberg auf dem Nordgipfel des Berges Unterschlupf gefunden und eine Bärengottheit verehrt haben. Eine Wetter- oder Lichtgöttin Altitonia soll ebenfalls auf dem Berg verehrt worden sein. Auf dem nördlichen Elsberg befindet sich außerhalb der Heidenmauer auch der Feenplatz, der im frauenfeindlichen Mittelalter zum Hexenplatz umbenannt wurde.

1

2

3

Die ältesten archäologischen Funde datieren von 4300 v. Chr. In den neolithischen Zeiten davor siedelten die Menschen in den Ebenen nahe der Flüsse. Einige Jahre zuvor fanden Archäologen vier große Dörfer aus der Neusteinzeit und ein wichtiges Atelier für Werkzeuge und Keramik bei Rosheim am Fuß des Odilienbergs. Sie sprechen von «einem der wichtigsten neolithischen Keramikfunde Europas». Die Verehrung einer Göttin nahm etwa um diese Zeit wieder ab. Um 2500 v. Chr. wurden neolithische Gräber geplündert.

Kelten und Römer nutzten die Mauer als militärischen Wall und bauten sogar Wachtürme an, obwohl die Heidenmauer nach anderer Lesart ursprünglich nicht kriegerisch, sondern als Heiligtum genutzt worden sein soll – Hypothesen, die noch zu beweisen sind. Auch die, dass die Heidenmauer in der Steinzeit gebaut worden sein könnte und damit bis in die Frühzeit der Menschheitsgeschichte zurückreichen würde.

Odilia wird aus solchen Perspektiven weniger als legendäre christliche Heilige interpretiert. Ihre Person und den darum entstandenen

1 Der wappengeschmückte Pilgersaal für die Wallfahrer – auf den Odilienberg, französisch «Mont Sainte Odile», strömen alljährlich Hunderttausende. **2** Auch Wirtschaftsseminare werden im Kloster abgehalten. **3** Gastzimmer: Als Tagungsstätte gewinnt der Wallfahrtsort immer mehr an Bedeutung. **4** Viel Platz, gutes Essen und eine überwältigende Aussicht bietet die Gaststätte «Herrade». **5** Regenbogen über dem Elsass.

Kult deuten ihre Anhänger vielmehr als eine logische Fortsetzung heidnischer Vorläufer. In Zeiten, in denen der Papst Frauen und Mädchen untersagt hatte, zu lehren und zu lernen, habe Odilia in ihrem Kloster eine Art Uruniversität in fränkisch-irischer Tradition gegründet, wobei sie Wissenschaften mit Spiritualität vereinte und Christentum mit älteren heidnischen Traditionen. Wenn man Legenden, Mythen, Rituale und die Geschichte untersucht, so manche Stimmen, dann gelingt es, Teile der vorchristlichen Geschichte der fränkisch-irischen Regionen Europas zu rekonstruieren.

So bietet der Ausflug zum Mont Sainte Odile nicht nur das Erlebnis der herrlichen Vogesenlandschaft, sondern auch den Spaziergang durch ein spannendes Stück elsässische Geschichte sowie die Begegnung mit einer der schönsten Heiligenlegenden. Der Tourismus am Oberrhein wächst ohnehin immer mehr zusammen. Grenzüberschreitende Angebote sehen deshalb für Urlauber im Schwarzwald stets Abstecher ins benachbarte Elsass vor. Meistens führen sie nach Straßburg, Colmar, entlang der elsässischen Weinstraße in idyllische Weindörfer, aber auch auf den Odilienberg, der zudem als Tagungsort an Bedeutung gewinnt.

Als Wandergebiet ist er unumstritten, etwa auf einem gut ausgeschilderten Weg an der Heidenmauer entlang. Empfehlenswert ist der südliche Rundgang, teils an Felsen, teils an oder auf der Mauer bis zum 817 Meter hohen Männelstein und weiter bis zur Grotte des Druiden. Die zweite Rundstrecke führt an zwei Burgen, der Ruine Hagelschloss am nördlichsten Ende der Heidenmauer und an der Burgruine Dreistein vorbei. Auf beiden Wegen hat man eine herrliche Aussicht auf die bewaldeten Berge der Vogesen und auf die kleinen Dörfer und Städte in der Rheinebene.

Odilienberg (Wallfahrtsort)

«Der heilige Berg des Elsass.»

Anreise
Bahn: Bahnhof Straßburg–Obernai.
Auto: Kehl–Straßburg–Autobahn Richtung Colmar, dann Abzweigung nach Obernai, von dort Hinweisschilder Mont Sainte Odile.

Geschichte
Um 700 Gründung durch die Merowingerprinzessin Odilia, Tochter des elsässischen Herzogs Atich. Die Blütezeit des Klosters war im 12. Jahrhundert. Die damalige Äbtissin Herrad von Landsberg (1167–1195) schrieb das Buch «Hortus Deliciarum», das das Wissen der damaligen Zeit beinhaltete.

5

Das Original verbrannte 1870 bei einer Belagerung Straßburgs. Nach mehreren Plünderungen und Bränden wurde das Kloster Ende des 17. Jahrhunderts wieder aufgebaut. Die Kreuzkapelle, die Engelskapelle und die Odilienkapelle stammen noch aus dem 11./12. Jahrhundert. Eine Gedenktafel im Hof des Klosters erinnert an den Besuch von Papst Johannes Paul II. von 1988. Der herrlich gelegene Wallfahrtsort Odilienberg wird der «heilige Berg des Elsass» genannt, die heilige Odilia ist die Schutzpatronin des Elsass. Vom 30 Minuten entfernt liegenden Mannelstein, einem Felsplateau, hat man eine noch schönere Aussicht über die elsässische Ebene bis hin zum Schwarzwald.

Sehenswürdigkeiten
Kloster: Kreuzkapelle, Engelskapelle, Odilienkapelle, Sandsteinstatue der heiligen Odilia.
Umgebung: Rundwege um den Odilienberg zur Heidenmauer (keltischer Ringwall), Druidengrotte, Ruine Hagelschloss, Burgruine Dreistein, Ausflüge in die Vogesen und ins Elsass.

Klosterbetrieb
Hotel, Restaurant, Pilgerheim.

Unterkunft
«Hotel Odilienberg» (Reservierung siehe unten).

Auskunft und Reservierung
Kloster: Mont Sainte Odile, F-67530 Ottrott, Tel. 0033-3-88958053, Fax 0033-3-88958296.
Touristik: Office de Tourisme, Place du Beffroi, F-67210 Obernai, Tel. 0033-388-956413, Fax 0033-388-499084, Internet: www.obernai.fr, E-Mail: ot@obernai.fr.

2

3

4

Das Loreto im Südschwarzwald

Stühlingen – Mönch und Nonne unter einem Dach

Ein großer Klostergarten und eine kleine Landwirtschaft bilden den materiellen Grundstock für das Überleben des Klosters, in dem jedermann kapuzinisch einfach mitleben darf.

Ein kleiner Zettel neben der Eingangsglocke sagt mehr als dicke Abhandlungen: «Bitte läuten Sie zweimal.» Es kann etwas dauern, bis jemand kommt, um aufzumachen. Das Kloster ist weitläufig und wird in gewöhnlichen Zeiten gerade mal von fünf Mönchen und drei Nonnen bewohnt. Ja, es stimmt. In einem Flügel des Kapuzinerklosters von Stühlingen im Südschwarzwald, direkt an der Schweizer Grenze und nicht weit von der Rheinfall-Stadt Schaffhausen entfernt, leben Kapuzinerpatres. Im anderen Gebäudeflügel wohnen drei Schwestern der Reuter Franziskanerinnen. Beide gehören zu den sogenannten Bettelorden, weil sie ohne persönliche Bedürfnisse der Armut verpflichtet leben.

Es kann allerdings auch passieren, dass im Kloster Leben herrscht wie zu seinen besten Zeiten. Dann ist Weihnachten oder Ferienzeit. Außerhalb der drei geschlossenen Zeiten während des Klosterjahres sind die schlichten Zellen belegt mit Menschen, die der Einladung des Klosters folgen: Bis zu 25 Menschen, darunter auch Ehepaare, können aufgenommen werden und bilden mit den Ordensleuten für Tage oder Wochen die Klostergemeinschaft.

Nicht als Zuschauer, sondern mit der Möglichkeit, den Klosteralltag mitzugestalten. Schwester Beate: «Wir sind weder Tagungshaus noch Meditationszentrum, weder Jugendherberge noch Ferienkloster, weder Beleghaus noch Schullandheim, weder Exerzitienhaus noch Bildungsstätte. Wir führen auch keine Therapien oder Rehabilitationen durch, sondern verstehen uns als Kloster zum Mitleben.»

Das Kloster empfiehlt eine Woche als vernünftiges Maß für einen Mindestaufenthalt. Wer zum ersten Mal kommt, brauche erfahrungsgemäß so viel Zeit, um sich einzufinden. In der Regel gelten vier Wochen als Höchstdauer für das Mitleben in diesem Haus.

Der große Klostergarten und die kleine Landwirtschaft bilden den materiellen Grundstock für das Klosterleben. Manchmal spenden Supermärkte der Gegend auch übrig gebliebene Lebensmittel. «Möglichst vieles versuchen wir selbst zu erwirtschaften. Auch unsere Gäste tragen mit ihrer Arbeit zum Unterhalt dieses Hauses

1 Hinter diesen Klostermauern verbirgt sich Ungewöhnliches: In Stühlingen leben Mönche und Nonnen unter einem Dach – wenn auch in zwei getrennten Flügeln. **2** Fisch in der Loretokapelle: Er ist eines der ältesten Symbole für Christus. **3** Klostergarten. **4** Im Glauben vereint: Bruder Markus, Bruder Engelbert und Bruder Joachim (von links).

bei. Darüber hinaus sind wir dankbar für jede Unterstützung, mit der alle, die zu uns kommen, zum Unterhalt und Erhalt beitragen. Wer über keine Mittel verfügt, sollte sich nicht gehindert fühlen, zu uns zu kommen.»

Kapuziner gelten als populistische Ordensleute. Sie schauen den Leuten aufs Maul und predigen in ihrer Sprache. So war es früher, und so hätten sie es auch gern heute. Doch die Menschen, ihre Sprache und ihre Bedürfnisse, ihre Kommunikation haben sich geändert. Vor zwanzig Jahren bedeutete dies, dass das hoch über dem mittelalterlichen Städtchen Stühlingen mit seinen verwinkelten Gassen und romantischen Plätzen gelegene Kloster hätte schließen müssen, wenn es nicht eine neue Aufgabe gefunden hätte. Das war die Öffnung für Gäste, die die Stille des Klosters mit Besuchen in einer der reizvollsten Gegenden des Südschwarzwaldes verbanden. Stress wurde im Kloster und außerhalb abgebaut, und mancher konnte endlich mal, wie es Beteiligte erzählen, über Gott und den Glauben reden, «ohne belächelt zu werden».

Die Geschichte des Klosters ist eng mit dem Haus Fürstenberg verknüpft. Die Fürstenberger residierten hier, bis sie 1723 ihren Sitz nach Donaueschingen verlegten. Sie erlaubten den Kapuzinern auch, sich in einem Kloster niederzulassen, nachdem der Ort durch eine Wallfahrt im ganzen Land bekannt geworden war. Die Gläubigen pilgern bis heute zur Loretokapelle.

Landgraf Maximilian Franz war auf einer Italienreise schwer erkrankt und hatte der Jungfrau Maria von Loreto versprochen, eine Kapelle zu bauen, wenn er wieder gesund heimkehre. So geschah es. Am 25. März 1681 wurde eine getreue Nachbildung des Marienbildes von Loreto bei Ancona in die neue Kapelle gebracht, die wie das Vorbild in Italien 11 Meter auf 5,5 Meter misst. Nach der Legende soll es das Haus Marias aus Nazareth

1 Bei der gemeinsamen Mahlzeit mit den Mönchen: Bis zu 25 Menschen, darunter auch Ehepaare, können im «Kloster auf Zeit» aufgenommen werden. **2** Gäste und Ordensleute beim Chorgebet. **3** Gastzimmer mit Blick ins Grüne. **4** Altar der barocken Klosterkirche, in der vor allem die Gemälde von Franz Joseph Spiegler (1691–1757), einem der bedeutendsten deutschen Barockmaler, sehenswert sind. In der Loretokapelle hat der Allgäuer Maler eine Fülle von kostbaren Altargemälden und Wandfresken geschaffen. **5** Knapp 20 Kilometer entfernt von der Grenzstadt Stühlingen: der Rheinfall von Schaffhausen.

sein, das Engel auf wundersame Weise nach Loreto getragen haben, nachdem die Kreuzfahrer aus Palästina vertrieben worden waren. Vermutlich war es aber nur eine Adelsfamilie Angeli, italienisch Engel, die Steine aus Palästina auf den Loretoberg über der Adria transportieren ließen. Der Rest ist eine Frage des Glaubens und der schmälerte den Andrang nicht, im Gegenteil.

Geschichtliche Bedeutung hatte die Gegend als Kerngebiet des Bauernaufstandes Anfang des 16. Jahrhunderts. Erinnerungen werden in den Ortschaften wach, wo noch vieles aus früheren Jahrhunderten erhalten ist und liebevoll gepflegt wird. Bei Stühlingen-Blumegg steht eine der ältesten, fast vollständig erhaltenen Mühlen Deutschlands. In ihr wurden Körner gemahlen, Getreide, Früchte, Ölfrüchte sowie Knochen gestampft. Außerdem wurde Kalkstein abgebaut, gestampft und zu Düngegips zermahlen. Die Mühle ist eine einzigartige Rarität mit drei Mühlrädern und fünf Mahl- und Stampfwerken. Vor allem wegen ihrer einmaligen Antriebstechnik stellt die Mühle einen großen kulturhistorischen Wert dar. Besonders das nahe liegende landschaftliche und naturkundlich einzigartige Naturschutzgebiet Wutachschlucht zieht gleichermaßen Touristen wie Geologen, Zoologen und Biologen an.

Stühlingen (Kapuzinerkloster)

«Still werden braucht seine Zeit und den richtigen Ort.»

Anreise
Bahn: Stuttgart–Schaffhausen (Schweiz) mit Anschluss Busverkehr (ASS) Schaffhausen–Stühlingen (Stadtmitte); oder Karlsruhe–Basel–Waldshut, von dort mit Bus nach Stühlingen.
Auto: A81 Stuttgart–Bodensee, Ausfahrt Donaueschingen, über B27 Richtung Schaffhausen bis Abzweigung B314, dann Richtung Waldshut. Über A5 Karlsruhe–Basel, Ausfahrt Freiburg Mitte, über B31 Richtung Donaueschingen. Nach Titisee Abzweigung B317, Richtung Feldberg bis Abzweigung B315, dann Richtung Schaffhausen.

5

Geschichte
Landgraf Maximilian Franz (1634–1681) ließ aus Dankbarkeit für seine Genesung eine Kapelle bei Stühlingen errichten. 1681 wurde dorthin eine Nachbildung des Marienbildes von Loreto bei Ancona gebracht. Durch Wallfahrten zur Loretokapelle wurde der Ort im ganzen Land bekannt. 1723 gewährte das Haus Fürstenberg den Kapuzinern, sich in einem Kloster neben der Kapelle anzusiedeln. Heute leben hier Kapuzinerpatres und Schwestern der Reuter Franziskanerinnen.

Sehenswürdigkeiten
Kloster: Loretokapelle.
Umgebung: Naturschutzgebiet Südschwarzwald, Wutachschlucht, eine der ältesten Getreidemühlen Deutschlands in Stühlingen-Blumegg, Ausflüge in die Schweiz.

Klosterbetrieb
Landwirtschaft, Klostergarten.

Gästeangebot
Mitleben und -arbeiten in der Klostergemeinschaft, Mindestaufenthalt von einer Woche empfohlen.

Unterkunft
Gästezimmer im Kloster (Reservierung siehe unten).

Auskunft und Reservierung
Kapuzinerkloster Stühlingen, Loretoweg 12, D-79780 Stühlingen, Tel. 07744-93993, Fax 07744-939960,
Internet: www.kapuziner.de,
E-Mail: stuehlingen@kapuziner.org.
Touristik: Verkehrsamt Stühlingen, Schlossstr. 9,
79780 Stühlingen, Tel. 07744-53234, Fax 07744-53222,
Internet: www.stuehlingen.de,
E-Mail: urlaub@stuehlingen.de.

1

2

3

4

In Bescheidenheit zu sich selbst finden

Das Idyll des Benediktinerinnenklosters Habsthal

Frauen, die hierher kommen, wissen, was sie suchen. Dennoch nehmen die fünf Schwestern nicht jede Bewerberin um jeden Preis auf. Sie müssen zu ihnen und zum Kloster passen

Auf den ersten Blick sieht alles sehr unscheinbar aus und erinnert an eine Idylle aus Zeiten, die auch auf dem dörflich geprägten Land schon mindestens einige Jahrzehnte zurückliegen. In einem Obstgarten pflücken Nonnen Äpfel und legen sie sorgfältig in Körbe. Schnatternd ziehen Gänse auf einer Wiese vorbei. In den Werkstätten nähen und sticken andere Nonnen mit der Hand, als gäbe es noch keine Maschinen.

Ländliches Klosterleben, wie es aus alten Zeiten überliefert ist und damit weitaus mehr an den schlichten Alltag des Gott geweihten Lebens erinnert als die großartigen Bauwerke und monumentalen Anlagen vieler Konvente. Zwar gibt es auch in Kloster Habstahl eine schöne Barockkirche. Sie reiht sich ein in die Reihe bekannter Kleinode der Oberschwäbischen Barockstraße. Jedoch wird der Besucher nicht durch eine greifbare Erinnerung an verflossene Größe überwältigt. Hier wird vielmehr einfaches klösterliches Leben nachvollziehbar.

Frauen, die hierher kommen, wissen, was sie suchen. Das gilt auch für jene Frauen, die nur für eine begrenzte Zeit mit den Benediktinerinnen leben, beten und arbeiten wollen. Denn das Kloster möchte kein Hotel sein, sondern ein Ort, an dem Menschen Ruhe erfahren und Gott begegnen können.

Die Bescheidenheit schafft eine Atmosphäre der Vertrautheit. Die Benediktinerinnen, die von einem Spiritual seelsorgerisch betreut werden, empfangen die Besucher offen, unkompliziert und freundlich, ja herzlich und unverkrampft. Auch wenn der Klosterbetrieb ihnen wenig Zeit für lange Gespräche lässt, gehen die Schwestern jederzeit auf ihre Gäste ein, wenn sie das Gespräch suchen.

Habsthal ist ein Weiler, in dem man sich gut kennt und gegenseitig hilft. Die Gemeinde Ostrach liegt sieben Kilometer entfernt. Das Kloster gehört für die Einheimischen dazu. Die Nonnen versorgen sich mit der eigenen kleinen, streng ökologischen Landwirtschaft so gut es geht selbst. Doch Ziegen und Schafe, die Obstbäume und der Garten können nur wenig zum Unterhalt beitragen. Der frühe-

1 Verspielte Stuckverzierungen im Gastzimmer. **2** Einst gehörte zur klösterlichen Landwirtschaft auch eine Schweinehaltung. **3** Nicht nur im Gastzimmer scheint die Zeit stehen geblieben, **4** die schnatternden Gänse auf den Klosterwiesen erinnern ebenfalls an vergangene Zeiten.

re landwirtschaftliche Betrieb im Klostergut, der sich auch auf die Haltung von Federvieh und Schweinen gestützt hatte, wurde mangels Personal aufgegeben. In den Werkstätten werden nur noch Dinge für den täglichen Bedarf hergestellt, und an die Stelle der einstmals berühmten Stickereien ist die Paramentennäherei getreten, das Herstellen von Messgewändern und Altardecken in Handarbeit. Das Kloster blickt auf eine lange Geschichte zurück, die nur wenige hier vermuten: Das Ostrachtal wurde schon in der Vorzeit von dem Volk der Markomannen bewohnt. Danach eroberten die Römer das Gebiet. Kelten und ehemalige römische Soldaten wurden sesshaft. Um das Jahr 260 n. Chr. vertrieben die Alemannen beziehungsweise Sueben die Römer und ließen sich nieder. Nach Gründung des Bistums Konstanz 570 n. Chr. wurde Ostrach durch den ersten Bischof Maximus zum Christentum bekehrt. Und zum ersten Mal schriftlich genannt im Jahr 851 in einer Urkunde, die im Dorf «Hostrahum» am Donnerstag, dem 8. Oktober des 9. Regierungsjahres König Ludwigs, durch den Schreiber Watto ausgestellt worden ist. Sie bescheinigte die Freilassung des Unfreien Sigimar Luitram, damit er als Freier die Priesterweihe empfangen konnte.– Durch eine päpstliche Urkunde von 1204 erfahren wir etwas über einen Streit zwischen dem Ostracher Pfarrer Pleban Conrad mit

1 Willkommen im Gastzimmer der Benediktinerinnen. Gäste können an Gebet, Meditation, Haus- und Hofarbeiten teilnehmen. **2** Schlicht und bescheiden: Kirche und Gästeflügel. **3** Ganz im Gegensatz zur Prunklosigkeit der Klostergebäude steht das große Deckenornament im Treppenhaus des Gästetrakts. **4** Das Gastspeisezimmer in einer historischen Aufnahme – heute suchen meist Frauen im Alter zwischen vierzig und fünfzig Jahren für kurze Zeit Einkehr im Kloster. **5** Blick in das Nähzimmer um 1970. **6** In der Klosterverwaltung haben bisher weder Computer noch Internet Einzug gehalten. **7** Auch eine Tischlerei zählt zum klösterlichen Betrieb. **8** Glückliche Schafe auf dem Weg in den dem Laubbacher Priester Leoward. Nach einer Legende tauchten im frühen 12. Jahrhundert die ersten Ordensleute in Ostrach auf. Zisterzienser zogen durch das Tal, um für den zweiten Kreuzzeug ins Heilige Land zu werben. Zahlreiche Bewohner der Gegend sollen 1146 dem Ruf gefolgt sein mit unbekanntem Schicksal.

Im Jahr 1259 übereignete Pfalzgraf Hugo IV. von Tübingen seine Habsthaler Besitztümer dem Schwesternkovent von Mengen, der sich 1257 dem Dominikanerorden angeschlossen hatte. Die Burg wurde nach dem St. Gallener Planschema in ein Klostergeviert umgebaut. Um 1263 zogen die Dominikanerinnen in Habsthal ein. Im Jahr 1363 wütete ein Feuer und zerstörte das Kloster. – In den folgenden Jahrhunderten wurde die Anlage mehrfach wieder auf- und umgebaut; 1680 wurde sie im Stil der Zeit barockisiert. Von 1747 bis 1748 erhielt die Kirche kunstvoll Stuck und Fresken von Künstlern wie dem Bildhauer Anton Feuchtmayer und dem Maler Matthäus Zehender.

Mit der Säkularisation 1806 musste das Kloster seine Besitz- und Herrschaftsrechte an das Haus Hohenzollern abtreten; bis zur endgültigen Auflösung 1840/41 unterhielten die Schwestern eine Mädchenschule. Danach beherbergten die Gebäude ein Lehrer- und Waiseninstitut, später eine Besserungsanstalt.

Die heutige Geschichte von Kloster Habsthal fing in der nahen Schweiz an. Benediktinerinnen aus der 1082 gegründeten Abtei Hermetschwil im Aargau siedelten 1892 nach Habsthal in das ehemalige Dominikanerinnenkloster über. Seit 1986 ist Habsthal nach der Trennung vom Schweizer Gründungskloster ein selbstständiges Konventualpriorat.

7

Habsthal (Benediktinerinnenkloster)

«Ora et labora – bete und arbeite.»

Anreise
Bahn: Bahnstation Mengen (Strecke Sigmaringen–Ulm); von dort aus werden die Gäste abgeholt; ansonsten Taxi (7 km).
Auto: A8 München–Stuttgart, Ausfahrt Ulm, Biberach–Bad Saulgau–Ostrach.

Geschichte
Das heutige Benediktinerinnenkloster war 1259 bis 1806 ein Dominikanerinnenpriorat. Mitte des 13. Jahrhunderts übernahmen Beginen aus dem nahe gelegenen Mengen die Augustinusregel und führten als Dominikanerinnen ein kontemplatives Leben in Habsthal. 1892 wurde das Kloster durch die Benediktinerinnen von Hermetschwil/Aargau wieder besiedelt. Seit 1986 nach der Trennung vom Schweizer Gründungskloster ist Kloster Habsthal ein selbstständiges Konventualpriorat.

8

Sehenswürdigkeiten
Kloster: Barockkirche kunstvoll ausgestattet von M. Zehender und B.G. Götz, einzigartige Stuckaturen von Hans J. Grießer. *Umgebung:* Sießen (barocke Klosterkirche von Dominikus Zimmermann), Bad Saulgau (historische Altstadt), Sigmaringen (ehemalige Residenzstadt der Fürsten von Hohenzollern), Naturschutzgebiet Untere Donau, Bodensee.

Klosterbetrieb
Anfertigung kirchlicher Paramente einschließlich Altar- und Kirchenwäsche, ökologische Schaf- und Ziegenhaltung.

Gästeangebot
Kloster auf Zeit, Exerzitien, Mitarbeit.

Gottesdienste
Werktag: 6.00 Matutin, 7.00 Eucharistiefeier mit Laudes, 12.00 Mittagshore, 17.30 Vesper, 19.30 Komplet.
Freitag: 19.30 und Sonntag: 10.00 Eucharistiefeier mit der Pfarrgemeinde in der Pfarr- und Klosterkirche; das Offizium wird deutsch gesungen.

Unterkunft
Im Klostergebäude: Einzelzimmer mit Etagen-Dusche/WC.

Auskunft und Reservierung
Benediktinerinnenpriorat Habstahl, Klosterstr.11, D-88356 Ostrach, Tel. 07585-656, Fax 07585-935845, Internet: www.kloster-habstahl.de, E-Mail: info@kloster-habstahl.de
Touristik: Gemeindeverwaltung Ostrach, Hauptstraße 19, 88356 Ostrach, Tel. 07585-3000, Fax 07585-30055, Internet: www.ostrach.de, E-Mail: info@ostrach.de.

1

2

4

Beuron – Burgen, Flora und Fauna

Zurück zu den Ursprüngen von Donau und Bibel

Wer im schwäbischen Preußen dem Tal der Mönche folgt, wandert direkt in ein Naturschutzgebiet mit siebzig Burgen, Ruinen, steilen Felswänden und mittelalterlichen Städten.

Blaues Licht schimmert in einem abgedunkelten Raum. Ein Mönch beugt sich über ein handbeschriebenes Schriftstück, das auf den ersten Blick als jahrhundertealter Text auf Pergament zu erkennen ist. Schmunzelnd blickt der Mann in der schwarzen Kutte kurz auf. «Das ist mehrfach überschrieben worden. Immer wieder findet man neue Texte.» Und immer wieder wirft ein solcher Fund eine ganze Reihe neuer Fragen auf, die weit über das hinausreichen, was der Laie sich unter Bibelforschung vorstellt. Unter dem Namen Vetus Latina können sich die meisten schon gar nichts ausmalen. Sie könnten etwas verpasst haben, was es im Benediktinerkloster Beuron zu entdecken gibt.

Ein Gespräch mit einem der im Kloster der alten lateinischen Bibel auf den Grund gehenden Mönche, die mit Wissenschaftlern der Universität Heidelberg zusammenarbeiten, kann zum Spannendsten werden, was ein am christlichen Glauben interessierter Mensch erfahren kann. Die Suche nach der sprachlichen Entwicklung der Bibel und nach den Ursprüngen bestimmter Formulierungen, etwa der Jungfrauengeburt, kann Grenzbereiche streifen, die katholische Dogmatiker ins Schwitzen bringen.

Denn Vetus Latina oder «altlateinische Bibel» ist die Sammelbezeichnung für die lateinischen Bibeltexte, die vor und teilweise neben der späteren lateinischen Vulgata lebendig und seit dem 2. Jahrhundert in Gebrauch waren. Mit der Ausbreitung und dem Siegeszug des Christentums im Römischen Reich setzte sich das Latein immer mehr durch – in Nordafrika ebenso wie in Spanien, England, Gallien und in Germanien. So entstand eine Vielzahl unterschiedlicher, oft ungenauer und bis dahin von der Kirche nie autorisierte Bibelübersetzungen. Diese Bibelschwemme wurde im 4. Jahrhundert mit der Vulgata gestoppt. Sie ist der lateinische Bibeltext, der die Fülle der Vetus Latina abgelöst und seit dem 7./8. Jahrhundert sich ihr gegenüber endgültig durchgesetzt hat.

Was nicht heißt, dass die ältere Sammlung nichts mehr zu sagen hätte. Der Reiz der alten Fülle gewinnt heute wieder Aktualität,

1 Die neue St.-Martin-Orgel in der Westempore der Abteikirche wurde 1984 eingeweiht. **2** Kostbare Schätze in der Bibliothek. **3** Beim Studium gregorianischer Gesänge, die bis heute gepflegt werden. **4** Einzigartig gelegen: Beuron und die Erzabtei unterhalb des Petersfelsen.

weil kritische Kirchengeister sich mehr und mehr auf die Anfänge, auf den wirklichen Jesus besinnen und den Blick frei bekommen wollen auf das, was Christentum am Anfang war, bevor es sich mächtig institutionalisierte.

Gewiss wird es aus dem stillen Donautal darauf nicht so leicht Antworten geben. Manchmal erwecken die Mönche von Beuron auch gar den Eindruck, dass sie an solch revolutionären Beiträgen gar nicht interessiert sind und sie lieber für sich behalten. Das Institut wurde auch erst 1945 aufgebaut. Wichtiger Grundstein ist eine Sammlung des 1927 gestorbenen Münchner Pfarrers Josef Denk, eine Zettelkartei mit einer Million altlateinischen Bibelzitaten über die Jahre 200 bis 800. Sie wird laufend erweitert, gegliedert und elektronisch gespeichert. Für biblische Zitate und Wörter können so schnell mehrere Textvergleiche herangezogen, Abweichungen interpretiert und Zeugen benannt werden.

Das Vetus-Latina-Institut ist eine der jüngsten Beuroner Einrichtungen und keineswegs diejenige, die am meisten bekannt ist. Wer im Erzbistum Freiburg daheim ist, dem sind Beuroner Kunstbilder ebenso ein Begriff wie «der Schott». 1884 erschien von dem Beuroner Pater Anselm Schott «Das Messbuch der heiligen Kirche» (Missale Romanum) lateinisch und deutsch, mit liturgischen Erklärungen für Laien, bis zur Einführung der Muttersprache in der Messe nach dem Zweiten Vatikanischen Konzil (1962–1965) neben dem Gesangbuch das liturgische Werk für die Messe schlechthin. Für die Freiburger ist Beuron mehr als ein Kloster und ein wunderschön gelegener Wallfahrtsort. Beurons Strahlkraft im 19. und 20. Jahrhundert schuf einen Teil der Identität des erst 1827

1 Die Abteikirche St. Martin wurde in den Jahren 1732 bis 1738 erbaut.
2 Kunstwerk der »Beuroner Schule«: der Marienaltar in der Klausur.
3 Lohnender Ausflug in der Umgebung: Schloss Werenwag.

in den Grenzen des Großherzogtums Baden gegründeten Erzbistums, dem Hohenzollern-Sigmaringen zugeschlagen wurde, ein seit 1847 preußischer Regierungsbezirk mitten im schwäbisch-alemannischen Kulturkreis.

Mit dem katholischen Fürstengeschlecht derer von Hohenzollern-Sigmaringen ist die jüngere Geschichte Beurons eng verknüpft. Die Fürstenfamilie pflegte nicht nur bis heute zu dem Kloster enge Kontakte, sie hat auch den Wiederaufbau nach dem Kahlschlag durch die Säkularisierung 1803 ermöglicht. Damals wurde das Anwesen dem fürstlichen Haus zugeschlagen. Es nutzte das verlassene Kloster in Kriegszeiten als Militärspital, im Frieden verwandte man einen Teil der Räume als Amtswohnungen.

Die Zugehörigkeit zu Preußen verschaffte Beuron allerdings in dieser Zeit einen Vorteil. Während im benachbarten Großherzogtum Baden keine Klöster gegründet werden durften, ließ Berlin die Orden wieder zu. Am 6. Dezember 1862 ermöglichte die Stiftung der Fürstin Katharina von Hohenzollern den Neubeginn klösterlichen Lebens in den zweckentfremdeten Gebäuden. Die Fürstin hatte Kirche und Klostergebäude ihrem Stiefsohn Karl Anton von Hohenzollern abgekauft und die beiden Benediktiner Maurus und Plazidus Wolter für die Wiedergründung gewinnen können.

Bei einer Wallfahrt nach Rom hatte die Fürstin in der Benediktinerabtei von Sankt Paul vor den Mauern, die über dem Paulus-Grab errichtet worden ist, die beiden aus Bonn stammenden Benediktiner kennen gelernt. Sie konnte sie für ihren Plan begeistern, das heruntergekommene Kloster im idyllischen, aber ziemlich verlassenen Winkel des Donautals neu zu beleben. Am Pfingstsonntag 1863 begann das Lob Gottes in der Klosterkirche, und am Tag danach beteten zum ersten Mal wieder die Wallfahrer aus der ganzen Nachbarschaft zum Gnadenbild der Schmerzhaften Mutter Gottes, wie es seit dem späten Mittelalter Brauch war.

Die Freude dauerte allerdings nur bis 1875. Der Preußische Kulturkampf zwang die Mönche, Beuron wieder zu verlassen Dieses Mal dauerte das Exil aber nur zwölf Jahre. 1887 kehrten sie zurück, und das Kloster nahm einen Aufschwung, der heute kaum noch vorstellbar ist. Beuron weitete sich durch Gründung und Neubesiedlung anderer Klöster in Deutschland aus, vor allem außerhalb Bayerns, wo das benediktinische Mönchtum schon einige Jahrzehnte früher wiedererstanden war.

Die zahlreichen Tochtergründungen schlossen sich schließlich in einer eigenen Benediktinerkongregation zusammen, die nach dem Mutterkloster des jetzt Erzabtei gewordenen Beuron benannt ist und eine der 21 Kongregationen bildet, in die der Benediktinerorden unter einem Abtprimas in Rom gegliedert ist. Vom einsamen Kloster Beuron ging die Erneuerung des Benediktinerordens im 19. Jahrhundert aus. Beuron ist jedoch nicht nur ein Kloster und der Name eines Dorfes. Es meint einen Ort, der quasi direkt zurück zur Natur führt. Wer mit dem Auto aus der Richtung Ulm-Sigmaringen die kurvige Straße nach Tuttlingen befährt, hat Mühe, sich auf den Verkehr zu konzentrieren. Über siebzig Burgen und Ruinen säumen den Weg. Steil aufragende Felsen laden zum Klettern ein, jeder Schwierigkeitsgrad ist hier zu meistern. Flora und Fauna sind geschützt, auch wenn man es gerade an einem Sonntag angesichts einer endlos scheinenden Autokolonne kaum glauben mag. Viele Tagestouristen stellen aber auch ihre Fahrzeuge ab, um zu Fuß einer reizvollen Wanderroute entlang der Schleife der Donau zu folgen. «Tal der Mönche» heißt der ausgeschilderte Wanderweg vom mittelalterlichen Städtchen Fridingen flussabwärts gegen Sigmaringen zu.

Beuron (Benediktinererzabtei)

«Ein lebendiges Kloster gleicht einer Oase, in der man ruhen und neue Kraft schöpfen kann.»

Anreise
Bahn: Bahnstation Beuron (Strecke Freiburg–Ulm).
Auto: Donautalstraße Tuttlingen–Sigmaringen.

Geschichte
Die Sage berichtet, Graf Gerold von Bussen habe 777 das erste Kloster Beuron gegründet. 1097 bestätigte Papst Urban II. die Gründung als Augustiner-Chorherrenstift. Seit 1863 wurde es als Benediktinerkloster wiederbesiedelt. Nachdem von hier zahlreiche Tochtergründungen ausgegangen waren, wurde Beuron «Erzabtei» genannt, der Verband der Tochterklöster «Beuroner Benediktinerkongregation».

3

Sehenswürdigkeiten
Kloster: Abteikirche, Gnadenkapelle mit Gnadenmutter im Beuroner Stil.
Umgebung: Naturpark Obere Donau, Wanderroute «Tal der Mönche».

Klosterbetrieb
Brennerei, Metzgerei, Kunstverlag, Buchhandlung, Bibliothek, Online-Shop.

Gästeangebot
Kloster auf Zeit, Gastaufenthalt, Exerzitien, Projekttage für Schulgruppen ab 16 Jahre, «Ora et labora»-Tage, Vorträge, Kurse, Tagungen wie Beuroner Tage für Spiritualität und Mystik («Edith-Stein-Tage»), Beuroner Bibeltage, Beuroner Tage für Fragen der Wirtschaftsethik.

Gottesdienste
Werktag: 5.00 Hore, 6.00, 8.00 jeweils Messe, 11.15 Hochamt, 18.00 Vesper, 19.45 Komplet.
Sonntag: 5.00 Hore, 6.00 Messe, 8.30 Predigt, 10.00 Hochamt, 11.15 Predigt, 15.00 Vesper, 19.45 Komplet.

Unterkunft
Hotel «Pelikan», Tel. 07466-406, Hotel «Neumühle», Tel. 07570-9590, *Hotel Berghaus*, Tel. 07570-393. Männliche Gäste können im Klostergastflügel untergebracht werden (Einzelzimmer, Hauskapelle, Meditationsraum, Speisesaal, Vortragssäle).

Auskunft und Reservierung
Kloster: Erzabtei St. Martin zu Beuron, Abteistr 2, 88631 Beuron, Tel. 07466-170, Fax 07466-17107, Internet: www.erzabtei-beuron.de, E-Mail: gastpater@erzabtei-beuron.de.
Touristik: Bürgermeisteramt Beuron, Kirchstr. 18, 88631 Beuron, Tel. 07579-92100, Fax 07579-921025, Internet: www.beuron.de, E-Mail: info@beuron.de.

1

2

3

Gleichwertiges findet sich kaum

Barock und Meditation bei den in Neresheim

Die Mönche bewahren nicht nur ein kulturelles und religiöses Erbe, sie wenden sich mit ihrer Lebensform an ein breites, nicht unbedingt katholisches oder überhaupt frommes Publikum.

Schwaben wird die Neigung nachgesagt, den Dingen auf den Grund gehen zu wollen. Fröhliche Unbeschwertheit scheint ihre Sache nicht zu sein, meint jedenfalls ein landläufiges Urteil. Überschwängliche Gefühlsausbrüche sind ihnen eher fremd. Dennoch geraten selbst schwäbische Besucher und erst recht Fremde ins Schwärmen, wenn sie des Klosters und der Klosterkirche der Benediktinerabtei Neresheim ansichtig werden.

Selbst ein zur Nüchternheit neigender Beobachter wie der Kunsthistoriker Georg Dehio geriet ins Schwärmen, als er von diesem letzten Werk des Barockbaumeisters Balthasar Neumann berichtete. Gleichwertiges, meinte er in seinem berühmten «Handbuch der Deutschen Kunstdenkmäler», lasse sich in Europa kaum finden.

Neresheim liegt auf dem Härtsfeld, einem Ausläufer der Schwäbischen Alb zwischen Heidenheim und Nördlingen, und wird überragt von der weithin sichtbaren Benediktinerabtei. An föhnigen Tagen kann man von hier aus die Alpen erblicken. Die Geschichte des Klosters reicht bis zum Jahr 1106 zurück. Die Grafen von Dillingen gründeten damals einen Chorherrenstift, der 1106 in ein Benediktinerkloster umgewandelt wurde. 1803 wurde das Kloster säkularisiert und kam in den Besitz der Fürsten von Thurn und Taxis. Sie ermöglichten 1919 die Wiederbesiedlung durch Benediktiner aus Beuron und Emaus (Prag).

Während der Kirchturm noch aus der Zeit des Dreißigjährigen Krieges stammt, wurde die heutige Barockkirche als Spätwerk von Balthasar Neumann geplant und ab 1750 bis zu seinem Tod 1753 erbaut. Die halbfertige Kirche war in den nächsten vierzig Jahren zwar nach den Plänen des großen Baumeisters fertig gestellt worden, allerdings wurden aus schwäbischer Sparsamkeit und mangels genialer Bauleitung deutliche Abstriche am ursprünglichen Konzept vorgenommen. Nicht zuletzt wirkte sich während der langen Ausbauphase auch der Stilwandel vom Barock zum Klassizismus aus.

Trotz der misslichen Baugeschichte kann man in Neresheim das Genie Balthasar Neumanns bewundern. Die karge Außenfassade verbirgt einen lichtdurchfluteten Innenraum, der im Gegensatz zu

1 Kloster Neresheim liegt mitten im Grünen auf der Schwäbischen Alb. **2** Blütenpracht im Klostergarten. **3** Jubiläum in der Abteikirche: Pontifikalamt zum 25. Jahrestag der Abtweihe von Abt Norbert Stoffels.

1

vielen anderen überladenen Barockkirchen in klarem Weiß erstrahlt. Beherrschende Grundform ist das Oval, das mehrfach kombiniert sowohl den Grundriss eines Kreuzes ergibt wie auch die Kuppelgestaltung beeinflusst. Schwungvolle Linien durchziehen den Raum. Experten schätzen Neresheim trotz der baugeschichtlichen Mängel als ein herausragendes Meisterwerk barocker Baukunst.

«In der Tat kommt in Neumanns Architektur nicht nur das Kunstwollen seiner eigenen Epoche zum Ausdruck», wie beispielsweise der Kulturjournalist Konrad Adam in der «Welt» die Anlage würdigt, «sondern in ihr findet der abendländische Kirchenbaugedanke überhaupt seinen Abschluss. Der alte Wunsch, den starren Raum in Schwingung zu versetzen, seine Grenzen so weit wie möglich aufzulösen, die Mauern transparent und transzendent zu machen für die Botschaft, die da verkündet werden soll, hat hier seine letzte und äußerste Steigerung erfahren.»

Dass Balthasar Neumanns Lebenswerk «einen Höhepunkt in der gesamten Barockarchitektur darstellt», ist in jedem Lexikon unumstritten. Aus der Vielfalt seiner Kirchenbauten wurde in der Benediktinerkirche zu Neresheim «die letztmögliche Steigerung erreicht, zu der die deutsche und österreichische Barockarchitektur überhaupt fähig war». Seit 1965, als der Bau vom Einsturz bedroht war, wird das Kloster umfangreich restauriert, «allerdings mit kleinlichen bürokratischen Streitereien um den Denkmalschutz», wie Konrad Adam weiter festhielt.

Der Klosterbau verdankt seine Wirkung aber auch dem Umland von Neresheim. Er steht in einem gewissen Kontrast zu den kargen Böden, spärlichen Wasserläufen und dem rauen Klima, weshalb das Hochplateau des Härtsfeldes bis heute dünn besiedelt bleib. So hat sich die Landschaft rundum viel von ihrer Ursprünglichkeit, ihrer Weitläufigkeit und Stille, ihrer seltenen Flora und Fauna bewahrt. Das Härtsfeld ist eine geschichtlich bedeutsame Region. Hier finden sich gut erhaltene Höhlen und Grabfunde prähistorischer Besiedlung, römische Heerstraßen und Gutshöfe. Burgen, Schlösser und Schlachtfelder zeugen von einer bewegten Vergangenheit. Die Benediktiner können und wollen sich aber nicht nur auf die Pflege

1 Im Refektorium versammeln sich die Mönche zum Essen. **2** Ein Höhepunkt der Baukunst: Die Klosterkirche ist das letzte Meisterwerk des Barockbaumeisters Balthasar Neumann. **3** Überwiegend Ärzte, Beamte und Lehrer suchen als Gäste die klösterliche Ruhe. **4** Was Leib und Seele zusammenhält, findet sich im Klosterladen. **5** Der Festsaal erstrahlt in altem Glanz – seit 1965 wird die Klosteranlage restauriert.

3

4

ihres kulturellen Kleinods beschränken. Sie wenden sich mit ihrer Lebensform an ein breites, nicht unbedingt katholisches oder überhaupt frommes Publikum. Sie bieten zahlreiche Formen von Meditation und Einkehrtagen an. Schöpfer dieser Öffnung war schon 1968 Pater Beda Müller. Rund siebzig Veranstaltungen sind dreißig Jahre später im Programm der Abtei verzeichnet, vom Einführungskurs mit meditativem Tanz bis zur Zen-Atemtherapie. Besonders Lehrer, Ärzte und Beamte kommen nach Neresheim. Nach den Beobachtung der Mönche sind es Menschen, «die ihre beruflichen und familiären Ziele oft erreicht haben und sich fragen: Ist das jetzt mein Leben gewesen?» Auch hier sind dieselben Motive zu finden wie in anderen Benediktinerklöstern, die «Kloster auf Zeit» anbieten. Die Teilnehmer sollen alltägliche Sorgen leichter nehmen und so zu sich selbst und schließlich zu Gott gelangen.

Neresheim (Benediktinerabtei)

«Die Arbeit ist ein wesentliches Element des benediktinischen Mönchslebens.»

Anreise
Bahn: Bahnstationen Heidenheim, Aalen oder Nördlingen; weiter mit Bus oder Taxi.
Auto: A7 Ulm–Würzburg, Ausfahrten Heidenheim oder Aalen/Ebnat.

Geschichte
1095: Gründung durch Graf Hartmann I. und Gräfin Adelheid von Dillingen-Kyburg als Chorherrenstift. 1106: Umwandlung in ein Benediktinerkloster Hirsauer Prägung. 1647, im Verlauf des Dreißigjährigen Krieges, zählte das Kloster nur noch vier Mönche. Anfang des 18. Jahrhunderts Neubau der Wirtschafts- und Konventgebäude. 1747–1792: Errichtung der barocken Abteikirche nach Plänen von Balthasar Neumann. 1803 beendete die Säkularisation das siebenhundertjährige Bestehen der Abtei; sie fiel an die Fürsten von Thurn und Taxis. 1919 bringen Benediktiner der Beuroner Kongregation wieder mönchisches Leben auf den Neresheimer Ulrichsberg. 1920 fand die Wiedererrichtung als Abtei statt.

Sehenswürdigkeiten
Kloster: barocke Abteikirche, Kuppelfresken von Martin Knoller, Orgel von Johann Nepomuk Holzhay; Kirchenführung: Ostern bis 1. November Sonntag 11.15 Uhr, 15.15 Uhr, Wochentag 11.00 Uhr, 15.00 Uhr. Klostermuseum mit Festsaal von Dominikus Zimmermann.
Umgebung: Schwäbische Albstraße, Nördlingen, Dinkelsbühl, Heimatmuseum Neresheim, Härtsfeldmuseumsbahn.

Klosterbetrieb
Landwirtschaft, Bäckerei, Metzgerei, Buch- und Kunstbuchhandlung, Klosterrestaurant, Klostergutladen.

Gästeangebot
Kloster auf Zeit, Exerzitien, Einkehrtage im Klosterhospiz, Gästebetreuung, Kurse, Konzerte, Tagungen, Seminare.

Gottesdienste
Werktag: 5.00 Vigil/Laudes, 9.00 Konvent, 12.05 Hore, 18.00 Vesper, 19.30 Komplet. *Sonntag:* 5.00 Vigil/Laudes, 8.30 Gemeindemesse,10.00 Konvent, 12.05 Hore, 14.30 Vesper, 19.30 Komplet.

Unterkunft
Klosterhospiz und Tagungshaus: Einzel- und Doppelzimmer meist mit Dusche/WC, Tel. 07326-964420, Internet: www.klosterhospiz-neresheim.de. Seperate Gästehäuser: *Gästehaus «Löwen»* (Einzel- und Doppelzimmer, Tagungsraum und Garten), *Martin-Knoller-Haus* (Jugend- und Familienbegegnungsstätte, Zwei- und Mehrbettzimmer, Tagungsräume, Volleyballfeld, Tischtennisplatte, Grillplatz), Tel. 07326-964420, E-Mail: info@klosterhospiz-neresheim.de. Männliche Klausurgäste können im *Konventgebäude* untergebracht werden.

Auskunft
Kloster: Benediktinerabtei Neresheim, D-73450 Neresheim, Tel. 07326-8501, Fax 07326-85133, Internet: www.abtei-neresheim.de, E-Mail: verwaltung@abtei-neresheim.de.
Touristik: Tourist-Info Stadt Neresheim, Hauptstraße 21, D-73450 Neresheim, Tel. 07326-8149, Fax 07326-8146, Internet: www.neresheim.de, E-Mail: tourist@neresheim.de.

1

2

3

4

Lebensraum für Genießer

Das Schlosshotel Lehen – Tradition und Moderne

Der pittoreske Herrensitz erfüllte früher seinen Zweck, die Gastung des Kaisers in Bad Wimpfen sicherzustellen – heute lädt es selbst zum Verweilen ein.

Die Herren von Kochendorf standen im Dienst der deutschen Kaiser. Wegen der Schwierigkeiten, die diese hatten, ihre Autorität im Reich gegen die Fürsten durchzusetzen, setzten sie so genannte Ministerialen ein, die auf eigens für sie erbauten Burgen für den Schutz der reichseigenen Pfalzen sorgten. Über die Kaiserpfalz Bad Wimpfen wachten die Herren von Kochendorf seit Beginn des 13. Jahrhunderts von einer Festung außerhalb der Dorfummauerung von Kochendorf. Nachdem die Linie derer von Kochendorf 1450 erloschen war, übernahm das ebenfalls in Kochendorf ansässige Adelsgeschlecht Greck von Kochendorf, die Verwaltung des Herrenhofes. 1553 wurde die Lehensburg durch Wolf Conrad Greck I. von Kochendorf zu einem Renaissenceschloss umgebaut. Acht Generationen konnten sich die Grecken von Kochendorf halten, bis 1749 auch ihre Linie ausstarb. Das Reichslehen wurde eingezogen und an die Familie von Gemmingen-Hornberg vergeben. Nachdem der letzte Schlossherr, Franz-Karl Friedrich von Gemmingen-Hornberg, ohne männliche Nachkommen blieb, fiel das Schloss 1814 an das Land Württemberg. Dieses Schicksal teilte Schloss Lehen in jener Zeit mit vielen Herrensitzen im Reich, da es keinen deutschen Kaiser mehr gab, der Amtsmänner hätte einsetzen können. In der Folgezeit wechselten mehrfach die Besitzer, bis 1953 der Fabrikant Erwin Merkle das Schloss erwarb und zu einem Hotel umgestalten ließ.
Die neuen Eigentümer, Familie Freistetter, setzten mit viel Fantasie und Gespür für Romantik ein ganz ungewöhnliches Konzept von Schlosshotel um: Das ausgesuchte Mobiliar von antik bis modern verrät kunstgeschichtlichen Sachverstand. Im «Chambre Rouge» kann der Gast ganz in die Farbe Rot eintauchen, ein anderes Zimmer dokumentiert durch historische Bilder und Accessoires die wechselvolle Geschichte von Schloss Lehen. Die ebenfalls gekonnt Tradition und Moderne vereinende Küche vom «Gault Millau» geadelt, bietet regionale und saisonale Spezialitäten. Tipp: Auf der Schlossterrasse wird der Genuss noch gesteigert.

1 Das Gästebuch zeugt von zufriedenen Gästen und Besuchern. **2** Filigrane Schmiedearbeiten beweisen Liebe fürs Detail. **3** Ein Kunstwerk, über das es sich zu sinnieren lohnt: die Speisekarte des Restaurants. **4** Ganz in warmes Rot eintauchen kann man im «Chambre Rouge».

2

3

1 Das ehemalige Wasserschloss steht in Kochendorf, einem Stadtteil von Bad Friedrichshall, am Kocherufer inmitten eines ruhigen Parks. **2** Das Restaurant bietet ausgezeichnete regionale und innovative Küche. **3** Stille und Eleganz prägen die Zimmer. **4** Die Terrasse mit Blick in den Park. **5** Gemütliche Nische im Restaurant. **6** Stilmöbel bestimmen die Aufenthaltsräume. **7** Service mit Stil ist selbstverständlich.

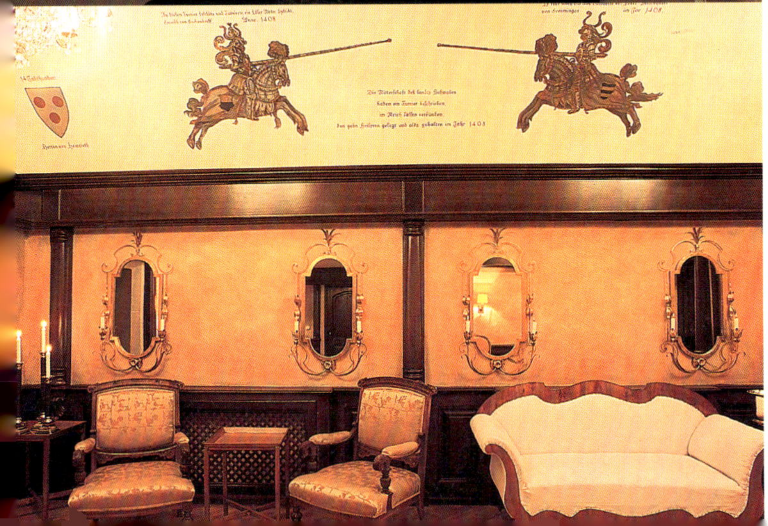

Hotel & Restaurant Schloss Lehen

«Charmantes Lifestyle-Hotel»

Anreise
Auto: A 6 Ausfahrt Rappenau Bonfeldt. A 81 Ausfahrt Neuenstadt. Den Schildern folgen.
Bahn: Bahnhof Bad Wimpfen.

Sehenswürdigkeiten
Bad Friedrichshall: Dort, wo Jagst und Kocher in den Neckar münden, liegt die Stadt, deren Namen auf König Friedrich II. von Württemberg zurückgeht, der hier 1816 erfolgreich nach Salz bohren ließ. Zu sehen gibt es gleich mehrere Burgen und Schlösser, wie das Grecken- oder das Deutschordensschloss, geschichtliche interessante Kirchen und das Besucherbergwerk.
Bad Wimpfen: Im Bestreben, altes Königsgut wieder zu gewinnen, erwarb Friedrich I. Barbarossa Wimpfen im Jahr 1182 vom Bischof von Worms. Der Palas der Staufer ist bis heute erhalten, die Stadt geprägt vom Flair des Mittelalters und zahlreichen Fachwerkhäusern.

7

Freizeitangebot in der Umgebung
Burgenstraße, Deutsche Ferienstraße und Schwäbische Weinstraße: Die Landschaft um Bad Friedrichshall ist geprägt von fruchtbaren landwirtschaftlichen Flächen, Wäldern und ursprünglichen Flusslandschaften. Sie macht den Aufenthalt zu einem besonderen Naturerlebnis, versüßt durch ein mildes und angenehmes Klima.

Geschichte
Frühes Mittelalter: Fränkischer Herrenhof, über den fast nichts bekannt ist. 13. Jahrhundert: Bau der Festung, die im Zuge der Wiedergewinnung von ehemaligem Königsgut durch die Staufer erfolgte. Einsetzung der Herren von Kochendorf als Ministerialen. 1450: Die Grecken von Kochendorf übernehmen die Burg. 1553: Wolf Conrad Greck I. lässt sie als Renaissanceschloss neu erbauen. 1749: Die Herren von Gemmingen-Hornberg erhalten das Schloss Lehen. 1814: Der Besitz fällt an das Land Württemberg. 1948: Erwerb durch Karl Erwin Merkle und Umbau zum Schlosshotel.

Kategorie
Drei Sterne. Doppelzimmer ab 145 Euro. Ausgezeichnete regionale und innovative Küche.

Gästeangebot
Weinproben, Candle-Light-Dinner, Hochzeiten, Tagungen. In der Umgebung Golfen, Radwege, Solebad, Tennis.

Veranstaltungen
Kochkurse. In der Umgebung die bekannten Burgfestpiele Jagsthausen.

Adresse
Hotel & Restaurant Schloss Lehen, Hauptstraße 2, D-74177 Bad Friedrichshall, Tel. 07136-98970, Fax 07136-989720, www.schloss-lehen.de

Blick auf das wunderschön an den Ufern der Donau gelegene Kloster Weltenburg.

Bayern

Die Burg der Geistlichen

Lange diente Saaleck dem Kloster Fulda als Amtsburg

Karl der Große übereignete den Äbten aus Fulda das Königsgut Hammelburg – zur Verteidigung des Ortes bauten sie dort eine Burg: Saaleck.

Saaleck nahm ihren Anfang als Amtsburg der Fuldaer Äbte vermutlich im 11. Jahrhundert. Als ältester Teil der Anlage gilt der ehemalige Centturm, ein Rundturm in der Nordwestecke außerhalb der eigentlichen Kernburg, der als Gefängnis diente. An den «Centorten» fand im Mittelalter viermal jährlich die Gerichtsbarkeit statt, die die geistlichen Landesherrn in Hammelburg selbst ausübten. Der Centort Hammelburg ist im Zuge der Expansion der Fuldaer Äbte, später Fürstäbte, nach Süden entstanden, um ihr Rechts- und Einflussgebiet gegenüber rivalisierenden Nachbarn abzustecken. Allerdings sahen sich die Herren aus Kloster Fulda mit zunehmender Finanzknappheit konfrontiert, weshalb sie dazu übergingen, eigene Burgen gegen Darlehen zu verpfänden. Den Gläubigern standen die Einnahmen aus Amt und Gut zu. Darüber kam es häufig zu Rechtsstreitigkeiten, die an heutige Auseinandersetzungen rund um das Bauwesen erinnern: Im Jahr 1385 etwa wollte Fürstabt Friedrich die Festung Saaleck vom damaligen Pfandbesitzer Conrad von Hutten zurückkaufen. Dieser forderte jedoch im Gegenzug die Rückerstattung von 1200 Gulden, die er eigenen Angaben zufolge in der Burg verbaut hatte. Zum Vergleich: Um 1400 kostete ein ansehnliches Haus in einer größeren Stadt 300 Gulden – von Hutten hatte also kräftig investiert. Zur Zeit des Dreißigjährigen Krieges befand sich die Burg in einem maroden Zustand. Diesen Umstand nutzten Bauern aus der umliegenden Gegend, um die Kapelle, die Wachstuben und Stallungen nach und nach abzutragen und die Steine für den Wiederaufbau ihrer Höfe zu verwenden. Die Räubereien nahmen ein Ende, als der Abtsstellvertreter Salentin von Sintzig 1644 die Burg bezog und von Grund auf erneuerte. Der letzte Fürstabt ließ in den neunziger Jahren des 18. Jahrhunderts noch einmal kräftig renovieren, bevor 1816 Schloss Saaleck nach der Säkularisation an das Königreich Bayern ging. Älter noch als die Burg ist die Tradition des Saalecker Weinbaus, die auf das Jahr 777 zurückgeht. Auf Schloss Saaleck befindet sich die Städtische Weinkellerei, die überregional anerkannt ist.

1 Wilder Wein umrankt den mächtigen Turm der Burg. **2** Reliefartiges Wappen der Burg. **3** Im burgeigenen Weinkeller werden regelmäßig Weinproben veranstaltet und Frankenweine verkostet. **4** Die Burg Saaleck diente seit ihrer Errichtung im 11./12. Jahrhundert als Sitz der Centgrafen und Amtmänner. Zur Weinlese kam oftmals der Fürstabt.

1 Aus dem herbstlich verfärbten Laub ragt das Barockkloster Hammelburgs heraus, dahinter Schloss Saaleck. **2** Prächtiges antikes Mobiliar in der Sitzecke. **3** Im Restaurant: Blick aus dem weinumwucherten Fenster. **4** Erlesene Gaumenfreuden werden im mit 14 Gault-Millau-Punkten dekorierten Restaurant aufgetischt. **5** Die Hotelzimmer sind individuell eingerichtet – der Obstkorb darf nicht fehlen. **6** Festliche Tafel.

Schloss Saaleck

«Die gastliche Burg»

Anreise
Auto: A 7 Autobahnausfahrt Hammelburg. Alternativ besteht ein Abholservice mit privatem Chauffeur bis zum eigenen Zuhause (Preis auf Anfrage).
Bahn: Bahnhof Hammelburg, ca. 3 Kilometer entfernt.
Flugzeug: Anreise mit Helikopter oder Jet möglich.

Sehenswürdigkeiten
Hammelburg: Der historische Ort weist noch Stadtmauern und Türme auf und ist wegen seines barocken Franziskanerklosters beliebtes Ziel von Wallfahrern. Mystische Bedeutung bei Freunden des Okkulten erlangten Steinfiguren mit zugehörigen Fußspuren im nahe gelegenen Wald.
Fulda: In der Altstadt ist das Mittelalter noch in Form liebevoll restaurierter Fachwerkhäuser erfahrbar, Kloster und Dom sind Meisterwerke barocker Baukunst.

Freizeitangebot in der Umgebung
Hohe Rhön: Beim Anblick dieser fast unberührten Mittelgebirgslandschaft kommt man unweigerlich ins Schwärmen. Gewaltige Basaltformationen wechseln sich mit lauschigen Plätzchen und dunklen Mooren ab. Das Plateau der «Hohen Rhön» ist seit 1997 UNESCO Biosphärenreservat.

Geschichte
11. Jahrhundert: Bau von Burg Saaleck. 12. Jahrhundert. Ausbau der Festung vermutlich unter Abt Marquard (1150 bis 1165) zu Verteidigungszwecken und teilweise als Gefängnis. 1345: Erstmalige Verpfändung von Burg Saaleck wegen Finanznöten des Klosters. Dreißigjähriger Krieg: Die anarchischen Zustände ermutigen Bauern, Teile der Burg als Bausubstanz für ihre eigenen Zwecke zu verwenden. 1644: Saaleck wird unter dem Abtsstellvertreter Salentin v. Sintzig von Grund auf erneuert. 1816: Säkularisierung. Königreich Bayern wird Eigentümer. Seit 1851: Wechselnde Privatbesitzer.

Kategorie
Schloss Saaleck hat 13 überwiegend mit Stilmöbeln eingerichtete Doppelzimmer, Preise zwischen 108 und 119 Euro – und gehört damit zur mittleren Preiskategorie. Die exzellente fränkische und internationale Küche wurde von den kulinarischen Gralshütern bei Gault Millau mit «sehr gut» bewertet. Die Weinkarte ist ausgezeichnet.

Gästeangebot
Saaleck bietet Tagungs- und Hochzeitswilligen ein repräsentatives Umfeld, Trauungen möglich. Es finden Führungen mit Verkostungen durch die Weinkellerei statt. Kochkurse.

Veranstaltungen
Über das Jahr verteilt finden Theateraufführungen, Weinfeste und Märkte statt.

Adresse
Schloss Saaleck, Saaleckstraße 1, D-97762 Hammelburg, Tel. 09732-2020, Fax 09732-2023, www.burgsaaleck.de

1

2

3

4

Auferstanden aus Ruinen

Aus der vergessenen Steinburg wurde ein Schlosshotel

50 Zimmer, Konferenzräume, Ritterstuben und ein Schwimmbad locken jedes Jahr über 600 000 Besucher an, darunter zahlreiche Prominente.

Mitte des 13. Jahrhunderts stand eine Burg auf dem Würzburger Steinberg – aber nur für kurze Zeit. Dann wurde sie zerstört – nur von wem, bleibt fraglich. Einige mittelalterliche Chronisten sprechen von der «Rauflust der Würzburger Bürger», andere wiederum machen das große Erdbeben von 1356 verantwortlich, das nicht nur Basel verheerte, sondern sogar auch bis nach Franken ausgriff. Es dauerte mehr als fünf Jahrhunderte, bis ein Würzburger Patrizier namens Peter Schneider die wunderschöne Lage auf der Anhöhe als Burgenstandort wieder entdeckte und 1897/98 eine Festung im damals bei Romantikern geschätzten Tudorstil darauf errichten ließ. Allerdings mit kommerziellen Absichten: Er eröffnete ein Burg-Restaurant und wollte mit eigener Eisbahn und Musikpavillon expandieren, doch er scheiterte an den Baubehörden der Stadt und verkaufte enttäuscht bereits im Herbst 1900 an den wohlhabenden Winzer J. W. Meuschel. Dieser nutzte «Schloss Steinburg», wie es seitdem hieß, als repräsentativen Ort für Verkauf und Ausschank seiner Eigenbauweine. Schon damals war die Steinburg ein Ort, an dem sich Leute aus der «besseren Gesellschaft» begegneten. 1912 gab sich König Ludwig von Bayern die Ehre und pflanzte eigenhändig vor dem Schloss eine Jungrebe. 1937 wechselte der Besitzer und Hans Bezold wurde neuer Schlossherr. Die NS-Behörden machten jedoch den Abriss des Turms zur Auflage – zu englisch war wohl der Stil. Seit den sechziger Jahren wurde Schloss Steinburg sukzessive vergrößert und strahlt heute in seinen Sälen und Konferenzräumen die Feierlichkeit und den Komfort eines großen Hauses aus.

An der Rittertafel werden feierliche Gelage abgehalten. Für zartere Gaumen bietet die Speisekarte im Gourmetrestaurant viele köstliche Kompositionen für den kulinarischen siebten Himmel. Die Gästeliste von Familie Bezold ist lang und prominent: Udo Jürgens, Udo Lindenberg, Schauspieler und Kabarettisten schätzen die Vielfalt der Gästeangebote – manche unter ihnen wohl nicht zuletzt die hervorragende Weinkarte.

1 Nomen est omen: die Steinburg hoch über Würzburg. **2** Personal im historischen Gewand. **3** Herbstliche Dekoration. **4** Letztlich der schönste Aspekt der Steinburg – die wirklich sagenhafte Aussicht auf den Main und die Stadt Würzburg.

1

2

3

1 Die Fassade ist malerisch überwuchert. **2** Lust auf ein romantisches Wochenende? So sieht das Arrangement «Schlosstage für zwei Herzen» aus. **3** Darstellung auf einer alten Postkarte. **4** Schon zu Ende des 19. und zu Anfang des 20. Jahrhunderts war die Steinburg ein beliebtes Ausflugsziel. **5** Das Bad und der Wellnessbereich strahlen Ruhe und Erholung aus. **6** Einer der prominentesten Gäste: 1912 weilte Ludwig I. auf der Steinburg und pflanzte dort eigenhändig eine Rebe.

4

5

Schloss Steinburg

«Hotel mit besten Aussichten»

Anreise
Auto: A 7 Ausfahrt Würzburg-Estenfeld, A 3 Ausfahrt Kist-Würzburg. In Würzburg den grünen «Steinburg»-Schildern folgen.
Bahn: Bahnhof Würzburg

Sehenswürdigkeiten
Würzburg: Die fürstbischöfliche Residenz, erbaut 1720–44 nach Plänen Balthasar Neumanns, gilt als das Hauptwerk des süddeutschen Barock und ist eines der bedeutendsten Schlösser Europas und UNESCO-Weltkulturerbe. Das geschlossene Stadtbild legt Zeugnis ab von Bayerns barocker Blütezeit.
Romantische Straße: In Würzburg beginnt Deutschlands beliebteste Touristikroute, die über mittelalterliche Städte wie Rothenburg, Wallerstein und Augsburg nach Süden bis Füssen verläuft.

Freizeitangebot in der Umgebung
Spessart: Zwischen Würzburg und Aschaffenburg liegt das malerische, durchgehend bewaldete Mittelgebirge mit Flusstälern und herrlichen Wanderrouten.
Schifffahrten: Auf dem Main bieten verschiedene Reeder Touren durch Städte und Natur Nordbayerns und Hessens an.

6

Geschichte
Mitte des 13. Jahrhunderts: Errichtung der Steinburg durch die Familie von Hohenlohe.
13. oder 14. Jahrhundert: Zerstörung der Steinburg.
1897/98: Neubau im Tudorstil durch Peter Schneider.
1900: Übernahme durch den Weingroßhändler J. W. Meuschel. 1912: König Ludwig von Bayern pflanzt eigenhändig eine Rebe auf dem Schlossberg.
1937: Übernahme durch Familie Bezold. 1953–1986: Sukzessiver Ausbau der Schlossanlage.

Kategorie
Das 4-Sterne-Schlosshotel Steinburg zählt mit Preisen zwischen 155 und 225 Euro für ein Doppelzimmer zur gehoben bis exklusiven Preiskategorie – im luxuriösen Ambiente. Die gehobene Küche ist international ausgerichtet mit besonderen Angeboten, wie z. B. Rittertafel. Die originelle historisierende Zimmereinrichtung verbreitet romantisches Flair.

Gästeangebot:
Schloss Steinburg ist beliebter Tagungsort und bietet modern ausgestattete Räumlichkeiten für die verschiedensten Anlässe, von der intimen Weinstube bis zum herrschaftlichen Rittersaal – inklusive Verköstigung. Seit 1986 existiert ein Hallenbad mit Panoramablick. Spezielle Angebote zu Feiertagen und Führungen durch Weinberge runden das Programm ab.

Veranstaltungen
Festlichkeiten in der Adventszeit, Ostern und Silvester.

Adresse
Schloss Steinburg, Auf dem Steinberg, D-97080 Würzburg, Tel. 0931-97020, Fax 0931-97121, www.steinburg.com

1

2

3

4

Burg Wernberg schöner als je zuvor

Die vernachlässigte Festung ist heute ein Luxushotel

Zwischen Weiden und Schwandorf vergeht die Zeit schon immer etwas langsamer als anderswo – Burg Wernberg wäre deshalb fast in Vergessenheit geraten.

Die Familie von Nothafft erlebte in der Oberpfalz einen steilen Aufstieg im 13. Jahrhundert, der es ihr erlaubte, die Burg auf dem Wernberg am Rand des Oberpfälzer Waldes zu erwerben. Lange Zeit ging alles gut. Bis 1468, als Albrecht XV. von Nothafft in einer Schlacht gegen Böhmen bei Kötzting fiel. Die Nachkommen stritten sich um die Rechte an der Festung. Ein Schiedsgericht unter Bischof Heinrich von Regensburg teilte sie 1469 zu gleichen Teilen auf: Sie wurde zur «Ganerbenburg», einer von mehreren Familien in verschiedenen Häusern bewohnte Burg. 1509 wurde sie schließlich an Ritter Georg Wispeck zu Velburg verkauft.
1634, während des Dreißigjährigen Krieges, besetzten erst schwedische, dann kaiserliche Truppen die Festung. Am Ende der Auseinandersetzungen befand sich die Burg in desolatem Zustand. Die Quellen halten fest, sie sei «allenthalben in diesen unruhigen Zeiten und Schwedischen Durchzüegen sehr verderbet, hat alle Thüren und Fenster, Thruen und Kästen zerschlagen (...) zu deme auch an den Tachungen (Dächern, Anm. d. Verf.) großer Mangel befunden wirdt».
Der ruinöse Zustand hielt über Jahrzehnte hinweg an und wurde von den wechselnden Lehnsherrn kaum beachtet – niemand wohnte hier. Burg Wernberg diente in der Folgezeit verschiedensten Zwecken: Mal war sie Forstamt, dann Strafanstalt, später Heim für «gefallene Frauen und verwahrloste Mädchen». Der königlich-sächsische Rittmeister Graf Schall-Riacour erwarb die Burg im Jahr 1918, scheiterte jedoch wie seine Nachkommen an den hohen Renovierungskosten. Erst als die Gemeinde Wernberg 1992 die Burg kaufte und an die Familie Conrad verpachtete, begann eine neue Blütezeit – als Burghotel. Der Burggraben mit der Zugbrücke und die alte Kapelle wurden wieder hergestellt. Der moderne Komfort stört keineswegs das historische Flair. Die Gemäuer erstrahlen in altem Glanz, stilvolle Einrichtungskompositionen und das hoch dekorierte Gourmetrestaurant machen den Aufenthalt auf der Burg zu einer Luxusreise ins Mittelalter.

1 Die geschichtsträchtige Burg fand um 1280 erstmals urkundliche Erwähnung. **2** Schlemmen wie ein Burgherr im Restaurant «Kastell». **3** Sorgfältig werden die historischen Rüstungen gepflegt. **4** Blickfang: Weithin sichtbar erhebt sich die Burg Wernberg mit ihrem mittelalterlichem Turm über das gleichnamige Dorf.

1

2

3

1 Für stilvolle sommerliche Feste bietet das Seeufer im Burgpark einen wunderbaren Rahmen. **2** Für den schönsten Tag im Leben bietet die Burg Wernberg ein eigenes Standesamt und die Burgkapelle. **3** Im mittelalterlichen Gewölbe ist das Restaurant «Kastell» untergebracht. Es darf sich rühmen, im Besitz von zwei Michelin-Sternen zu sein. **4** Allein die Hochzeitssuite ist Grund genug zu heiraten … **5** Kostbar ausgestattet ist auch das Badezimmer der Hochzeitssuite. **6** Mit Fingerspitzengefühl eingerichtet: Die Innenausstattung kombiniert geschickt historische Elemente mit technischen Finessen.

Burg Wernberg

«Alte Mauern in neuem Glanz»

Anreise
Auto: A 93 Richtung Weiden oder von Nürnberg kommend auf die A 6 bis kurz vor Autobahnende, dann auf die B 85 und von dort auf die A 93 Richtung Weiden/Pilsen. Auf der A 93 Ausfahrt Wernberg/Köblitz.
Bahn: Bahnhof Wernberg/Köblitz. Gäste werden auf Anfrage abgeholt.

Sehenswürdigkeiten
Weiden: 18 Kilometer entfernt liegt die historische «Porzellan-Stadt» Weiden, die zahlreiche Einblicke in die Porzellanherstellung bietet. Hier produziert die Traditionsfirma für Keramik-Produkte «Seltmann-Weiden».
Regensburg: Eine halbe Autostunde trennt Wernberg von der über 2000 Jahre alten Domstadt. Das mittelalterliche Stadtbild und die zahlreichen Sehenswürdigkeiten zeichnen sie als die wohl kulturell bedeutendste Stadt Nord- und Ostbayerns aus. Besonders sehenswert sind der Dom, das Rathaus und die Steinerne Brücke.

Freizeitangebot in der Umgebung
Oberpfälzer Wald: Sanft geschwungene Waldketten und wildromantische Täler wie das der Waldnaab übertragen das Gefühl von Harmonie und Ruhe auf den Betrachter. Die zahlreichen Millionen Jahre alten Granitblöcke mitten im Grün der Wälder machten die Oberpfalz unter dem Namen «Steinpfalz» bekannt.

Geschichte
1280: Erste urkundliche Erwähnung. 1280–1509: Im Besitz der Familie von Nothafft. Um 1640: Zerstörung durch kaiserliche und schwedische Truppen im Dreißigjährigen Krieg. 1712: Renovierung, später weiterer Verfall. 18. und 19. Jahrhundert: Sitz öffentlicher Einrichtungen wie Königliches Bayerisches Pflegeamt, Rentenamt, Forstamt, später Strafanstalt und Frauenheim. 1918: Erwerb durch Graf Schall-Riacour. 1992: Kauf durch die Gemeinde Wernberg, Verpachtung an Fam. Conrad. 1998: Nach aufwändigen Renovierungsarbeiten Eröffnung des Hotels.

Kategorie
«Hotel Burg Wernberg» weist 4 Sterne auf. Preise für ein Doppelzimmerpreise ab 126 Euro. Die kulinarische Palette reicht von gehobener bürgerlicher Küche im ritterlichen Wirtshaus bis zu Gourmetgerichten im Feinschmeckerrestaurant (2 Michelin-Sterne).

Gästeangebot
Organisation zahlreicher Outdoor-Aktivitäten: Reiten, Schwimmen, Golfen. Im Wellnessbereich sind Sauna, Solarium und Fitness-Ecke vorhanden. Ferner bestehen Angebote für Seminare, Tagungen und Hochzeiten, sogar ein eigenes Standesamt ist vorhanden.

Veranstaltungen
Jazz-, Chanson- und Kabarettabende sowie Specials rund um die Feiertage werden im Hotel auf Burg Wernberg das ganze Jahr über angeboten.

Adresse
Hotel Burg Wernberg, Schloßberg 10, D-92533 Wernberg-Köblitz, Tel 09604-9390, Fax 09604-939139, www.burg-wernberg.de

1

2

Magie vor dem Donaudurchbruch

In Weltenburg wartet ein Kabinettstück des Spätbarock

Im ältesten Kloster des Landes steht auch die älteste Klosterbrauerei der Welt. Schon anno 1050 brauten hier die Mönche ihr eigenes Bier. Dieser großen Tradition fühlen sie sich bis heute verpflichtet.

Der Ort hat etwas Magisches an sich. Die Donau windet sich in einer Schleife um einen Felsen und bahnt sich danach den mühsamen Weg durch eine enge Schlucht, den Donaudurchbruch im Altmühltal. Seine Faszination hat schon die frühen Bewohner dieses Landstrichs in der Bronzezeit gefesselt. Die Kelten errichteten auf dem Bergsporn, dem Arzberg, eine Festung «Artobriga» – die hohe Burg. Ihre römischen Eroberer nutzten die strategisch günstige Lage eines Vorpostens ihres Reiches und legten ein Grenzkastell aus. In einem Tempel beteten sie vermutlich zur Kriegsgöttin Minerva. Der antike Geograf Claudius Ptolemäus soll hier schon um das Jahr 130 von Christi Geburt berichtet haben. Christliche Missionare wandelten den Ort in eine Kirche um. Hier wurde bayerische Frühgeschichte geschrieben.

Die Legende weiß jedenfalls, dass der heilige Rupert auf dem Arzberg eine Marienkirche gegründet haben soll. Historisch sicheren Boden betritt der Forscher aber erst mit Berichten aus dem 11. Jahrhundert. Dann aber mit aller Macht. Danach hat nach einigermaßen zuverlässigen Quellen der Kolumbanermönch Eustasius aus Luxeuil in Burgund in dem verlassenen Römerkastell das älteste Kloster Bayerns überhaupt gegründet. Die kleine Mönchssiedlung blieb aber nicht lange auf dem legendären Felsen. Herzog Tassilo II. soll sie geschlossen und am Fuße des rechten Donauufers ein neues Kloster errichtet haben. Jedenfalls wird davon im so genannten Weltenburger Klosterprolog aus dem 11. Jahrhundert berichtet. Herzog Tassilo rief auch die eifrigsten Klostergründer jener Zeit ins Land, die Benediktiner.

Das weitab gelegene Kloster erlebte auch in Zukunft eine wechselvolle Geschichte, kaum ein Krieg ging an ihm spurlos vorüber. Schon gar nicht der Dreißigjährige Krieg. Blütezeiten folgten dem fast völligen Ruin. Immerhin hielten die Grundmauern der Klosterkirche aus dem 8. oder 9. Jahrhundert bis ins 18. Säkulum. Erst 1716 wurde die Klosterkirche abgerissen und von dem damals noch kaum bekannten, aus Benediktbeuern stammenden Cosmas

1 Kloster Weltenburg am Donaudurchbruch gilt als «Spitzenleistung» des europäischen Barock. **2** Psallierchor über der Vorhalle der Klosterkirche St. Georg und St. Martin; die Barockkirche wurde von Cosmas Damian Asam in der ersten Hälfte des 18. Jahrhunderts erbaut.

Damian Asam neu gebaut. Die größte Blütezeit von Weltenburg setzte ein. Asam schwebte, so heißt es in einer Darstellung des Klosters, in Weltenburg ganz offensichtlich ein Kabinettstück des römischen Spätbarock eines Lorenzo Bernini vor, aber gesehen nicht mit den materialverhafteten Augen eines Baumeisters, sondern mit denen eines fantasiebegabten Malers. Es entstand eine Spitzenleistung des europäischen Barock am romantisch abgeschiedenen Eingang des Donaudurchbruchs.

Die neue Abteikirche Sankt Georg wurde am 9. Oktober 1718 geweiht. Doch scheint, dass nicht viel mehr als der Rohbau fertig gestellt war. Das Deckengemälde ist mit der Jahreszahl 1721 signiert. Im selben Jahr stellte Egid Quirin Asam erst seinen Hochaltar auf. Ein großer Teil der Innenausstattung folgte in den Jahren danach bis 1735. Nach der Säkularisation 1803 stand das Kloster fast vierzig Jahre leer, bis es 1842 durch König Ludwig I. wiedergegründet wurde. Seit dem Jahr 1913 ist Weltenburg wieder eine Abtei, die jährlich von einer halben Million Besuchern besichtigt wird.

Sie erwartet eine äußerlich zwar schlichte, eher kleine Kirche. Das in drei Räume aufgeteilte Innere offenbart erst die barocken Kleinodien. Den Vorraum in Form einer Ellipse schmücken das Decken-

1 Mittagessen im Refektorium. **2** Skulptur der «Schmerzhaften Mutter» im Klostergebäude. **3** Der Hochaltar (1722–1724) bildet das Glanzstück der Weltenburger Klosterkirche, die unter Leitung des Abts Maurus Bächl (1713–1743) von den Brüdern Asam gestaltet wurde; dargestellt ist St. Georg, der Schutzpatron der Kirche, im Kampf gegen den Drachen. **4** Ausflugsschiff auf dem Weg zum Donaudurchbruch.

gemälde von Franz Asam mit einer Darstellung des Jüngsten Gerichts sowie symbolische Darstellungen der vier Jahreszeiten und der letzten Dinge. Der von einer Kuppel überspannte Hauptraum ist durch vier kleine und vier große Nischen gegliedert. Die kleinen Nischen füllen Altäre von Egid Quirin Asam aus. Das beeindruckende Deckengemälde von Cosmas Damian Asam stellt die verklärte Kirche dar. Das Presbyterium ist ein rechteckiger Raum mit angeschlossener halbrunder Apsis. Den Mittelpunkt bildet der Hauptaltar, der wie die ganze Ausstattung der Kirche von einer tiefen theologischen Konzeption bestimmt wird.
Fast schon Symbolcharakter hat Weltenburg für den Inbegriff bayerischer Sitten. Im ältesten Kloster des Landes steht auch die älteste Klosterbrauerei der Welt. Schon anno 1050 brauten hier die Mönche ihr eigenes Bier. Dieser großen Tradition fühlen sie sich bis heute verpflichtet. Ob es damals schon dem erst fünfhundert Jahre später formulierten bayerischen Reinheitsgebot entsprach, ist nicht bekannt. In früheren Zeiten wurde Bier ja aus allerlei Zutaten gemischt. So brachten iroschottische Mönche auch ein Metbier mit. Doch vermutlich wurde an der Donau schon von Anfang an das «flüssige Brot» aus Hopfen und Malz gebraut, wie es heute am besten im Biergarten bei deftigen Schmankerln genossen wird.

Weltenburg (Benediktinerabtei)

«Man achte sorgfältig darauf, ob einer wirklich Gott sucht.»

Anreise
Bahn: Bahnstationen Abensberg oder Saal (Strecke Ingolstadt–Regensburg), von dort Bus nach Kelheim und mit dem Schiff zum Kloster.
Auto: A9 München–Nürnberg, A93 Richtung Regensburg, Ausfahrt Abensberg, auf der B16 nach Kelheim.

Geschichte
Die Abtei Weltenburg, das älteste Kloster Bayerns, wurde um 600 n.Chr. von Kolumbanermönchen aus Luxeuil in den Vogesen gegründet. 768 wurde das Kloster Benediktinerabtei. Die Barockkirche, die eigentliche Sehenswürdigkeit Weltenburgs, ein Werk der Gebrüder Asam, wurde 1716 unter Abt Maurus Bächl begonnen, die Vorhalle 1751 von Franz Anton Neu vollendet.

Sehenswürdigkeiten
Kloster: Asam-Barockkirche (Cosmas Damian und Egid Quirin Asam), Orgel, Kanzel, Deckengemälde, Frauenbergkapelle, Sakristei. *Umgebung:* Regensburg, Donaudurchbruch.

Klosterbetrieb
Landwirtschaft, Klosterladen mit Buchhandlung, älteste Klosterbrauerei der Welt und Restauration (verpachtet), Heimvolkshochschule, Weltenburger Akademie, Pfarrseelsorge, Religionsunterricht, Kirchenführungen.

Gästeangebot
Kloster auf Zeit, Mitleben in der Gemeinschaft, geistliche Einzelgespräche, Einzel- und Gruppenexerzitien, Bildungsprogramm der Heimvolkshochschule, Bildungs- und Begegnungsangebot, Kurse, Seminare, Tagungen.

Gottesdienste
Werktag: 7.00 Konventmesse, 18.00 Vesper.
Sonntag: 7.30 Frühmesse, 10.30 Konventamt, 17.45 Vesper.

Unterkunft
Gästehaus St. Georg: 46 Einzel-/Doppelzimmer ab 28,50 Euro (Reservierung siehe unten).

Auskunft und Reservierung
Kloster: Benediktinerabtei Weltenburg, Asamstraße 32, D-93309 Kelheim, Tel. 09441-2040, Fax 09441-204137, Internet: www.kloster-weltenburg.de, E-Mail: abtei-weltenburg@t-online.de.
Touristik: Touristik-Information, Ludwigsplatz 1, D-93309 Kelheim, Tel. 09441-701234, Fax 09441-701207, Internet: www.kelheim.de, E-Mail: tourismus@kelheim.de

1

2

3

4

Italienisches Flair in Niederbayern

Wein und Antiquitäten auf Schloss Neufahrn

Der Herrensitz mit italienischem Flair nahe Freising wechselte mehrere Male den Besitzer – darunter Vertreter der bayerischen bierbrauenden Aristokratie – heute verwöhnt, tagt, feiert und heiratet man hier.

Neufahrn als Herrensitz ist erst im 14. Jahrhundert belegt, ist also vergleichsweise jung. Bis 1448 ist ein Geschlecht der Haselbeck nachzuweisen, von denen Neufahrn an Herzog Heinrich den Reichen von Bayern-Landshut verkauft wurde. Dieser herrschte über Niederbayern, nachdem ein Jahr zuvor das Herzogtum Bayern wieder einmal in ein Unter- und Oberland, also Nieder- und Oberbayern, geteilt worden war. Allerdings behielten die Landshuter Herzöge die Hofmark nicht lange. Sie verkauften sie 1463 an Christian und Georg Eberspeck, an die damit die niedere Gerichtsbarkeit über Neufahrn überging, die auch das Recht zur Jagd einschloss.

Der Landshuter Kastner – ein Verwaltungs- und Finanzbeamter – Simon Kraus zu Mönchsdorf erwarb sie 1501, später Wolf von Haunsperg, dessen Familie sie bis 1698 behielt. Die Haunsperger dürften wohl das Schloss in seinen heutigen Grundzügen unter Verwendung des mittelalterlichen Grundrisses erbaut haben. Sie mussten auf jeden Fall den Wiederaufbau im Dreißigjährigen Krieg bewerkstelligen, da das Schloss im Juni 1633 von den Schweden zerstört worden war. Die Neufahrner hatten unter der Leitung des Pfarrers Reimann von Asenkofen, der dafür am Schlossportal erschossen wurde, lange Zeit Widerstand geleistet.

Danach gaben sich illustre Besitzer die Klinke in die Hand: im 18. Jahrhundert Emanuel Graf Arco, dann die Törring, um 1800 schließlich gehört es dem Grafen Holnstein. Alle drei Namen zieren noch heute die Etiketten der Bierflaschen, die die von ihren Familien gegründeten Brauereien produzieren. Der berühmt-berüchtigte Graf Montgelas, der Bayern an Napoleon heranführte und zahlreiche Kirchengüter zu Staatseigentum machte, kaufte Schloss Neufahrn, bevor er es an die Fürsten Thurn und Taxis veräußerte.

Seit 1988 befindet sich Schloss Neufahrn nun im Besitz der Familie Beer, die mit sicherem Gespür für stilvolle Gemütlichkeit märchen-

1 Das Schloss ist mit wertvollem antikem Mobiliar ausgestattet – hier eine Kommode und ein Spiegel. **2** Badeszene aus dem Schlossfest «Das historische Dorf». **3** Im Ritterkeller finden sich zahlreiche mittelalterliche Exponate wie diese metallenen Handschützer. **4** Burgromantik: Über die von Rosen umwucherten Renaissance-Arkaden fällt der Blick in den Innenhof des Schlosses.

haft romantisch eingerichtete Räumlichkeiten schuf. Geradezu italienisch-mediterranes Flair entsteht im Sommer im Innenhof des weißen Schlosskarrees mit seinen Rundbögen, an dem sich der wilde Wein hochrankt.

Eine besondere Attraktion ist das alljährlich stattfindende Schlossfest zur Walpurgisnacht im historischen Dorf, das zur Schlossanlage gehört und für Veranstaltungen und private Festlichkeiten angemietet werden kann. Schloss Neufahrn bietet interessierten Gästen gleich das dazugehörige Personal, das in mittelalterliche Gewänder gehüllt, der Feier die zeitgemäße Atmosphäre verleiht.

1 Die Neufahrner Burg ist relativ «jung» – erst im 14. Jahrhundert wird sie als Herrensitz bekannt. Ausgelassene Ritterspiele lassen die Zeit des Dreißigjährigen Kriegs lebendig werden. **2** Ein sonniges Plätzchen im In-nenhof. **3** Es ist angerichtet: Im Ritterkeller. **4** Ausgelassene Ritterspiele lassen die Zeit des Dreißigjährigen Krieges lebendig werden. **5** Die historisch eingerichteten Zimmer verbreiten einen ganz besonderen Charme. **6** Schlossrestaurant im Gewölbekeller.

Schlosshotel Neufahrn

«Entspannen auf Schlossherrenart»

Anreise
Auto: Auf der A 3 nach Regensburg. Von dort auf der B 15 ca. 30 Minuten. A 92, Ausfahrt Landshut/Essenbach über B 15 in ca. 15 Minuten.
Bahn: Bahnhof Neufahrn.

Sehenswürdigkeiten
Landshut: Die 1204 gegründete Regierungshauptstadt von Niederbayern feiert im Jahr 2004 für 366 Tage ihr 800-jähriges Jubiläum. Alle vier Jahre wird die «Landshuter Hochzeit» gefeiert, ein Umzug und Volksfest, auf dem die prunkvolle Hochzeit von Herzog Georg dem Reichen mit der polnischen Königstochter Hedwig im Jahr 1475 von über 2000 Landshutern nachgespielt wird. Der über 130 Meter hohe Martinsturm der gleichnamigen Kirche und die Burg Trausnitz der Herzöge sind die faszinierenden Wahrzeichen der Stadt.
Regensburg: Gegründet als Römerkastell erlebte Regensburg im Mittelalter aufgrund seiner Lage an der Donau mit dem Fernhandel einen Aufschwung zu einer der wohlhabendsten Städte im Reich. Zeugnis davon legt etwa der gotische St. Peter-Dom ab, aber auch die historische Altstadt.

Freizeitangebot in der Umgebung
Donaulandschaft: Nördlich von Neufahrn bietet das Donaugebiet ideale Bedingungen zum Rad fahren und Wandern. Die Walhalla ist nicht weit.

Geschichte
14. Jahrhundert. Gründung als Herrensitz und Hofmark. 1633: Zerstörung durch die Schweden und Wiederaufbau durch die Familie von Haunsperg. 18. und 19. Jahrhundert: Die Grafen Arco, Törring und Holstein wechseln sich als Besitzer ab. 1834: Das Fürstenhaus Thurn und Taxis erwirbt Neufahrn. 1990: Familie Beer übernimmt Neufahrn und baut das Schlosshotel aus.

Kategorie
Gehoben, der Preis für ein Doppelzimmer beträgt im Gästehaus 98 Euro, im Schlosshotel 130 Euro. Die Küche bietet mediterrane und niederbayerische Spezialitäten.

Gästeangebot
Ritteressen, Tagungsräume, Sauna, Solarium und Fitnessbereich.
Besonderes Highlight ist das «Historische Dorf» im Schlossgarten, das für Feste angemietet werden kann, im mittelalterlichen Ambiente mit Personal in entsprechender Tracht.

Veranstaltungen
Stimmungsvolle Walpurgisnacht und Schlossfest im «Historischen Dorf». Konzerte, Krimidinners.

Adresse
Schlosshotel Neufahrn, Schlossweg 2, D-84088 Neufahrn, Tel. 08773-7090, Fax 08773-1559, www.schlosshotel-neufahrn.de

1

2

3

4

In der Mönchskutte die Welt vergessen

In Niederaltaich wurde das «Kloster auf Zeit» erfunden

In der Begegnung mit den Mönchen, aber auch der Gäste untereinander, wird Ökumene in der ursprünglichen Bedeutung dieses Wortes erlebt: als ein Zuhause, das allen offen steht.

Immer samstags, siebenmal im Jahr, verschwinden einige wohl situierte Männer im Klostergebäude von Niederaltaich und treten wenig später nahezu unkenntlich wieder heraus. Unter Mönchskutten verbergen sie zwei Wochen lang ihre Identität, sagen vorübergehend der gewohnten Welt und ihrem Berufsalltag Adieu. Sie leben «Kloster auf Zeit» in dem niederbayerischen Kloster zwischen Deggendorf und Passau. Am Rand der meistens still vorbeiziehenden Donau lassen sie sich tragen von Meditation, Muse und Musik, um über Lebensprobleme, über wichtige Entscheidungen nachzudenken oder einfach, um den Alltagsstress hinter sich zu lassen. Manche schon seit Jahren.

Kein Ort hat so viel Erfahrung mit solchen Zeitmönchen wie das Benediktinerkloster Niederaltaich. Hier wurde 1962, also vor über vierzig Jahren, zum ersten Mal Männern angeboten, was in der westlichen Kultur fast vergessen worden war: Das Kloster als Rückzugsraum, als Ort der Besinnung in allen Lebenslagen. Es war damals eine Art östlicher Import. Ein bayerischer Unternehmer hatte sich bei Geschäftsreisen gewundert, warum es in Asien selbst für Spitzenpolitiker und Wirtschaftsmanager durchaus üblich ist, sich manchmal Monate lang hinter Klostermauern zurückzuziehen. Der damalige UNO-Generalsekretär U Thant beispielsweise wog in klösterlicher Abgeschiedenheit ab, ob er an die Spitze der Weltorganisation treten soll.

Solche begrenzten Ausstiege hatten nichts mit Frömmelei oder Weltflucht zu tun, im Gegenteil. Sie erkannten an, dass der Mensch ohne Besinnung besinnungslos, vielleicht sogar sinnlos handeln würde. In Europa suchten junge Aussteiger solche Selbsterkenntnis in der Flucht nach Asien, oft mit schlimmen persönlichen Einbrüchen und einer schwierigen Rückkehr. Die christliche Klostertradition war ihnen zu weit weg, obwohl sie eigentlich gerade um die Ecke zu finden war.

Dieses Naheliegende ist heute mehr denn je anerkannt. Zuerst haben Benediktinerklöster, dann nahezu alle klösterlichen Orden

1 Pater Markus präsentiert die klösterliche Sammlung kunstvoll bemalter Ostereier. **2** Die Schränke in der Sakristei wurden um 1727 angefertigt. **3** Gebet in der 1986 eingeweihten byzantinischen Nikolauskirche. **4** Der Klausurgang führt zu den Wohnzellen der Mönche.

1

das Angebot, das Leben ihrer Brüder oder Patres zeitweise mitzugehen, in den verschiedensten Formen aufgegriffen. Nach dem Gebetbuch oder nach der Gläubigkeit überhaupt fragt niemand. In Niederaltaich, so weiß beispielsweise Altabt Emmanuel Jungclaussen, haben schon Atheisten im «Kloster auf Zeit» gelebt. Ob es danach anders in ihnen ausgesehen hat, interessiert nicht. Fragen stehen nicht auf dem Zeitplan, Antworten schon eher und sei es die der wiedergefundenen Gelassenheit.

Es geht in diesen zwei Wochen für die Teilnehmer letztlich darum, heißt es in einem erklärenden Text des Klosters, zu einer wirklich ernsthaften und kritischen Auseinandersetzung mit dem eigenen Lebensinhalt zu kommen. Die Gottesdienste mit den Mönchen (die morgens normalerweise um 5.30 Uhr beginnen), der geistliche Vortrag am Vormittag und am Nachmittag, die Meditationsübungen sowie die Zeiten des Alleinseins mit sich selbst, das alles stellt erhebliche seelische und geistige Anforderungen an die Teilnehmer. Darum muss beispielsweise Menschen, die sich in nervenärztlicher oder psychotherapeutischer Behandlung befinden, von einer Teilnahme an «Kloster auf Zeit» abgeraten werden. Selbstverständlich besteht die Möglichkeit zum Einzelgespräch. Bei «Kloster auf Zeit» nehmen die Herren am Chorgebet und an den gemeinsamen Mahlzeiten der Mönche teil und tragen dabei einen schwarzen Chormantel. (Darum sollte man auch etwas dunklere Kleidung dabei haben. Im Übrigen ist bezüglich Kleidung und Schuhwerk zu bedenken, dass reichlich Gelegenheit zu ausgedehnten Spaziergängen in der Umgebung besteht.)

Benediktiner stehen für eine ganz besondere Art, Kloster zu erleben. Kein anderer Orden ist so sehr dem gregorianischen Gesang verpflichtet wie dieser älteste abendländische Mönchsorden. Manche Klosterbesucher finden den Weg in die Benediktinerkirchen – die in Niederaltaich trägt gar den Ehrentitel einer Basilika minor –, nur um den Chorgesang der Mönche zu genießen.

2

3

1 Statt barocker Hauben krönen Zeltdächer die Türme der in der ersten Hälfte des 18. Jahrhunderts erbauten Klosterkirche St. Mauritius. **2** und **4** Karfreitagsliturgie in der Basilika und **3** Feier der Osternacht. **5** Stille Einkehr in der Sakristei: Pater Antonius beim Bibelstudium.

In Niederaltaich haben sie gleich einen doppelten Grund, sich auf einen musikalischen Genuss zu freuen: Gregorianik und ostkirchliche Gesänge, denn hier pflegen einige Mönche schon seit Jahrzehnten in einer byzantinischen Kirche und einer Kapelle die Messe und Andachten nach dem russisch-orthodoxen Ritus, der vielen Menschen noch mehr ins Gemüt geht. In der byzantinischen Nikolauskirche, die 1986 in den großen Räumen der ehemaligen Brauerei eingerichtet wurde, feiert eine Gruppe der Niederaltaicher Mönche täglich das Stundengebet nach orthodoxem Ritus.

Unvoreingenommenen Gästen, die sich an fernöstliche Gebete erinnern, kommt das «immerwährende Gebet», das die Orthodoxen praktizieren, vertraut vor. Manchen erinnert es an den katholischen Rosenkranz, dessen oft gebetsmühlenhaft gemurmelte Wiederholungen eine Atmosphäre der Besinnung schaffen.
Die betende Meditation ist denn auch ein besonderes Kennzeichen orthodoxer-byzantinischer Frömmigkeit. Es geht um das «Jesus-Gebet», auch «Herzensgebet» genannt. Sein Text ist einfach: «Jesus Christus, erbarme Dich meiner!» Er kann auch ganz einfach nur aus dem Namen des Herrn bestehen, mehr nicht. Eine längere Fassung lautet: «Herr Jesus Christus, Sohn Gottes, erbarme Dich meiner, des Sünders!»
Der Betende übt ständig, immer, zu jeder Tages- und Nachtzeit, zu beten. Denn orthodoxe Frömmigkeit ist ein dauernder, nie abgeschlossener Vorgang der Selbsterziehung, das Jesus-Gebet die ständige Wandlung des Lebens. Orthodox sein heißt nicht (nur) etwas für richtig zu halten, es ist vor allem ein Stil des Lebens, der sein Ziel in der «Vergöttlichung» (üblicher, aber missverständlicher Ausdruck, besser sagt man «Durchgottung») des Menschen findet.
Die byzantinische Frömmigkeit kann miterlebt werden. Die von Mönchen getragene Schola der Benediktinerabtei ist dagegen offen für die Mitwirkung interessierter Freunde des gregorianischen Chorals. Hauptaufgabe ist die Gestaltung des sonntäglichen Choralamtes in der Basilika Niederaltaich um 10.30 Uhr. Das Interesse am gregorianischen Choral nahm in den vergangenen Jahren erfreulicherweise zu. Selbst Hitparaden profitieren davon. Ob es allerdings als positiv zu bewerten ist, dass diese Bewegung durch «Choral in Charts» unterstützt wird, mag dahingestellt bleiben.

1

2

3

4

Wie viele Klöster in Süddeutschland ist auch Niederaltaich eine weltliche Gründung, hier durch den Herzog Odilo von Bayern. 731 gründeten es Missionare des Abtes Pirmin an der Donau. Besiedelt wurde es durch Mönche von der Inselabtei Reichenau. Seine Blütezeit erlebte auch Niederaltaich im Barock. Nach der Säkularisation blieb es aber im Gegensatz zu anderen Klöstern lange (bis 1918) geschlossen und wurde teilweise sogar abgebrochen.

Viele Christen sehnen sich in unserer säkularisierten Gesellschaft nach Erfahrungen ihrer Verbundenheit im Glauben. Sie drängen auf Überwindung der trennenden Konfessionsgrenzen, ohne das eigene Erbe aufgeben zu müssen. Gemeinsam möchten sie den Weg des Glaubens gehen. In liturgischen Feiern und geschwisterlichem Austausch suchen sie den Reichtum der anderen Tradition und auch die eigenen Wurzeln besser zu verstehen.

In der Benediktinerabtei Niederaltaich wird solche Ökumene erfahrbar – besonders im Miteinander zweier liturgischer Traditionen, in Gottesdiensten im römischen und im byzantinischen Ritus. Hier wird deutlich, dass es im geistlichen Leben Alternativen gibt.

1 Schulpause: das Kloster beherbergt auch ein Gymnasium. **2** Für ein paar Tage oder Wochen der Welt den Rücken kehren: Teilnehmer des «Klosters auf Zeit» werden auf ihr kurzes Klosterleben vorbereitet. **3** Gästezimmer. **4** In der Klosterbuchhandlung kann man Bücher, CDs und Klosterprodukte kaufen. **5** Die Klosterpforte steht jedem Interessierten offen. **6** In der Bibliothek. **7** Mit Laptop und Kutte organisiert Pater Vinzenz das Klosterleben. **8** Selbstgemachtes schmeckt bekanntlich am besten: Pater Emmeram füllt den klösterlichen Likör ab.

Zusätzlich besteht im Kloster ein Ökumenisches Institut. Dieses sieht seine Aufgabe darin, Möglichkeiten zu vermitteln, Ökumene in der ursprünglichen Bedeutung dieses Wortes zu erleben: als ein Zuhause, das allen offen steht. In der Begegnung mit den Mönchen, aber auch der Gäste untereinander, wächst ein Gespür für das vielfältige Wirken des Heiligen Geistes.
In der Institutsbibliothek finden die Gäste ökumenische Publikationen, besonders eine große Anzahl theologischer Zeitschriften. Das Ökumenische Institut selbst betreut seit 1953 in Verbindung mit einem interkonfessionellen Herausgeberkreis die Zeitschrift «Una Sancta». Sie bringt vierteljährlich informative Beiträge über ökumenische Theologie und Spiritualität. Zum weiteren Tätigkeitsbereich der Mönche gehören auch auswärtige Vorträge sowie eine vielfältige Mitarbeit in ökumenischen Gremien.
Ursprünglich musste sich die Abtei gegen den Verdacht wehren, dass die Öffnung für das «Kloster auf Zeit» und die Ökumene in Richtung östliche Orthodoxie eine Art unlautere Überlebenschance bedeutet. Sollte in den Zeitmönchen Nachwuchs für das Klöster geworben werden? Heute sind die Anfeindungen Vergangenheit. Eine gewisse Reserviertheit ist aber den Mönchen bis heute geblieben. Obwohl der Abt anerkennt, dass beide Seiten, Gäste und «echte» Patres, voneinander gewinnen, lassen sich nicht alle ohne weiteres auf die weltlichen Zeitgefährten ein.
Übrigens darf sich niemand wundern, wenn er Niederaltaich in zweierlei Schreibweisen liest. Mit «ai» ist das Kloster gemeint, mit «ei» dagegen das Dorf Niederalteich.

6

7

Niederaltaich (Benediktinerabtei)

«Wir möchten Christen aller Konfessionen und überhaupt Menschen ansprechen, die auf der Suche sind.»

Anreise
Bahn: Bahnstation Plattling (Strecke Nürnberg–Wien); dort Bahnanschluss nach Deggendorf; von da mit Bus oder Taxi. Auto: A3 Nürnberg–Passau, Ausfahrt Hengersberg/Niederaltaich.

Geschichte
Das Kloster, eine Gründung des Bayernherzogs Odilo, wurde 731 von Benediktinern aus der Reichenau besiedelt. Nach der Säkularisation 1803 blieb das Kloster bis 1918 unbesiedelt und wurde teilweise abgebrochen. Im 20. Jahrhundert Neuanfang mit Erziehungsarbeit in Schule und Internat sowie in der Ökumene. Gründung einer byzantinischen Dekanie.

Sehenswürdigkeiten
Kloster: Barockbasilika mit Sakristei, barocke Gesamtanlage, byzantinische Kirche mit Kapelle. *Umgebung*: Donautal.

8

Klosterbetrieb
Ökumenisches Institut, Bildungshaus, neusprachliches Gymnasium mit musischem Zweig, Tagesheim, Landwirtschaft, Klosterladen, Likörkellerei, Bibliothek, Archiv, Klostergaststätte.

Gästeangebot
Kloster auf Zeit (nur für Männer), Meditationskurse, Vorträge, Seminare, Exerzitien, Mitleben in der Hausgemeinschaft, ökumenische Einkehrzeit, byzantinische Seminare.

Gottesdienste
Werktag: 5.30 Hore, 12.00 Hore, 17.40 Vesper, 19.30 Komplet. *Samstag:* 6.30 Hore, 12.00 Hore, 17.40 Vesper, 19.30 Vigil. *Sonntag:* 8.00 Laudes, 10.30 Choralamt, 17.30 Vesper, 19.30 Komplet.

Unterkunft
Gäste- und Tagungshaus St. Pirmin der Abtei: Zimmer mit Dusche und WC. *Ökumenisches Institut* der Abtei Niederaltaich: Zimmer mit Etagendusche/WC.

Auskunft und Reservierung
Kloster: Haus St. Pirmin, Benediktinerabtei St. Mauritius, Mauritiushof 1, D-94557 Niederaltaich, Tel. 09901-2080, Fax 09901-208141, Internet: www.abtei-niederaltaich.de. E-Mail: st.pirmin@abtei-niederaltaich.de.
Touristik: Gemeindeverwaltung Niederalteich, Guntherweg 3, D-94557 Niederalteich, Tel. 09901-93530, Fax 09901-935329, Internet: www.niederalteich.de, E-Mail: gemeinde@niederalteich.de.

Umkämpft – aber nie bezwungen

Die Veste Oberhaus trotzte allen Eroberungsversuchen

Hoch auf dem Georgsberg thront die Veste Oberhaus über der Dreiflüssestadt Passau – in der einstigen Residenz der Fürstbischöfe ist heute eine Jugendherberge untergebracht.

Bischof Ulrich II. hatte von Friedrich II. im Jahr 1217 die Reichsfürstenwürde erhalten. Um der neu gewonnenen Macht militärischen Rückhalt zu verleihen, wurde 1219 der Grundstein für die Passauer Burg gelegt. Die Festung sollte Schutz gegen innere und äußere Feinde, aber auch gegen die Passauer Bürger bieten, die so viel Freiheit wie nur möglich von der bischöflichen Herrschaft zu erreichen suchten. Ulrich II. nutzten die starken Mauern allerdings nichts mehr: Er starb auf einem Kreuzzug zwei Jahre nach der Grundsteinlegung. Die Veste Oberhaus war zwischen 1250 und 1482 fünfmal von Feinden bedroht. Hervorzuheben ist zunächst das Jahr 1298, als die Passauer Bürger es wagten, gegen den Bischof zu rebellieren. Der Bischof nahm folglich die Stadt von der Veste Oberhaus unter Beschuss und beschädigte sie so schwer, dass die Bürger wenig später aufgaben. 1367 schlugen sie erneut gegen den Bischof los und eroberten sogar das Niederhaus, wurden jedoch von den Truppen des österreichischen Ritters Johann von Traun niedergekämpft.

Allerdings lügt die lupenreine Verteidigungsstatistik, wenn die kampflose Übergabe ignoriert wird, mit der der bayerische Kommandant Graf von Platin im Österreichischen Erbfolgekrieg vor habsburgisch-ungarischen Truppen im Jahr 1742 kapitulierte. Wenig beeindruckt von dieser womöglich substanzerhaltenden Maßnahme verfügte daraufhin ein bayerisches Kriegsgericht seinen Tod durch Enthauptung. Nach der Säkularisierung behielt die Veste ihre Schutzfunktion – allerdings vor den Insassen und ihren Ideen: Politische Gefangene wurden hier interniert.

Heute dient die Veste ungleich humaneren Zwecken: Die sympathische Jugendherberge steht allen Reisenden und Kunstinteressierten offen, im benachbarten Oberhausmuseum können sie die Geschichte der Burg verfolgen. Dort gibt es immer wieder Kunstaustellungen. Das Wichtigste vielleicht: Der wundervolle Blick von der ehemaligen Burgtaverne oder der Schmiede aus über Passau bis zu den Alpen wird den Gästen durch keinen Potentaten mehr verwehrt.

1 Hoch oben auf dem Georgsberg thront die mächtige Veste Oberhaus, mit deren Bau im Jahr 1219 begonnen wurde. **2** Mahlzeit! Die kleinen Gäste der Jugendherberge genießen ihr Mittagessen.

1 Aus der Anfangszeit der Burg sind kaum Reste erhalten. Im 15. und 16. Jahrhundert wurde der Bau zur schlossartigen Residenz erweitert. **2** Pädagogisch wertvoll: Die Jugendherberge bietet moderne Ausstattung. **3** Blick auf die Vorburg. **4** Passau: Veste Ober- und Niederhaus-haus (Stahlstich, 1837) erlebte eine wechselvolle Geschichte: Herrschaftssitz, Schutzfeste, Strafanstalt, Museum… **5** Im Burgmuseum wird das mittelalterliche Leben präsentiert. **6** Im Schlafraum der Jugendherberge. **7** In der «Dreiflüssestadt» Passau.

Veste Oberhaus

«Hoch über Passau»

Anreise
Auto: A 3, Ausfahrt Passau-Nord; an der 3. Ampel links Richtung Veste Oberhaus/Ries.
Bahn: Passau Hbf. Citybus bis Römerplatz, danach 20 Minuten Gehweg (Wegweiser). Pendelbus vom Rathaus zur Jugendherberge (Mai bis Oktober, Di. bis So. 11.30–17.30 Uhr). Für Gruppen Bustransfer auf Anfrage.

Sehenswürdigkeiten
Oberhausmuseum: Historisches und kunsthistorisches Museum der Stadt. Es präsentiert die Geschichte der Region, von Handel und Handwerk bis zur Herrschaft und Religion in attraktiven Dauerausstellungen.
Passau: Die barocke Dreiflüssestadt (Ilz, Iller und Donau) weist einen gut erhaltenen Stadtkern auf. Im Dom steht die größte Kirchenorgel der Welt. Die engen Gassen sind gesäumt von zahlreichen Cafés, in denen sich die Studenten der 1978 gegründeten Universität tummeln.

Freizeitangebot in der Umgebung
Schifffahrt: Die Donaukreuzer bieten auf ihren Fahrten kulinarische Weinreisen, Candle-Light-Dinner und Musicals. Informationen unter www.wurm-koeck.de
Bayerischer Wald: Das beliebte Ausflugsziel mit vielen Wanderrouten steht unter Naturschutz.

Geschichte
1218: Grundsteinlegung durch Fürstbischof Ulrich II. 1250 bis 1482. Insgesamt fünf Belagerungen, zwei davon durch die Passauer Bürger, schlagen fehl. 1499: Erneuerung der Burg. Mannshohe metallene Ziffern an der Außenwand der Burg mit einer waagrecht halbierten «Acht» anstatt der «Vier» lassen bis heute uneingeweihte Besucher der Stadt Passau über das Datum rätseln. 1742: Kampflose Übergabe an österreichisch-ungarische Truppen kostet Graf Platin den Kopf. 1932: Übernahme der Burg durch die Stadt Passau.

Kategorie
Die Jugendherberge ist naturgemäß günstig. Je nach Verpflegung, es sind auch Halb- und Vollpension erhältlich, kostet das Zimmer zwischen 19,80 und 29,80 Euro. Auf Wunsch vegetarische Küche.

Gästeangebot
Sportanlagen für Tischtennis und Fußball. Themenangebote: Museumspädagogik für Schulklassen etc. im Oberhausmuseum, Sternwarte, Stadterkundungsspiel, mittelalterliche Schreibwerkstatt, Kanufahrten.

Veranstaltungen
Keine.

Adresse
Jugendherberge Passau, Veste Oberhaus 125, D-94034 Passau, Tel. 0851-493780, Fax 0851-4937820, www.jugendherberge.de/jh/passau

1

2

3

Barocke Gemütlichkeit

Schloss Neuburg verwöhnt Auge und Gaumen

Auf einem grün bewachsenen Felsenkamm am Inn liegt Schloss Neuburg in vollkommener Idylle – doch die Vergangenheit erzählt eine wenig idyllische Geschichte.

Wie viele Schlösser geht auch Neuburg ursprünglich auf eine mittelalterliche Festung zurück. Und auch Neuburg wurde wie viele andere Burgen nicht nur einmal zerstört und wieder aufgebaut. König Heinrich IV. etwa, der uns schon bei der Wartburg begegnete, ließ die kurz zuvor erbaute Neuburg 1077 schleifen, da ihr damaliger Burgherr, der Graf von Vornbach, sich im berühmten Investiturstreit mit Papst Gregor VII. auf die Seite seiner Gegner geschlagen hatte.

Die Neuburg liegt auf dem lange umkämpften Gebiet zwischen Bayern und Österreich nahe Passau. Die Rivalität beider Länder sollte seit dem 13. Jahrhundert immer wieder zu blutigen Auseinandersetzungen und auf der Neuburg zu wechselnden Burgherrn führen, die die Festung nach ihren architektonischen Vorlieben veränderten. Bis schließlich Georg Ludwig Graf von Sinzendorf sie 1654 in ein feudales Barockschloss umwandelte und von renommierten Baumeistern verspielte Elemente wie einen Grottenpavillon einführen ließ. Sinzendorf erlebte allerdings einen tiefen Fall, als er 1680 des Hochverrats angeklagt wurde, beim Kaiser in Wien in Ungnade fiel und Schloss Neuburg verlor. Die unter chronischem Geldmangel leidenden Habsburger verpfändeten sie 1730 dem Fürstbistum Passau. 1803 fiel das Schloss im Zuge der Säkularisierung nach dem durch Napoleon erzwungenen Reichsdeputationshauptschluss an das Land Bayern.

Heute ist es mit 34 Gästezimmern in der Vorburg und der «Hoftaferne» ein Ort der Gastlichkeit. Seit 1998 ist der Landkreis Passau Besitzer der Burg, die für kulturelle, wissenschaftliche, gesellschaftliche und private Veranstaltungen dienen kann. Anspruchsvolle Kunden von BMW bis zum Rotary Club schätzen die gut ausgestatteten Tagungsräume des Schlosses. Bei allem Komfort bleibt der kunsthistorische Wert unberührt: Schlosskapelle, Steinsäle und Burgmuseum bieten Einblicke auch in die vorbarocke Geschichte von Neuburg.

1 Majestätisch erhebt sich die um das Jahr 1050 erbaute Neuburg über dem malerischen Inn. **2** In der «Hoftaferne» werden erlesene Speisen aufgetischt. **3** Ursprünglich eine spätmittelalterliche Wehranlage, wurde die Burg später im Stil der Renaissance und dann zu einem Barockschloss umgestaltet.

1 Stadtansicht von Neuburg an der Donau in einem Stahlstich (um 1850). **2** Seit 1440 mussten alle Hochzeiten der Grafschaft auf der Neuburg abgehalten werden. **3** Die «Hoftaferne» bietet bei festlichen Anlässen ein prachtvolles Ambiente. **4** Steinerne Skulptur eines Zwergs im barock gestalteten Park. **5** Das Portal der Muschelgrotte im Park ist mit viel Liebe zum Detail gestaltet. **6** Die «Hoftaferne» umfasst vier gemütliche Gaststuben. **7** Hübsches Ausflugsziel: das ehem. Kloster Vornbach am Inn im Bäderdreieck gelegen, von Österreich aus gesehen.

Schloss Neuburg

«Das Zuhause der Lebensfreude»

Anreise
Auto: A 3, Abfahrt Passau Süd, Richtung Passau, nächste Kreuzung rechts abbiegen nach Neuburg am Inn (B 12).
Bahn: Hauptbahnhof Passau. Mit dem Taxi 10 Kilometer nach Neuburg.

Sehenswürdigkeiten
Schloss Neuburg: Die üppig gestalteten Lustgärten mit Statuen, Figuralbrunnen und Grotten stammen von bekannten Barock-Künstlern wie Johann Seitz und Giovanni Carlone, die der einstige Schlossherr Graf von Sinzendorf engagierte. Räume wie das «rothmarmorsteinerne Zimmer» entführen in die Renaissance-Zeit, ausgestattet mit plastischen Arabasken, Putten und Wandbemalungen.

Passau: Die barocke Dreiflüssestadt weist mit der Veste Oberhaus, die den Fürstbischöfen von 1219 bis 1802 sowohl zum Schutz vor Fremden als auch vor der eigenen Bevölkerung diente, ihre eigene Festung auf. Der Dom, die verwinkelten Gässchen und historischen Wohnhäuser verleihen der Stadt ihr pittoreskes Erscheinungsbild.

Freizeitangebot in der Umgebung
Bayerischer Wald: Etwa eine Dreiviertelstunde entfernt liegt das größte zusammenhängende Waldgebiet Mitteleuropas, das in weiten Teilen unter Naturschutz steht.
Radtouren: Am Inn entlang führt ein Radweg nach Passau. Besonders Unternehmungslustige können die beliebte und landschaftlich schöne Route bis nach Wien durchfahren.

Geschichte
Um 1050: Graf von Vornbach erbaut die Burg Neuburg. 1158: Die Grafen von Andechs übernehmen die Burg. 1310: Durch den Passauer Friedensschluss fällt sie Österreich zu. 1654: Graf von Sinzendorf erwirbt Neuburg und baut sie zum Barockschluss um. 1680: Sinzendorf wird des Hochverrats bezichtigt und verliert Neuburg. Er stirbt ein Jahr später. 1730: Das Fürstbistum Passau erwirbt Schloss Neuburg. 1803: Säkularisierung. Seit 1998: Internationales Begegnungs- und Tagungszentrum.

Kategorie
Das Hotel gehört mit 4 Sternen zur exklusiv-luxuriösen Kategorie. Ein Doppelzimmer kostet ab 165 Euro pro Nacht. Das Wirtshaus «Hoftaferne» wurde mehrfach ausgezeichnet.

Gästeangebot
Professionell ausgestattete Tagungsräume. Sauna, Solarium und Biergarten.

Veranstaltungen
«Märchenhochzeiten» auf dem Schloss.

Adresse
Schloss Neuburg, Am Burgberg 5, D-94127 Neuburg am Inn, Tel. 08507-911000, Fax 08507-911911, www.schlossneuburg.de

1

2

3

4

Auf der Insel zu sich selbst finden

Die Benediktinerinnen von Frauenchiemsee

Im Dienst der Erwachsenenbildung: Einkehrwochenenden, Meditationskurse, Exerzitien, Tagungen kirchlicher Institutionen, Kurse für bildende Kunst, Musik und Bewegung, Seminare für Herz- und Tumorpatienten.

Wohin hat sich ein von Schmerz geplagter Landadliger im Mittelalter gewandt, um seinem Zipperlein den Garaus zu machen? Ärzte im heutigen Sinn gab es nicht. Gesundbeten setzte bei den meisten mehr Glauben voraus, als sie hatten, und half dennoch nicht. Die Klöster waren nicht nur die nächstbeste, sie waren die erste Adresse und nicht nur zur Linderung der Seelenschmerzen. Dort waren es die Kräutergärten, aus denen kundige Nonnen mancherlei Trank brauten, der ganz so ohne gar nicht war. Gerade heute werden sie wieder entdeckt, weil mancher Pflanzenextrakt genau so gut hilft wie Produkte der Pharmaindustrie. Nicht nur Klöster finden neuen Zulauf, auch die Kloster- und Kräutergärten. Suche nach Lebenshilfe aller Art, so könnte man deshalb mit Fug und Recht auch allen nachsagen, die bis heute zum Kloster Frauenwörth im oberbayerischen Chiemsee übersetzen. Denn der Tradition des Heilens von Leib und Seele sind die Benediktinerinnen des Klosters treu geblieben. Und das immerhin mit erzwungenen Unterbrechungen durch Krieg und Verstaatlichung fast 1200 Jahre lang. Um 850 stand die Selige Irmengard als erste namentlich bekannte Äbtissin der Abtei vor. Sie war eine Tochter König Ludwigs des Deutschen und Urenkelin Karls des Großen. Zeugnis davon geben noch heute die erhalten gebliebene karolingische Torhalle mit ihren künstlerisch hochstehenden karolingischen Engel-Fresken sowie Grundriss und Portal des Münsters.

Die frühe Periode unter dem Herrschergeschlecht der Karolinger wurde aber schon in der ersten Hälfte des 10. Jahrhunderts durch die Ungarnstürme jäh unterbrochen. Eines von vielen Unglücken, das auch durch die Insellage nicht verhindert werden konnte. Aber wenigstens bot das Kloster auf dem Eiland in späteren Jahrhunderten vielen Flüchtlingen, nicht zuletzt aus bedrohten anderen Konventen, Unterschlupf auf Zeit, vor allem während des Dreißigjährigen Krieges. Heute ist Kloster Frauenwörth neben dem Nonnberg in Salzburg das älteste noch bestehende deutschsprachige Frauenkloster nördlich der Alpen.

1 Schwester Scholastica kümmert sich im Klosteralltag mit Bienenfleiß um die Seminargäste. **2** Im klösterlichen Kräutergarten hat der hervorragende Likör seinen Ursprung. **3** Stille Andacht in der Abtei- und Kuratiekirche St. Maria. **4** Feierliche Prozession zu Ehren der Seligen Irmengard, der ersten Klosteräbtissin, angeführt von Äbtissin Domitilla.

Kehren wir ins Jahr 1263 zurück. Die Jahreschronik berichtet von einem «Vorsteher der so wichtigen Kräutergärten» des Klosters. Mit ihrem Gespür für die heilsamen Kräfte der Pflanzen entwickelten die damaligen Klosterfrauen Rezepturen, die auch der weiteren Umgebung des Klosters zum Wohle gereichten. Ihr Ruf drang bis an den Hof des Bayernherzogs Ludwig des Reichen, der sich im Jahr 1470 mit der Bitte um ein Heilmittel an die damalige Äbtissin Magdalena Auer zu Winkel wandte. Das Destillieren, das heißt das «Prennen» und Mischen der «getrennt Wässer» ist in Chiemsee jedenfalls seit dieser Zeit obrigkeitlich bekannt.

Von Anfang des 17. Jahrhunderts an wurde in Frauenchiemsee auch Bier gebraut. Mit dem Gerstensaft und «Brandtwein, in dem Convent außgebrandt» waren immer mehrere Personen beschäftigt: die «Außprennerin von Kräutern», die «Präumeisterin», die Kellermeisterin, die Apothekerin, der Kellermeister und der Fassbinder. Die klösterlichen Hausmittel und Lebensessenzen zur Stärkung der Gesundheit oder zur Freude von Zunge und Gaumen waren in der ganzen Umgebung bekannt und geschätzt.

1803 wurde die Abtei im Zuge der Säkularisation aufgelöst, die Nonnen durften aber wohnen bleiben. Fünf von ihnen erlebten 1838 unter König Ludwig I. von Bayern die Wiedererrichtung. Umgehend wurde die lange Tradition der Chiemseer Erzeugnisse fortgesetzt. Die ursprüngliche Herstellung und Lagerung des «gebrannten» Likörs in großen schweren Eichenfässern ist zwar der modernen Aufbereitung gewichen. Doch werden die Kräuter auch heute noch nach den alten Rezepten gemischt.

Davon können sich die Besucher durch Augenschein überzeugen, wobei sie nicht nur auf die Kräutergewinnung achten. Vor allem gesundheitsbewusste Hausfrauen haben begeistert die Renaissance der natürlichen Ernährung aufgegriffen und nutzen die heimischen Kräuter. Sie holen sich ebenso wie Gartenfreunde Rat und praktische Anregung im Klostergarten. Der «Klosteranger» diente früher vor allem dem Anbau von Gemüse und Kräutern. Erst Mitte der achtziger Jahre des vorigen Jahrhunderts entstand ein liebevoll angelegter Obst- und Blumengarten. Oberhalb der Blumenbeete am nahen Uferweg wurde ein klassischer Kloster-Kräutergarten nach den Weisungen der Äbtissin Hildegard von Bingen (1098 bis 1179) angelegt, deren Bücher in jüngster Zeit zu Bestsellern aufstiegen und damit ein wieder entdecktes Bedürfnis nach Natur in der Küche und bei Alltagskrankheiten bestätigen.

1 Blick über den Friedhof auf die imposante Klosterkirche – der Turm ist das Wahrzeichen des Chiemgaus. **2** Die karolingische Torhalle wurde um 850 erbaut. **3** Aug' in Aug' mit den Vorgängerinnen im Äbtissinnengang. **4** Über allem wacht die Schutzpatronin: Pontifikalamt zum Hohenfest der Seligen Irmengard anlässlich ihres Todestages am 16. Juli.

Eine kleine Schar unermüdlich umherziehender schnatternder Enten mit ihren «Stallungen» belebt die friedliche Gartenidylle. Im Sommer bietet der blühende Garten eine einzige Augenweide für die vom Hauptsteg ankommenden Ausflügler. Lavendel, in kleine handgenähte Kräutersäckchen gefüllt, ist ein begehrtes Mitbringsel aus dem Klosterladen. Besucher, auch Tagestouristen, sind im Kloster herzlich willkommen. Das hat benediktinische Tradition. Die Gemeinschaft der Schwestern von Frauenchiemsee lebt nach der Regel des heiligen Benedikt von Nursia: Einer seiner Grundsätze war und ist die bereitwillige Aufnahme von Gästen im Hause.

1 Begrüßungsessen für die Seminarteilnehmer im klösterlichen Bildungszentrum. **2** Teilnehmer des Qi-Gong-Seminars – die Benediktinerinnen sind auch offen für östliche Kulturen. **3** Brotzeit im Klosterhof. **4** Tausende strömen im Sommer über den Hauptsteg auf die Insel, und dennoch ist das Erlebnis von Stille noch möglich. **5** Der einzige Weg zum Kloster führt mit der Fähre oder dem Boot über den Chiemsee.

Bis zur Säkularisation 1803 unterhielt das Kloster als «Königliches Stift» ein Internat für die Töchter des Adels. Nach der Wiederzulassung widmeten sich die Schwestern folglich in der Zeit nach 1838 der Jugenderziehung in Schule und Internat. 1995 wurde das Internat eingestellt. Neue Arbeitsgebiete haben sich erschlossen, die die

Tradition der Vermittlung christlicher Werte auch im dritten Jahrtausend ermöglichen, beispielhaft, wie sowohl eine Instruktion des Vatikans beweist als auch die Realität auf der Chiemseeinsel.

Der Vatikan fordert in dem Papier die Orden und Gemeinschaften zu neuem Elan und neuen Formen der Präsenz in Kirche und Welt auf. Der prophetische Lebensstil und der verdienstvolle Einsatz der Ordensleute im Erziehungs- und Gesundheitswesen, als Missionare und in der Caritas verlange angesichts neuer Herausforderungen eine «neue Fantasie der Liebe». Die Ordensgemeinschaften und Säkularinstitute müssten die Frische und Ursprünglichkeit ihrer Gründungszeit bewahren und vertiefen, gleichzeitig aber auch mit Unternehmungsgeist und Erfindermut neu auf die Zeichen der Zeit antworten. In der heutigen Zeit sei vor allem das prophetische Zeugnis der Ordensleute gefragt. Ihr Leben nach den Regeln von Armut, Keuschheit und Gehorsam sei ein offener Protest gegen eine unmenschliche Welt.

Das erfüllt das Frauenkloster längst. Es ist ein Ort der Ruhe, aber auch des Lernens, der persönlichen Begegnung und Besinnung, ganz im Dienst der Erwachsenenbildung: Einkehrtage, Meditationskurse, Exerzitien, Tagungen kirchlicher Institutionen, Kurse für bildende Kunst, Musik und Bewegung, Seminare für Herz- und Tumorpatienten sowie Fort- und Weiterbildungsseminare von Unternehmen der freien Wirtschaft und des öffentlichen Dienstes können organisiert werden. Die Bandbreite lässt kaum etwas aus, was moderne Menschen suchen. Das Angebot wird ständig aktualisiert, die Infrastruktur reicht für Gruppen der unterschiedlichsten Größen und wird noch weiter ausgebaut.

Neben klassischen Lebenshilfen aus dem Geist der Benediktinerregel und Einzelexerzitien nach dem Motto «Suche deine Lebensspur» sowie den rein biblischen Themen wie «Tod und Auferstehung» bieten die Nonnen aber auch zum Beispiel meditatives Tanzen, Umgang mit Konflikten, Yoga und Ayurveda, ayurvedisches Kochen, Meditation und Qi Gong, Herzpatientenseminare, Aquarellkurse oder geistliche Musik.

Wem der Weg trotz solcher Reize zu weit ist, der kann sich seine Frauenchiemseer Mittelchen auch online bestellen. Dort gibt es die Klosterliköre ebenso wie Marzipan und Lektüre.

Frauenwörth (Benediktinerinnenabtei)

«Alle Fremden, die kommen, sollen aufgenommen werden wie Christus.»

Anreise
Bahn: Bahnstation Prien am Chiemsee, Strecke München–Salzburg, Schiff ab Prien-Stock zur Fraueninsel.
Auto: A8 München–Salzburg, Ausfahrt Bernau, Weiterfahrt über Prien–Breitbrunn–Gstadt, Schiff ab Gstadt zur Fraueninsel.

Geschichte
Das Benediktirinnenkloster wurde 722 von Bayernherzog Tassilo III. gegründet. 866 starb die erste namentlich bekannte Äbtissin von Frauenwörth, die Selige Irmengard. Als Tochter König Ludwigs des Deutschen und Urenkelin Karls des Großen brachte sie das Kloster zur ersten und weitaus größten Blüte in seiner Geschichte.

5

Sehenswürdigkeiten
Kloster: karolingische Torhalle mit Fresken und Agilolfinger-Ausstellung, romanisches Münster mit gotischem Gewölbe und Barockausstattung, Campanile, Äbtissinnengang.
Umgebung: Herrenchiemsee, Chiemgau.

Klosterbetrieb
Klosterladen, Onlineshop, Likörkellerei, Herstellung von Lebkuchen und Marzipan, Klostergarten, Gaststätte «Klosterwirt».

Gästeangebot
Besinnungstage, Einzelexerzitien, Erwachsenenbildung, Einkehrwochenenden, Meditationskurse, Exerzitien, Tagungen kirchlicher Institutionen, Kurse, Seminare, externe Fort- und Weiterbildungsseminare.

Gottesdienste
Werktag: 5.45 Laudes, 11.30 Mittagshore, 17.20 Vesper; 19.30 Nachthore.

Unterkunft
Altes Gästehaus im Kloster, Tel. 08054-907145.

Auskunft und Reservierung
Kloster: Benediktinerinnenabtei Frauenwörth, 83256 Frauenchiemsee, Tel. 08054-9070, Fax 08054-7967, Internet: www.frauenwoerth.de, E-Mail: gaestehaus@frauenwoerth.de
Touristik: Kur- und Tourismusbüro, Alte Rathausstraße 11, 83209 Prien am Chiemsee, Tel. 08051-69050, Fax 08051-690540, Internet: www.prien.chiemsee.de, E-Mail: info@tourismus.prien.de

1

2

3

4

Fast ein Paradies auf Erden

Erhabenes, beschauliches Benediktbeuern

Berühmte Gäste zogen hier durch oder blieben für länger: Johann Wolfgang von Goethe und Carl Orff, Joseph von Fraunhofer und Thomas Mann.

Wer weiß, zu welch heiteren oder frivolen Liebesliedern Johann Wolfgang von Goethe sich hätte inspirieren lassen, wenn er, sicherlich genüsslich, hätte lesen können, was sich in der Bibliothek des Klosters Benediktbeuern verborgen hielt. Doch 1786 notierte der Dichterfürst in sein Tagebuch lediglich: «Benediktbeuern liegt köstlich und überrascht bei seinem Anblick.»
Goethe besuchte das Benediktinerkloster auf seiner Reise nach Italien. Damals war der Schatz im Pfaffenwinkel noch nicht gehoben. Erst bei der Auflösung des Klosters während der Säkularisation 1803 fanden die neuen staatlichen Herren eine Sammlung hochmittelalterlicher Lieder und Gedichte, die Carmina Burana. 1847 wurden sie nachgedruckt und ein viel späterer Leser, der Komponist Carl Orff, machte sie weltberühmt. Er vertonte 1930 eine Auswahl der Lieder und schuf damit sein bekanntestes Werk.
Frivol, heiter, erhaben, weltoffen, still, beschaulich, behäbig, nachdenklich, gelassen, kaum ein Adjektiv, das ins Bilderbuchvokabularium eines paradiesisch anmutenden Ortes passt, bleibt in Benediktbeuern außen vor. Der Anblick grasender Kühe auf grünen Wiesen vor dem dahingestreckten Kloster mit den alles überragenden Zwiebeltürmen vor Hochgebirgskulisse bedient jedes Klischee von bayerischer Berglandschaft und heiler Welt. Ein Rundgang lässt Höhen und Tiefen des christlichen Abendlandes am geistigen Auge vorbeiziehen bis hin zur Gegenwart, deren Probleme die hier lebenden und studierenden jungen Menschen bewegen.
Ein kulturelles Zentrum war das Kloster schon wenige Jahre nach seiner Gründung im Jahr 739. Seit mehr als 1200 Jahren ist Benediktbeuern mehr als nur eine Stätte des Gebetes, sondern auch der Bildung und Wissenschaft. Bereits in der zweiten Hälfte des 8. Jahrhunderts hatte die Schreibschule ein hohes Niveau erreicht. Vielleicht landeten deshalb die im 12. Jahrhundert entstandenen Carmina Burana später auch dort. Genaueres weiß man bis heute nicht. Die Liederhandschrift enthält mehr als 250 vielstrophige weltliche

1 Kunstvoll geschmiedete Tür zur Anastasiakapelle in der Pfarrkirche St. Benedikt. Die Kapelle wurde 1750 bis 1753 von Johann Michael Fischer an die Sakristei angefügt. **2** Die barocke Pfarrkirche und der Konventsbau stammen aus der zweiten Hälfte des 17. Jahrhunderts. **3** Das klösterliche Wappen in der Anastasiakapelle. **4** Das Kloster liegt malerisch am Fuß der Benediktenwand – auch Goethe machte hier einst Station.

Lieder. Die Begegnung mit diesen Texten faszinierte Orff so sehr, dass ihn «Bild und Worte überfielen». Noch am selben Tag skizzierte er den ersten Chorsatz «O Fortuna» (Das Glück). «Der mitreißende Rhythmus, die Bildhaftigkeit dieser Dichtungen und nicht zuletzt die vokalreiche Musikalität und einzigartige Knappheit der lateinischen Sprache fesselten ihn», heißt es in einer Würdigung.
Das ewige Kreisen der Welt zwischen Glück und Unglück, Aufstieg und Niedergang vertonte Orff mit wenigen, immer wiederkehrenden Mitteln in einem großen Chorsatz am Anfang und Schluss. Der Mittelteil besteht aus einzelnen Bildern: «Uf dem Anger» – auf dem Dorfplatz; «In Taberna» – in der Schänke; «Cour d'Amour» – eine liebliche Musik voller Erotik. Zum Höhepunkt des Werkes singen Blanziflor, ein Held der französischen Rittersage, und Helena eine mitreißende Hymne auf die Liebe.
Die mittelalterlichen Texte inspirierten Carl Orff zu einer prallsinnlichen Musik mit starker Vereinfachung in Rhythmik und Harmonik. Vermutlich ist seine Musik deshalb so populär geworden. Obwohl das Kloster mit den Carmina Burana nur als einstiger Aufbewahrungs- und Fundort zu tun hat, bereitet der Hörgenuss dieser Lieder auf Benediktbeuern vor. Wie gregorianische Gesänge traditionellen Benediktinerklöstern ihre Stimme durch die Jahrhunderte verleihen, so lassen Orffs Vagantenlieder heute das ehemalige Benediktinerkloster musikalisch zu uns sprechen.
Der verborgene, möglicherweise abenteuerliche Weg der lateinischen, aber auch mittelhochdeutschen Lieder bis in den Pfaffenwinkel konnte bisher nicht geklärt werden. Das schmälert das Ansehen des Klosters natürlich nicht. Genau genommen sind sie in der 1200-jährigen Geschichte des Ortes auch nur eine Randerscheinung. Die Abtei wurde auch so mit ihrer gut ausgestatteten Bibliothek und den darin arbeitenden Wissenschaftlern berühmt. Sie fühlte sich von Anfang an der Gelehrsamkeit verpflichtet. Zeitweise befand sich in Benediktbeuern das «Studium commune» der bayerischen Benediktiner. 1724 machte Pater Karl Meichelbeck mit seiner «Historia Frisingensis» von sich reden: der ersten, unter Ver-

1 Arkadenhof mit Kreuzgang. **2** Verführerische Opulenz im barocken Alten Festsaal: Die prächtige Stuckdecke wurde 1672 bis 1675 von Caspar Feichtmayr geschaffen, die 29 Deckengemälde stammen von den Südtiroler Künstlern Stephan und Michael Kessel. **3** Dachgiebel des Klostergebäudes mit Ädikula und Statue. **4** Üppiger Barock mit Blattornamentik, Putti und Girlanden dominiert auch den Kapitelsaal, den Feichtmayr 1686 bis 1690 stuckiert hat. **5** Treppenhaus im Fürstentrakt. **6** Deckengemälde im Barocksaal: «Der Kosmos huldigt Jesus Christus als Grund- und Zielpunkt der Schöpfung».

6

wendung der historisch-kritischen Methode verfassten Geschichte eines süddeutschen Bistums.

Goethe und Orff waren auch nicht die Einzigen, die sich von Benediktbeuern anziehen ließen. Von 1807 an arbeitete der Physiker Joseph von Fraunhofer mehrere Jahre lang in den Räumen des Klosters, wo ihm bahnbrechende optische Entdeckungen gelangen. Ein Glashüttenmuseum erinnert heute an ihn. In den dreißiger Jahren des 20. Jahrhunderts war Thomas Mann zu Gast in Benediktbeuern. Da war es aber schon kein historisches Kloster der Benediktiner im Eigentum des bayerischen Staates mehr, sondern war erfüllt von einer neuen Aufgabe mit neuen Besitzern.

Die Salesianer Don Boscos, Priester kauften 1930 die Klosteranlage, um hier ein Jahr später eine Lehranstalt zur philosophischen und theologischen Ausbildung des Ordensnachwuchses einzurichten. Heute wird die Hochschule längst nicht mehr nur von Ordensangehörigen besucht, und sie hat gerade in den letzten Jahren einen stetigen Wandel erlebt. 1981 erhielt sie vom Freistaat Bayern die Anerkennung als nichtstaatliche wissenschaftliche Hochschule, die nach einem zehnsemestrigen Studium das Diplom in Katholischer Theologie verleiht. Schon nach vier Semestern kann hier das kirchlich anerkannte Bakkalaureat in Philosophie erworben werden. Seit 1990 besitzt die Hochschule das staatliche und seit 1992 das kirchliche Promotionsrecht; 1992 wurde sie von der römischen Kongregation für das Bildungswesen zur Theologischen Fakultät erhoben. Seit 2000 besitzt die Hochschule das Habilitationsrecht.

Zur Philosophisch-Theologischen Hochschule der Salesianer Don Boscos ist 1971 die Abteilung Benediktbeuern der Katholischen Stiftungsfachhochschule München hinzugekommen, auch sie ist im Kloster untergebracht. Die Fachhochschule bietet den achtsemestrigen Studiengang Soziale Arbeit an. Dadurch ist es möglich, ein «Doppelstudium» der Theologie und der Sozialen Arbeit zu absolvieren. Zu den Studienschwerpunkten der Fachhochschule gehört seit ein paar Jahren auch die Umwelt- und Kulturpädagogik. 1988

wurde im ehemaligen Landwirtschaftsgebäude des Klosters das Benediktbeurer Zentrum für Umwelt und Kultur eingerichtet, das verschiedene Projekte zur ökologischen Jugend- und Erwachsenenbildung betreut und sich besonders um den Erhalt der Loisach-Kochelsee-Moore bemüht. Hier wie auch in der Jugendbildungsstätte «Aktionszentrum», im offenen Jugendtreff «Don-Bosco-Club» und in der Jugendherberge können die angehenden Sozialpädagogen und Theologen praktische Erfahrungen im Umgang mit Menschen sammeln und so unter einem Dach Theorie und Praxis verbinden.
Seit Ende 1998 besteht in Benediktbeuern zudem die «Clearingstelle Kirche und Umwelt». Zu ihren Aufgaben gehört es, die Forschung zur christlichen Umweltethik voranzutreiben und Arbeitsmaterialien für Bildung und Seelsorge zu erstellen.

Dieser Ausflug in die heutigen Aufgabenbereiche des Klosters bräuchte den Besucher, der nur kurze Zeit bleiben kann, nicht zu interessieren, zumal, wenn er sich lieber bewundernd der Architektur zuwenden will. Er wird da auch reichlich bedient: Die Klosterkirche ist ein deutlich italienisch beeinflusster Barockbau mit wertvollen Fresken von Hans Georg Asam, bei denen er erstmals in Bayern die aus Italien stammende Illusionsmalerei anwendete. Erlesen sind auch die um 1730 von Johann Baptist Zimmermann gestalteten Räume des Festsaals, Speisesaals und der Bibliothek.

1 Ort zum Verweilen: der Kräutergarten am Maierhof. **2** Im Biergarten werden kulinarische Schmankerln serviert. **3** Für die Teilnehmer an Fort- und Weiterbildungskursen stehen Gastzimmer zur Verfügung. **4** Schulklasse im Aktionszentrum während der «Besinnungstage». **5** Schmelzofen im Museum der Fraunhofer'schen Glashütte.

Das moderne Kontrastprogramm zum Kunstgenuss ist aber in Benediktbeuern sozusagen untrennbar eingebaut. Gerade die barocke Schönheit erinnert hier daran, dass es etwas zu bewahren gilt. Die Benediktbeurer Einrichtungen möchten sich in Zukunft vor allem der Bewusstseinsbildung und Werteerziehung widmen, und zwar vor allem in Verbindung mit Initiativen für einen nachhaltigen Lebensstil, einem konsequenten Umweltmanagement in der Verwaltung sowie beispielgebenden Projekten der globalen Solidarität. Dabei sollen die besonderen «Benediktbeurer Chancen» genutzt werden, die sich daraus ergeben, dass jährlich mehrere tausend junge Menschen das Kloster besuchen, hier zwei Hochschulen Mitarbeiterinnen und Mitarbeiter für Kirche und Gesellschaft ausbilden, intensive Fort- und Weiterbildung betrieben wird und dass der Orden der Salesianer Don Boscos weltweit zum Wohl junger Menschen arbeitet und dabei ein globales Netzwerk für den Erfahrungsaustausch aufgebaut hat.

Die im Kloster arbeitenden Institutionen reden nicht nur von Nachhaltigkeit. Sie realisieren ihre Umweltideen auch vor Ort. Stolze 80 Prozent der Energie kommt aus regenerativen Methoden. Geistiges und Geistliches werden also vielfach angeregt und geboten. Doch die bayerischen Voralpen laden zu mehr ein. Im Sommer werden in der Benediktbeurer Basilika oder im Barocksaal des Klosters Konzerte mit klassischer Musik veranstaltet. Für diejenigen, die hoch hinauswollen, bieten die Benediktenwand und die umliegenden Berge des Alpenvorlandes vielfältige Möglichkeiten, die Welt von oben zu überblicken. Die Wassersportler kommen in den nahe gelegenen Seen wie Walchen-, Kochel-, Ammer-, Starnberger und Tegernsee voll auf ihre Kosten.

Was wäre aber ein bayerisches Kloster in benediktinischer Tradition ohne ein deftiges Angebot an Speis und Trank? Schon in der Mitte des 13. Jahrhunderts begannen die Mönche hier damit, ihr eigenes Bier zu brauen. Diese Brautradition wurde bis zur Säkularisierung im Jahre 1803 fortgesetzt. Dann verwandelte sich die kleine Braustätte in einen Staatsbetrieb und die Klosterschänke in ein öffentliches Wirtshaus. 1925 wurde der Braubetrieb eingestellt.

1990 eröffnete der Gastwirt Georg Weigl im ehemaligen Jungrinderstall des Maierhofes der Tradition gemäß wieder das so genannte «Klosterstüberl». In altbayerischem Ambiente offeriert er Spezialitäten, die in dieser Gegend seit Jahrhunderten daheim sind: herzhafte Brotzeiten, Schmankerln wie den bayerischen Bauernpresssack schwarz und weiß, serviert mit ofenfrischen Brezen, gebackenen Kalbskopf und kälberne Milzwurst oder Klassiker wie Schweinebraten mit Kruste, am Sonntag serviert mit zünftiger Musi beim Frühschoppen. Das Fleisch stammt von heimischen Bauern, die ihr Vieh noch auf den saftigen Alpenwiesen grasen lassen.

Aus der Klostergärtnerei, die Kräuter und Gemüse ganz ohne Einsatz von Düngemitteln und Pestiziden anbaut, kommen die knackigen Salate und natürlich der Bierradi, der in Bayern wie selbstverständlich zum Bier gehört. Gesegnete Mahlzeit.

Benediktbeuern (Salesianer Don Boscos)

«Das Kloster ist damals wie heute ein geistiges und geistliches Zentrum von überregionaler Bedeutung.»

Anreise
Bahn: Benediktbeuern über München–Tutzing–Kochel.
Auto: A95 München–Garmisch, Ausfahrt Sindelsdorf.

Geschichte
739 gegründet, war Benediktbeuern eines der bedeutendsten Benediktinerklöster Bayerns. Die Säkularisation im Jahr 1803 beendete das klösterliche Leben abrupt. 1930 erwarben die Salesianer Don Boscos das Kloster vom Freistaat Bayern.

Sehenswürdigkeiten
Kloster: barocke Klosteranlage, Kreuzgang, Basilika, Anastasiakapelle, Barocksaal, ehemaliger Bibliothekssaal mit Deckengemälde von Johann Baptist Zimmermann, Kapitelsaal, historische Fraunhofer-Glashütte.
Umgebung: Benediktenwandgruppe,Loisach-Kochelsee-Moore, Freilichtmuseum Glentleiten, Franz-Marc-Museum, Benediktbeurer Konzerte.

5

Klosterbetrieb
Philosophisch-Theologische Hochschule, Fachhochschule, Jugendpastoralinstitut, Aktionszentrum, Jugendherberge, Zentrum für Umwelt und Kultur, Klosterladen.

Gästeangebot
Mitleben in der Hausgemeinschaft, geistliche Einzelbegleitung, Kursprogramm der Jugendbildungsstätte, Europäische Jugendwochen, Seminare, Tagungen, Konzerte, wechselnde Ausstellungen.

Gottesdienste
Werktag: 6.30 Eucharistie, 17.45 Stundengebet.
Sonntag: 9.00 Eucharistie, 17.45 Stundengebet.

Unterkunft
Gästehaus: Einzel-/Doppelzimmer, Dusche/WC, Tel. 08857-88195, E-Mail: gaestehaus@kloster-benediktbeuern.de.
Maierhof: 10 Appartements, Dusche/WC, Tel. 08857-88761, E-Mail: zuk.pr@t-online.de.

Auskunft und Reservierung
Kloster Benediktbeuern, Don-Bosco-Straße 1, 83671 Benediktbeuern, Tel. 08857-880, Fax 08857-88199, Internet: www.kloster-benediktbeuern.de, E-Mail: info@kloster-benediktbeuern.de.
Touristik: Gästeinformation Benediktbeuren, Prälatenstr. 3, 83671 Benediktbeuern, Tel. 08857-248, Fax 08857-9470, Internet: www.benediktbeuern.de, E-Mail: vamt@benediktbeuern.de.

Ein wahres Alpenidyll

Schloss Elmau liegt in einer Bilderbuchlandschaft

Wo schon der Naturliebhaber und bayerische Märchenkönig Ludwig II. sein Jagdschloss Schachen bauen ließ, steht bis heute ein Refugium der Extraklasse.

Schloss Elmau wurde zwischen 1914 und 1916 erbaut von Dr. Johannes Müller, einem natur- und kunstverliebten Schriftsteller, der sich gerne von seiner Mäzenin, Gräfin Waldersee, das Projekt finanzieren ließ. Müller dachte sich Elmau als Refugium für Künstler, hauptsächlich Musiker, und war inspiriert von der Lebensreform-Bewegung, die Verbindungen zu Rudolf Steiner und den Anthroposophen aufwies.

Der alte Müller hatte das Ziel, die Politik und die Auswüchse der modernen Gesellschaft aus dem Hochtal im Wettersteingebirge zu verbannen und hier zu sich selbst zu finden. Sein Enkel, Dietmar Müller-Elmau, nahm einen Kurswechsel vor und verwandelte Schloss Elmau in ein Zentrum für aktuelle Debatten mit Intellektuellen aus Europa, USA und Israel. Nicht selten wurden hier auch politische Entwicklungen mit angestoßen, wie etwa die Einführung der Green Card in Deutschland. Elmau bleibt jedoch weiterhin der Musik verbunden: Über das ganze Jahr hinweg finden Konzerte mit den großen Meistern ihres Fachs von Gidon Kremer bis Herbie Hancock oder Chick Corea statt. Unter den regelmäßigen musikalischen Veranstaltungen ist die wohl bekannteste das «Europäische Jazzfestival» Ende Oktober.

Die Lage Elmaus ist fantastisch – abgeschieden und weitläufig ist das Tal mit dem atemberaubenden Ausblick auf die Wettersteinwand im Süden. Die Räume sind je nach Gebäude – Schloss Elmau besteht aus einem Schlosshotel, dem exklusiven Westflügel, aus dem eher privaten «Müllerhaus» und dem Gasthaus «Alpengut Elmau» – mal modern, mal traditionell. Ähnliches gilt für die Küche: Vom Wintergartenrestaurant bis zum «Luce d'Oro», das mit einem Michelin-Stern ausgezeichnet wurde – in jedem der sechs Restaurants genießt man Kochkunst vom Feinsten.

In der Enklave ergänzt ein breites Sportangebot die lukullischen und geistigen Genüsse: Tennis auf hoteleigenen Plätzen oder Golfen in der unmittelbaren Umgebung sowie die zahlreichen Wanderrouten vor dem herrlichen Alpenpanorama.

1 Schmuckes Schrankdetail. **2** Schloss Elmau ist bekannt für seine Konzerte von Klassik bis hin zu Jazz und Avantgarde. **3** Das Müllerhaus. **4** Die traumhafte Bergkulisse lädt zum Wandern und Radfahren ein.

1

2

3

4

5

1 Gemütlich und mondän zugleich: die Hotellobby. **2** Blick in den Rezeptionsbereich. **3** Gemütliches Zusammensein im Kaminzimmer. **4** Farbenfroh: reich verzierter Bauernschrank. **5** Auch für große Gesellschaften und Bälle steht ausreichend Platz zur Verfügung. **6** Rustikale Möbel … **7** … und moderne Ausstattung in vielen Zimmern sind kein Widerspruch. **8** Hinter der verwinkelten Fassade finden sich Zimmer unterschiedlichsten Zuschnitts. **9** Vielleicht das wichtigste Element bei Schloss Elmau – die atemberaubende Natur, hier der Elmauer Bach.

Hotel Schloss Elmau

«So nah und schon in einer anderen Welt»

Anreise
Auto: Nach Mittenwald in das Dorf Klais. Links abbiegen über die Eisenbahngleise. Erst rechts, dann links an der Kapelle auf die Mautstraße nach Elmau.
Bahn: Bahnhof Klais. Taxi (auf Wunsch vom Hotel organisiert) nach Schloss Elmau.

Sehenswürdigkeiten
König-Ludwig-Schlösser: Alle in einer Stunde erreichbar. Einst hatte der Märchenkönig den Wunsch ausgesprochen, man sollte die Schlösser nach seinem Tode sprengen. Glücklicherweise hat niemand je daran gedacht, Schachen, Linderhof, Neuschwanstein oder Herrenchiemsee zu zerstören, und so lebt in ihnen die Erinnerung an einen der faszinierendsten Herrscher Bayerns weiter.

9

Freizeitangebot in der Umgebung
Wetterstein- und Karwendelgebirge: Die grandiose Berglandschaft lädt ein zum Wandern in allen Schwierigkeitsgraden sowie Mountainbiking, Schwimmen und Skifahren. Die prominenteste Erhebung ist die Zugspitze mit 2963 Metern.

Geschichte
1914–16: Erbaut durch den Lebensreformer Johannes Müller mit Unterstützung seiner Mäzenin Gräfin Waldersee. Zunächst diente Schloss Elmau als Refugium für Künstler, vor allem Musiker. 1997: Seit der Neuausrichtung des Schlosshotels durch den Enkel Dietmar Müller-Elmau hält die Weltpolitik zunehmend Einzug in Elmau.

Kategorie
Je nach Schlossteil unterscheidet sich die Preisklasse der Zimmer. Allerdings gehört Elmau mit 4 bis 5 Sternen in jedem Fall zur exklusiven Kategorie. Preise für Suiten und Apartments ab 135 bis 365 Euro, für Doppelzimmer ab 115 bis 165 Euro.

Gästeangebot
Schloss Elmau bietet Rundumversorgung für das geistige und leibliche Wohl: Seminarräume, Konzerte, Tanzwochen, Wandertouren, Tennis, Wellness, Hallenbad und zur Entspannung die Sauna mit natürlicher Gumpe. Insgesamt fünf Golfplätze sind innerhalb einer Stunde erreichbar.

Veranstaltungen
Kammermusikwoche im Januar, große Maskenbälle zu Fasching, Kammermusiktage zu Ostern und Pfingsten, «JazzClassica»-Festival im Juli–August und «European Jazzfestival» Ende Oktober/Anfang November.

Adresse
Schloss Elmau, D-82493 Elmau, Tel. 08823-180, Fax 08823-1877, www.schloss-elmau.de

1

2

3

4

Leib und Seele zusammenhalten

Der Heilige Berg ruft und alle kommen nach Andechs

Wo alle gleich sind und bayerische Gemütlichkeit groß geschrieben wird. Besinnung, Erbauung und benediktinische Gastlichkeit unter einem Dach.

Eine alte Erfahrung unter Christgläubigen hat schon immer geraten: «Wenn nichts mehr geht, dann geh!» Gemeint war damit nicht eine Kündigung oder ein Abschied auf ewig. Wenn früher dieser Rat gegeben wurde, dann verbarg er eine freundliche Aufforderung, den Pilgerstab in die Hand zu nehmen. Bei einer Wallfahrt konnten trübe Gedanken verscheucht, neuer Mut und Zuversicht getankt werden. Sie brachte oft genug auch Leib und Seele wieder zusammen.

Nirgends trifft dies bis heute mehr zu als auf einem heiligen Berg in Bayern, der den Münchnern vor die Haustür gesetzt und bei einem Sonntagsausflug leicht zu erreichen ist. Der heilige Berg empfängt den mit Mühsal Beladenen nicht nur mit seiner himmelwärts weisenden Kirche und dem schlanken Zwiebelturm. Natürlich harren dort oben auch Mönche der Sünder. Es sind Benediktiner – keine Nebensache, auch wenn es vielen so scheint. Die Rede ist vom populärsten Wallfahrtsort, vom Kloster Andechs unweit des Ammersees mit seiner Klosterbrauerei.

Nirgends in der ganzen kirchlichen Welt von heute gibt ein Kloster vielleicht so eindeutig Antwort auf die Frage nach dem Geheimnis des Zusammenhalts von Leib und Seele wie Andechs. 1,5 Millionen Besucher ziehen jährlich den Weg zum Klosterberg hinauf, um ebenso Erbauung und leibliches Wohl zu befriedigen. Biergenuss steht bei vielen im Vordergrund. Doch auch sie können sich auf der Aussichtsterrasse des «Bräustüberls» angesichts der Fernsicht auf den Wendelstein bis zu den Allgäuer Alpen dem Gefühl, dem Schöpfer besonders nahe zu sein, nicht entziehen.

Von jeher war den Mönchen die Sorge um das leibliche Wohl des Gastes ein besonderes Anliegen. Nach der Regel des heiligen Benedikt: «Alle Fremden, die kommen, sollen aufgenommen werden wie Christus», wurden Pilger von den Benediktinern verköstigt. Die benediktinische Tradition der Gastfreundschaft und die bayerische Gemütlichkeit finden in Andechs zu einer fast einmaligen Symbiose zusammen. Von einem ihrer Patres könnte eine

1 Glockenweihe mit Weihwasser, Weihrauch und Chrisam auf dem heiligen Berg. **2** Das winterliche Andechs. **3** Fensterausschnitt im «Bräustüberl»: Klösterliche Gartenarbeit hat eine lange Tradition. **4** Abt Johannes Eckert bei der Glockenweihe auf dem heiligen Berg.

1 Musiker-Quintett im Konzertsaal. **2** Beliebtes Ausflugsziel nahe München: der klösterliche Biergarten. **3** Am besten schmeckt das Andechser Bier im «Bräustüberl» auf dem Heiligen Berg. **4** Im rustikalen Florian-Stadl findet im Sommer das jährliche Carl-Orff-Festival statt.

Anekdote stammen: Im Mittelalter stellte sich den Mönchen die bis heute nur in Bayern eindeutig beantwortete Frage, ob Bier denn ein Genuss- oder ein Lebensmittel sei. Benediktinermönche wollten dieses fundamentale Problem von Rom lösen lassen. Sie schickten ein nicht ganz gefülltes Fass Bier an die päpstliche Kurie, um dort das letztinstanzliche irdische Urteil zu erfragen. Auf dem Transport soll das Bier so durcheinander geschüttelt worden sein, dass es bei der Ankunft in Rom ungenießbar sauer war. Da fiel den Prälaten, die lieber dem Wein zusprachen, der Befund nicht schwer: «Wahrlich ein echtes Fastengetränk.» Dabei ist es bis heute geblieben.

Angefangen hat die Geschichte von Andechs um das 10. Jahrhundert. Der Überlieferung nach ließ ein Ahnherr des Andechser Fürstengeschlechts, der heilige Rasso, Reliquien, die er im Heiligen Land erworben hatte, in der Kapelle der Burg von Andechs lagern, der Hausburg seiner Familie. Der im Laufe der Zeit ständig vermehrte Reliquienschatz, darunter die «Drei Heiligen Hostien», legte den Grundstein für Andechs als einen der berühmtesten deutschen Wallfahrtsorte. Das Geschlecht der Andechser Grafen brachte Königinnen, Bischöfe und sogar Heilige, die heilige Hedwig und die heilige Elisabeth von Thüringen, hervor.

Nach dem Ende der männlichen Linie Mitte des 13. Jahrhunderts wurde die Burg zerstört und die Andechser wären im Dunkel der Geschichte verschwunden, wenn da nicht weit und breit der Reliquienschatz bekannt gewesen wäre, der bei der Zerstörung ver-

schwunden war. Neben den «Drei Heiligen Hostien» wurden Zweige der Dornenkrone Christi, das Siegeskreuz Karls des Großen und einige andere wurden fast unauffindbar in der Burgkapelle vergraben. Im Jahr 1388 soll der Sage nach der Schatz durch ein kleines Wunder wieder gefunden worden sein. «Während der Messe huschte eine Maus durch die Kirche und verlor ein Stück Pergament, worauf der Platz der vergrabenen Heiligtümer verzeichnet war.» 1423 veranlasste Herzog Ernst von Bayern den Bau der jetzigen Wallfahrtskirche und verlieh dem Berg den Namen «Heiliger Berg». Allein von 1622 bis 1626 zog es eine halbe Million Pilger nach Andechs. Nach einem Blitzeinschlag brannte in der Nacht zum 4. Mai 1669 das Kloster fast völlig aus. Wie durch ein Wunder blieb der Reliquienschatz unversehrt in der Heiligen Kapelle.

Wie seit vielen Jahren finden sich heute Alt und Jung im Biergarten ein, um ohne Standesunterschiede in dieser urwüchsig-bayerischen Atmosphäre zu entspannen. Jeder holt sich sein Bier selbst, wie es bayerische Tradition gebietet. Womit sich der Kreis dessen schließt, was Kloster Andechs für seine Besucher aus aller Welt bereithält: Besinnung, Erbauung und bayerische Gastlichkeit.

Andechs (Benediktinerkloster)

«Unsere Tradition ist es, fortschrittlich zu sein – unseren Fortschritt verdanken wir einer großen Tradition.»

Anreise
Bahn: S-Bahn S5 München–Herrsching, von der S-Bahnstation Herrsching aus mit Bus oder Taxi.
Auto: Autobahn A96 München–Lindau, Ausfahrt Oberpfaffenhofen Richtung Herrsching.

Geschichte
Klostergründung 1455 durch Herzog Albrecht III. zur Betreuung der Wallfahrt. 1755 wurde die Kirche unter Federführung von J.B. Zimmermann in den bis heute erhaltenen Rokokoraum verwandelt. Nach der Säkularisierung des Klosters 1803 wurde es 1846 von König Ludwig I. erworben und 1850 an die Abtei St. Bonifaz in München als Wirtschaftsgut übergeben.

4

Sehenswürdigkeiten
Heiliger Berg: Kirche, Kirchturm, Heilige Kapelle, Fürstentrakt, Stuckaturen des bayerischen Barock und Rokoko, Klosterbrauerei und -brennerei, Kräutergarten.
Umgebung: Oberbayerisches Fünf-Seen-Land, Schifffahrt auf dem Ammer- u. Starnberger See, Carl-Orff-Museum in Dießen.

Klosterbetrieb
Klosterbrauerei, Bräustüberl, Brennerei, Klosterladen, Klostermetzgerei, Klostergasthof mit Garten, jährliches Festspiel «Orff in Andechs» im Florian-Stadl, Online-Shop.

Gästeangebot
Ferienwochen für Jugendliche, Einzelaufenthalte im Kloster, Exerzitien für Manager, Besinnungstage für Unternehmer/-innen und Manager/-innen, Führungstraining auf der Basis der Benediktsregel, Seminare und Tagungen. Vermietung von Tagungsräumen für Veranstaltungen im Fürstentrakt des Klosters sowie im Florian-Stadl und im Alten Pferdestall, Führungen auf dem Heiligen Berg.

Gottesdienste
Mittwoch: 18.00 Abendgebet der Mönche mit Eucharistiefeier. *Sonntag:* 9.00, 10.15, 11.30 Messfeiern, 18.00 Uhr Messe.

Unterkunft
Klostergästetrakt: Einzel-/Doppelzimmer mit Etagendusche/WC. Zimmerreservierung in nahen Hotels über das Kloster möglich, Tel. 08152-376239

Auskunft und Reservierung
Kloster Andechs, Bergstraße 2, D-82346 Andechs, Tel. 08152-3760, Fax 08152-376143, Internet: www.andechs.de, E-Mail: info@andechs.de

Blick auf das an der Donau gelegene Mautern in Niederösterreich. Darüber thront das Stift Göttweig.

Österreich

1

2

3

Himmlischer Luxus über den Wolken

Schloss Mönchstein genügt höchsten Ansprüchen

Das Luxushotel hoch über Salzburg beherbergte zahlreiche Vertreter des Hochadels: etwa den Fürst von Liechtenstein sowie «Kaiser» Franz Beckenbauer.

Die Anfänge Schloss Mönchsteins verlieren sich in der Obskurität vergangener Zeiten: Sicher ist nur, dass ein Mönch oder Eremit den Mönchsberg für geeignet hielt, Gott ein Zuhause zu geben und darauf eine Kapelle errichtete. Später kamen eine Zisterne und ein steinerner Turm dazu. 1622 wurde das Schlösschen an das Kloster Mülln verkauft. Erzbischof Paris Lodron ließ Befestigungsanlagen und Zugbrücke um die Schlossanlage bauen und empfing hier seine Gäste. Die Tradition der Gastfreundschaft blieb auch gewahrt, als 1654 das Stift St. Peter den Besitz erwarb – vornehmlich für die «Gelehrten Herren Professoris» zur «Erholung von der schweren Kopfarbeit». Man nannte es das «Professorenschlössl».

Das Turmzimmer, in dem sich heute «Das kleinste Restaurant der Welt» befindet, wurde als astronomische Beobachtungsstation genutzt. Der Mönchstein war damals schon eine Berühmtheit: Die einer guten und umfangreichen Mahlzeit nie abgeneigte Kaiserin Maria Theresia speiste hier, Katharina von Rußland bedankte sich mit einem Gürtelband bei ihren Gastgebern, die Fürstin von Liechtenstein hatte «Ihre Steinbank» zum Schauen über Salzburg beim Gartenhaus, und der Poet Alexander von Humboldt begeisterte sich über dieses «Stück Paradies» in der Mozartstadt.

1956 wurde Mönchstein verkauft und zum Luxushotel umgebaut. Die Liste der Gäste liest sich seitdem nicht minder wie ein «Who´s Who» der Prominenz: Schloss Mönchstein gelang es, die Wünsche von Sir Peter Ustinov und Naomi Campbell, David Hasselhoff und Tommy Hilfiger gleichermaßen zu erfüllen. Kein Wunder: Die individuell gestalteten Suiten mit wertvollen Antiquitäten und luxuriösen Marmorbädern verbinden alte Tradition mit modernem Design und neuester Technik. Die Aussicht auf Salzburg kann sich mit der, die die benachbarte Erzbischöfliche Festung gewährt, leicht messen. Wem ein solches Panorama noch nicht genügen sollte, den entführen die Schlossherren auf eine Helikoptertour über den Mönchsberg und die Stadt.

1 Zu Füßen des Mönchstein fließt die Salzach quer durch Salzburg.
2 Das exquisite Schloss-Restaurant gilt als bestes Restaurant Salzburgs.
3 Amors Pfeil weist zum luxuriösen Hotel Schloss Mönchstein.

1

2

3

4

1 Ein Drink zum Ausklang des Tages in der Hotelbar. **2** Moderne Plastiken schmücken die Rezeptionshalle. **3** Die luxuriösen Zimmer sind alle individuell gestaltet. **4** Im Schloss-Restaurant «Paris Lodron». **5** Stilvoll speisen. **6** Aus der Badewanne lässt sich in Ruhe der Blick auf Salzburg genießen. **7** Schon Sir Peter Ustinov hat in dieser Suite gewohnt. **8** In der Hochzeitskapelle heiraten Paare aus aller Welt.

Hotel Schloss Mönchstein

«Hotspot der österreichischen Hotellerie»

Anreise
Auto: A 1 Richtung Salzburg, dann auf den Mönchsberg.
Bahn: Vom Bahnhof Salzburg mit dem Taxi auf den Mönchsberg.

Sehenswürdigkeiten
Salzburg: Die 2000 Jahre alte Stadt ist eine der bedeutendsten Kulturstätten Mitteleuropas. Die Erzbischöfliche Festung, die zahlreichen Kirchen und Klöster bezeugen ihre Vergangenheit als geistliches Zentrum diesseits der Alpen. Mozart und Thomas Bernhard zählen zu ihren prominentesten Söhnen. Die alljährlichen Festspiele im Sommer sind weltberühmt. Die Karten zu den Veranstaltungen sind auf Monate im Voraus ausgebucht. Bei Interesse rechtzeitig informieren!

Freizeitangebot in der Umgebung
Salzburger Land: Die Gegend um Salzburg ist ein Wanderparadies: Der neue «Alpen-Weitwanderweg» mit einer Länge von 160 Kilometern ist im deutsch-österreichischen Raum einzigartig. Die Weitwanderweg-Runde erstreckt sich über den deutsch-österreichischen Alpenraum und führt durch die atemberaubenden Wanderrouten im Salzburger und Berchtesgadener Land.

Geschichte
1350: Erstmalige urkundliche Erwähnung als «Tetelheimer Turm». 1622: Verkauf des Schlosses an das Kloster Mülln. Erzbischof Paris Lodron lässt Befestigungsanlagen wie Monikapforte, Augustinerpforte und Zugbrücke bauen. 1654: Erwerb durch das Stift St. Peter. 1956: Umbau zum einzigen 5-Sterne-Schlosshotel Salzburgs. 1984: Der Grand Award «bezauberndstes Stadthotel der Welt» wird vom «Hideaway Report» verliehen. Seit 2003: Umfassende Renovierung und Erweiterung.

Kategorie
5 Sterne, exklusiv. Alle Zimmer sind individuell und luxuriös eingerichtet. Eine Übernachtung im Doppelzimmer kostet zwischen 280 und 560 Euro pro Person. Suiten bis 1950 Euro. Heimische und internationale Topweine sowie exquisite Küche: Das Schloss-Restaurant wurde mit zwei Hauben von Gault Millau bedacht und somit in der Stadt Salzburg als eines der besten Restaurants bewertet.

Gästeangebot
Das Hotel verfügt über Tagungs- und Seminarräume. Hochzeit mit Trauung in der Schlosskapelle ist auf Anfrage möglich. Piano-Musik-Abende in der Orangerie «Apollo», viele Specials je nach Jahreszeit. Da Mönchstein laut Experten in einem positiven Kraftfeld liegen soll, werden individuell abgestimmte «Well-Being-Programme» mit Personal Trainern und Entspannungsbädern angeboten, Kochkurse auf Anfrage.

Veranstaltungen
Zu Weihnachten und Silvester finden auf dem Schloss rauschende Feste statt.

Adresse
Hotel Schloss Mönchstein, Mönchsberg Park 26, A-5020 Salzburg, Tel. 0043-662-848555-0, Fax 0043-662-848559, www.monchstein.com

1

2

3

Burgenromantik und guter Wein

Im Herzen der Wachau – Burg Oberranna

Der Streit zwischen dem Bistum Passau und dem Markgrafen Leopold III. um Oberranna markiert die Epoche der politischen Trennung Österreichs vom Reich.

Die Burg Oberranna wurde 1070 mit einem Pilgrim von Ranna-Grie erstmals erwähnt, wobei aber die Herren von Grie bereits im 11. Jahrhundert im Gefolge der Grafen von Formbach aus Bayern ins Waldviertel gekommen sind. Unter «Grie» versteht man einerseits Niederranna und andererseits jenes menschenleere Gebiet, das Bischof Altmann von Passau 1083 dem Benediktinerstift Göttweig schenkte. Pilgrim übergab 1108 einen Teil der Herrschaft Niederranna dem Stift Göttweig und nahm anschließend an einem Feldzug König Heinrichs V. gegen die Ungarn teil. Danach trat er in das Stift ein. Sein Bruder Waldo vermachte seinen Besitz dem Landesherrn, Markgraf Leopold III., der die Loslösung vom Bistum Passau betrieb, alle Schenkungen Pilgrims einzog und Oberranna seiner Schwester Gebirg übergab. Mit ihrem Tod begann ein langwieriger Rechtsstreit zwischen dem Sohn des Markgrafen, dem Stift und dem jüngeren Pilgrim. Letzterer erhielt schließlich den Großteil des Familienbesitzes wieder zurück – das Lehen blieb in österreichischer Hand. Nach dem Aussterben der Familie mit Hans von Ranna kam die Burg 1389 an seinen Schwiegersohn Johann von Neidegg. Dessen Nachkommen ließen im 15. Jahrhundert die Burg stark ausbauen.
Während der Reformationszeit stand die Burg vorwiegend leer. Im 17. Jahrhundert wurde sie von böhmischen Soldaten geplündert. Danach wechselnde Besitzer. 1795 kam der Besitz an die k. u. k. Familiengüterdirektion, wurde vernachlässigt und verfiel seit 1830 zusehends. Daran änderte auch Baron Hammerstein nichts, der sie 1905 erwarb, aber im Ersten Weltkrieg fiel. Erst Laurent Déleglise, der 1930 Oberranna ersteigerte, ließ umfangreiche Renovierungsmaßnahmen durchführen, auch die Wiederherstellung der romanischen Kapelle geht auf ihn zurück. 1961 kam die Burg an Dipl.-Ing. Roland Nemetz, der 1984 den gastronomischen Betrieb eröffnete und in liebevoller Arbeit mehrere Ferienwohnungen mit eigener Kochnische einrichtete, die mit historischem Mobiliar ausgestattet sind und gleichzeitig hohen Komfort bieten.

1 Hinter den Weinbergen der Wachau liegt die Burg Oberranna eingebettet in ein bewaldetes Hügelland. **2** Die Glasmalereien zeugen von der traditionellen Jagd mit Falken. **3** Ein efeuumranktes Tor führt zur fast 900 Jahre alten Burg Oberranna.

1

2

3

4

1 Der alte Kachelofen verleiht dem Aufenthaltsraum eine gemütliche Atmosphäre. **2** Efeuumrankter Innenhof. **3** Doppelzimmer. **4** Frühstückszimmer. **5** Die romanischen Fresken im Aufenthaltsraum gehören zu den kunsthistorischen Schätzen der Burg. **6** Wertvolle Antiquitäten schmücken die Räume der Burg. **7** Die Kirche zum hl. Georg, die heutige Burgkapelle, entstand in der ersten Hälfte des 12. Jahrhunderts.

Burg Oberranna

«Ferienwohnungen im Burgambiente»

Anreise
Auto: A 1 Abfahrt Melk, Richtung Spitz, abbiegen nach Mühldorf. B 3 führt durch die Wachau nach Spitz.
Bahn: Bahnhof Spitz/Donau, weiter mit dem Bus nach Mühldorf.

Sehenswürdigkeiten
Stift Melk: Die weltberühmte Benediktinerabtei lockt alljährlich hundertttausende Besucher an. Die Stadt selbst, 831 erstmals urkundlich erwähnt, ist ein kunsthistorisches Juwel und lässt den Besucher durch die Jahrhunderte reisen.
Weinbaubetriebe: In der traumhaft schönen Umgebung der Wachau wächst der viel besungene Wein, am bekanntesten wohl die Rebsorte «Grüner Veltliner». Die «Vinea Wachau», eine Vereinigung der Wachauer Winzer, hütet Namen und Qualität. Bei Weinproben vom Hersteller oder beim Besuch eines «Heurigen» lässt sich hervorragend fachsimpeln oder lassen sich Kontakte schließen.

Freizeitangebot in der Umgebung
UNESCO-Weltkulturerbe Wachau: Durch die jahrtausendealte Siedlungsgeschichte ist die Wachau ein Zentralraum Europas. Die berühmten Donauwege und Fahrten auf dem Schiff führen durch fruchtbare und romantische Landschaften, reich an kulturellen und kulinarischen Höhepunkten. Besonders reizvoll ist das sagenumwobene Waldviertel mit den Mauerresten der Burg Schimmelsprung, von der die Geschichte vom bösen Raubritter erzählt wird, der mitsamt Ross vor den wütenden Bauern in die Tiefe sprang.

7

Geschichte
1070: Erstmalige urkundliche Erwähnung. 1142: Rechtsstreit um Oberranna, der im Zusammenhang mit der Trennung vom Bistum Passau und der politischen Loslösung vom Reich stand. Vierzehn Jahre später erreichte der Sohn Leopolds III., Markgraf Heinrich II., das «privilegium minus», die Erhebung Österreichs zum Herzogtum. 1795: Besitz der k. u. k. Familiengüterdirektion. 1961: Erwerb durch Roland Nemetz. 1984: Eröffnung des gastronomischen Betriebs.

Kategorie
4-Sterne-Hotel, die Preise für ein Doppelzimmer beginnen bei 133 Euro, für die Ferienappartements bei 148 Euro. In den Kochnischen kann selbst gekocht werden, in der Burgschenke gibt es kalte Spezialitäten aus der Region und köstliche Weine aus der Wachau.

Gästeangebot
Sauna, Dampfbad, Tennis.

Veranstaltungen
Keine.

Adresse
Burg Oberranna, Oberranna 1, A-3622 Mühldorf,
Tel. 0043-2713-8221, Fax 0043-2713-8366,
www.burg-oberranna.at

1

2

3

4

Der Erde so fern, dem Himmel so nah

Das Benediktinerkloster Stift Göttweig

Die UNESCO hat die Wachau mit dem Stift, zusammen mit dem Kloster von Melk und der Altstadt von Krems, zum Weltkulturerbe erhoben, das zu einem besonderen Schutz verpflichtet.

Der Vergleich besticht. Hoch vom Berg schaut wie eine Krone ein mächtiger Gebäudekomplex über grüne Wälder und Felder hinab ins Tal, wo sich die Stadt Krems zu ducken scheint. Von unten blickt der Betrachter hinauf zum Benediktinerstift Göttweig wie auf eine himmlische Verheißung. Dem Himmel näher, in jeder Beziehung. Darauf bezieht sich der Vergleich mit dem Mutterkloster der abendländischen Mönche, Monte Cassino, auf einer schon von Heiden als sakraler Ort besuchten Bergkuppe. Doch wir sind nicht im heißen, italienischen Süden, und Göttweig in der Wachau hat auch nicht die totale Zerstörung überstehen müssen, wie es Monte Cassino am Ende des Zweiten Weltkrieges sinnlos hat hinnehmen müssen.

Die erhabene Lage zeichnet beide aus. Aber auch die Stille fern von der am Fuße lärmenden Welt ist beiden Klöstern eigen. Die meisten von den tausend Menschen, die alljährlich mehr als nur für einige Stunden ins Benediktinerstift Göttweig in der Wachau kommen, «sehnen sich nach Stille und Schweigen». Pater Clemens Reischl, der Leiter des Exerzitienhauses, weiß, dass dieser Reiz Menschen aus allen Schichten anzieht. Auch Leute, die wenig Beziehung zur Kirche haben, gehören dazu. Vielleicht suchen sie Gott. Das würde die Mönche freuen. Vielleicht suchen sie aber auch etwas anderes wie Kultur, Geschichte und Natur. Das Kloster ist international aufgewertet worden, zusammen mit dem nahe liegenden Stift Melk und der Altstadt von Krems, wurde das ganze Ensemble in die Liste des Weltkulturerbes aufgenommen.

Die Benediktiner sehen darin eine Anerkennung Jahrhunderte langer Bemühungen, ein wirklich bedeutendes Kulturerbe des Landes bewahrt, gepflegt und für Generationen erhalten zu haben. Den wachsenden Ansturm von Touristen zusätzlich zu den individuellen Exerzitien nehmen sie gerne in Kauf. Selbstbewusst formuliert Pater Gregor M. Lechner: «Eine Abtei von der landschaftlichen Exponiertheit und Anziehungskraft wie das Benediktinerstift Göttweig über der Donau am östlichen Ausgang des Weltkulturerbes

1 Nach dem Motorrad-Gottesdienst. **2** Erhaben: Das Stift Göttweig in der Wachau hat Johann Lukas von Hildebrandt (1750–1765) erbaut. **3** Das Hochzeitspaar wurde vom Abt persönlich getraut. **4** Ein Muss für jeden Besucher: Die Kaiserstiege, geschmückt mit Deckenfresken von Paul Troger, gilt als eines der schönsten Treppenhäuser in Europa.

1

Wachau ist, vom Massentourismus abgesehen, gerade für Individualreisende, beispielsweise für Fotografen, Landschaftsmaler, Historiker oder anderweitig speziell Interessierte, Auf- und Herausforderung, sich umfassende Kenntnisse über ihr Besuchsobjekt zu verschaffen, mehr als die vorhandene Reiseliteratur diese vermitteln kann.»

Das Stift Göttweig liegt nach dem Gnadenbild der Gottesmutter in Mariazell in der Steiermark und dem Stephansdom in Wien als Wallfahrtsort in Österreich an dritter Stelle. Die klassische Wallfahrt ist jedoch auch hier eher die Ausnahme. Über ihre Ursprünge machen sich die wenigsten noch Gedanken. Die Menschwerdung Gottes brachte es mit sich, dass schon in den ersten Jahrhunderten nach Christi Geburt einzelne Pilger zu den verschiedenen Stätten kamen, wie etwa nach Jerusalem. Christen trafen sich an den Gräbern von Heiligen, um am Tag ihres Hinscheidens Eucharistie zu feiern und sie um Fürbitte anzurufen. Der Glaube an die Auferstehung vertiefte so die vorchristliche Vorstellung, dass die Körper verstorbener Helden übernatürliche Kräfte hätten. Mit der Ausbildung der Heiligenverehrung wurden für Missionsgebiete bald aufgrund der fehlenden Märtyrergräber Reliquien aus anderen Ländern übertragen. Damit im Zusammenhang stehen auch Pilgerzüge zu lebenden Personen, denen man die Kraft des göttlichen Geistes besonders nachsagte, wie Mönche oder Einsiedler.

Der Gedanke an eine solche Wallfahrt drängt sich vielleicht nicht auf beim Anblick der großartigen Gottesburg, dem architektonischen Gesamtkunstwerk des Johann Lukas von Hildebrandt. Doch wurde die Göttweiger Muttergottes, die der Böhmenfürst Wratislaw dem Gründer des Stifts, Bischof Altmann von Passau, im Jahr 1083 gesckenkt hat, von Anfang an Ziel von Wallfahrern. Und sie strömen noch immer nach Göttweig zur Ehre Bischof Altmanns und der Gottesmutter. Die Motive haben sich heute vervielfältigt: Es gibt Festwallfahrten an bestimmten Festtagen, zum Beispiel in

2

3

4

6

5

1 Stiftshof und Stiftskirche Mariä Himmelfahrt mit klassizistischer Fassade. **2** Die Benediktinermönche versammeln sich zum Gebet in dem von Cypriano Biasino um 1634 erbauten Kirchenraum. **3** Gut besuchter Sonntagsgottesdienst in der Stiftskirche. **4** Die Klostergemeinschaft gesellt sich zu Tische ... **5** im Refektorium. **6** Gottesdienst mit Musik.

der Karwoche, zur Gründung des jeweiligen Wallfahrtsortes oder wegen Bitten um Hilfe in konkreten Notsituationen oder Dank für erhaltene Hilfe.

Liegt es an der Unsicherheit über die Zukunft, an der Suche nach Orientierung, nach sicheren Werten? Jedenfalls erleben in jüngster Zeit die großen Wallfahrtsorte eine Renaissance. Junge Menschen pilgern wieder zu Fuß zu einem Heiligtum. In zahlreichen Kirchen landauf, landab versammeln sich an den Gedächtnistagen der Erscheinungen der Gottesmutter Maria von Fatima, jeweils am 13. jeden Monats, die Beter zu den inzwischen institutionalisierten Monatswallfahrten; Dekanate und Diözesen laden zu Großwallfahrten, Familien und Freundeskreise verbinden Urlaubstage oder Ausflüge mit größeren oder kleineren Pilgerfahrten.

Viele Katholiken kehren zu religiösen Traditionen zurück, von denen in ersten Linie die Marienwallfahrten neu belebt werden. Das 1083 gegründete und 1094 von den Benediktinern übernommene Göttweig gehört dazu, obwohl nicht allein das Gnadenbild die Pilger anlockt. Frömmigkeit und Staunen über Kunstwerke gehören eng zusammen.

Werfen wir einen Blick auf die Klosteranlage: Die barocke Stiftsanlage wurde nach Plänen des Architekten Johann Lukas von Hildebrandt erbaut, nachdem das alte Kloster durch einen Brand im Jahr 1718 zerstört worden war. Der barock-klassizistische Kirchenraum der Stiftskirche ist geprägt vom 16 Meter hohen hölzernen Hochaltar und dem mit üppigen Rokokointarsien geschmückten Chorgestühl. Sehenswert sind auch vier Seitenkapellen mit Bildern vom Kremser Schmidt und der vierteilige Orgelprospekt über der Westempore. Weitere Sehenswürdigkeiten des Benediktinerstiftes sind das Museum im Kaisertrakt, die Kaiserstiege mit dem Deckenfresko Paul Trogers von 1739 sowie die Fürsten- und Kaiserzimmer. Völlig zu Recht wurden deshalb Stift Göttweig und die Wachau in der 1972 von der UNESCO beschlossenen «Welterbekonvention» aufgenommen.

Die UNO-Kulturorganisation wählt «natürliches und kulturelles Erbe» aus, das von außergewöhnlichem Interesse und Wert für die gesamte Menschheit ist, und erfasst es in einer «Liste des Welterbes». Der Konvention sind bis heute 158 Staaten beigetreten. Fast siebenhundert Stätten wurden bisher in die Liste des Welterbes eingetragen. Mit der Unterzeichnung der Konvention verpflichtet

1

2

3

4

sich jedes Land dazu, die innerhalb seiner Landesgrenzen gelegenen, in die Welterbeliste eingetragenen Denkmäler von weltweiter Bedeutung zu schützen und zu bewahren.

Die Wachau steht in der Kategorie «Kulturlandschaft» und wird im Sinn der Richtlinien als fortbestehende Landschaft gesehen, welche nach wie vor von einer Kultur geprägt wird und ihre traditionelle Lebensweise fortführt. Die Freunde der Wachau können auf eine erfolgreiche Verteidigung dieses Erbes verweisen. Sie haben ein Donaukraftwerk verhindert, die weitgehende Einschränkung des Schwerverkehrs durchgesetzt und wurden mit dem Europäischen Naturschutzdiplom belohnt. Nun wollen sie die Wachau vor großtechnischen und sonstigen substantiellen Eingriffen mit der Rückendeckung der UNO bewahren. Diese Unterstützung steht allerdings mehr auf dem Papier. Sie ist mit keiner materiellen Hilfe verbunden, und auch in Kriegszeiten kann niemand solche Institutionen wirkungsvoll vor Zerstörung bewahren. Im Normalfall wagt aber niemand, das Kulturerbe anzutasten, schon aus Angst vor dem Imageverlust, der das Geschäft schwer schädigen kann.

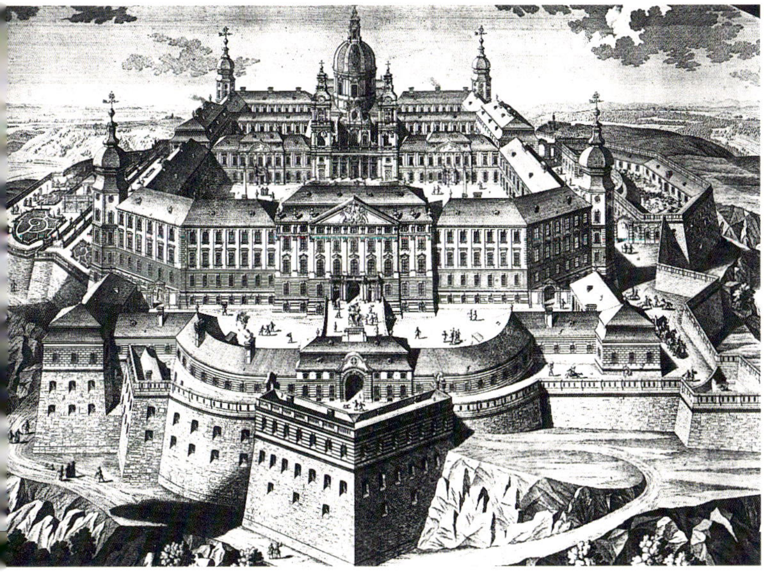

1 Bildervielfalt in der «Kleinen Galerie». **2** Gastzimmer. **3** An der Klosterrezeption. **4** Im Nordwest-Turm werden ständig wechselnde Ausstellungen aus Stiftsammlung und Bibliothek gezeigt. **5** Das Benediktinerstift Göttweig auf einem Kupferstich von Salomon Kleiner aus dem Jahr 1744. **6** Der achteckige Südost-Turm mit Zwiebelhelm.

Schließlich noch zwei Besonderheiten, die mit Göttweig verbunden sind, eine literarische und eine geschäftliche: Frau Ava, die erste Dichterin in deutscher Sprache, um 1060 geboren, lebte aller Wahrscheinlichkeit nach im ehemaligen Frauenkloster Göttweig, am Fuß des Göttweigerberges. Sie verfasste religiöse Werke: «Johannes der Täufer», «Das Leben Jesu – Die sieben Gaben des Heiligen Geistes», «Der Antichrist» und «Das Jüngste Gericht». Gestorben ist Frau Ava am 6. oder 7. Februar 1127. Mehrere Nachrufe berichten darüber, was auf ihre überregionale Bedeutung schließen lässt. Am vermutlichen Todesort in Kleinwien wird heute noch ein Wohnturm «Avaturm» genannt. Die Kirche St. Blasien in Kleinwien soll an der Stelle einer Kapelle stehen, die zu Avas Zeiten erwähnt wurde.

Göttweig steht ebenso für kulinarische Erzeugnisse, auf die nicht nur die Benediktiner stolz sind. Auch die Käufer freuen sich über die naturreine Marmelade und den Melissensaft. «Sie bekommen in den Klöstern einfach keine Massenware», betonen die Mönche. «Bei uns wird alles von Hand gemacht. Jedes Glas Marmelade, jede Flasche Wein ist ein Unikat.» Selbstverständlich kommen die Früchte aus den eigenen Gärten. Ein Geheimtipp: Die Benediktinertorte nach einem Rezept aus dem Jahre 1401. Bekannt sind auch die Göttweiger Mammutbäume. Abt Lashofer ist begeistert von den kleinen Pflanzen im Blumentopf: «Die werden bis zu 40 Meter hoch und passen wunderbar in den Garten.» Nur wachsen sie leider ziemlich langsam. Aber Zeit spielt im Kloster sowieso nur eine Nebenrolle. Selbst ein fünfhundert Jahre alter Mammutbaum hätte erst die Hälfte der Klostergeschichte mitbekommen.

Göttweig (Benediktinerstift)

«Soziale Gesinnung wird an der Tat gemessen.»

Anreise
Bahn: Bahnstation Furth–Göttweig (Strecke St. Pöl-ten–Krems); mit dem Bus: Strecke Krems–Göttweig.
Auto: A1 aus Richtung Wien oder Salzburg bis St. Pölten, Abfahrt Richtung Krems; Hinweise auf Stift Göttweig.

Geschichte
1083 gründete der Passauer Bischof Altmann auf dem Göttweiger Berg ein Marienkloster. 1094 führten Reformbenediktiner aus St. Blasien im Schwarzwald die Gründung zu erster Blüte.

6

Sehenswürdigkeiten
Kloster: «Museum im Kaisertrakt» mit Kaiserstiege und Deckenfresko Paul Trogers, Fürsten- und Kaiserzimmer, barocke Stiftskirche, spätgotischer Hochchor, Krypta, Grafisches Kabinett, Stiftsbibliothek, Dauerausstellung «Klosterleben».
Umgebung: Kulturlandschaft Wachau, Donautal, Krems.

Klosterbetrieb
Forstwirtschaft, Stiftsrestaurant mit Terrasse, Klosterladen, Produktion von Qualitätswein und Sekt.

Gästeangebot
Kloster auf Zeit, Exerzitien, Urlaub im Kloster, Seminare, Tagungen, Kurse, Kongresse, Kulturveranstaltungen, Konzerte (Göttweiger Stiftskonzerte, Kirchenmusik), Veranstaltungsservice.

Gottesdienste
Sonntag: 6.30 Vigil/Laudes, 7.30 Messe, 10.00 Konvent, 12.00 Terz/Sext/Non, 18.00 Vesper, 20.30 Komplet.

Unterkunft
Exerzitienhaus St. Altmann: Einzel-/Doppelzimmer mit Dusche/WC, Tel. 0043-2732-85581332, *Jugendbildungshaus St. Göttweig*, Tel. 0043-2732-85581454.

Auskunft und Reservierung
Kloster: Benediktinerstift Göttweig, A-3511 Stift Göttweig, Tel. 0043-2732-855810, Fax 0043-2732-85581266, Internet: www.stiftgoettweig.at,
E-Mail: pforte@stiftgoettweig.at.
Touristik: Gemeindeamt u. Tourismusbüro, Untere Landstraße 17, A-3511 Furth bei Göttweig, Tel. 0043-2732-846220, Fax: 0043-2732-8462222, Internet: www.furth.at,
E-Mail: gemeinde@furth.at.

1

2

3

4

Habsburgische Grenzfestung

Die bewegte Geschichte von Burg Lockenhaus

Lange Zeit war Burg Lockenhaus Gegenstand der Auseinandersetzungen zwischen Ungarn und Österreich – und dennoch hat die Burg alle Grenzkonflikte überdauert.

Burg Lockenhaus ist bereits seit 1200 unter dem Namen «Leuca» nachweisbar. Damals gehörte sie Ödenburg Bana aus der Familie der Herény. Sie sollte das Zöberntal sperren und die nach Westen führenden Straßen kontrollieren. Lockenhaus wechselte wie viele Wehrbauten im österreichisch-ungarischen Grenzgebiet mehrfach die Besitzer und dadurch ihre Abwehrrichtung. 1241 besetzte Herzog Friedrich der Streitbare die ungarischen Grenzkomitate, doch zwei Jahre später hatten sie die Ungarn wieder in ihren Besitz gebracht. Die aus Bayern stammende Familie Buzád-Hahold siedelte in der bisher vorwiegend von Slawen bewohnten, aber durch den Mongolensturm entvölkerten Herrschaft Bayern und Steirer an. Graf Demetrius II. Csák, der mit den Buzáds verwandt war, übergab die Burg einem Adeligen namens Torda, der sie 1260 erfolgreich gegen Herzog Albrecht I. verteidigen konnte. Nachdem sich Graf Csák mit dem Ungarnkönig Béla IV. überworfen hatte, überließ er die Herrschaft 1270 seinem Schwiegervater Heinrich II. von Güssing. Dessen Sohn Nikolaus I. nannte sich «Graf de Leuka» und begründete die Lockenhauser Linie der Güssinger Grafen. 1336 fiel Lockenhaus nach langer Belagerung an die ungarische Krone. 1405 versuchten die Ungarn weiter nach Westen vorzudringen, Herzog Wilhelm schlug sie zurück und eroberte Lockenhaus. Kriegerische Auseinandersetzungen zwischen Österreich und Ungarn folgten. Der ungarische König Matthias Corvinus überfiel Niederösterreich und Wien – ein letztes Mal: Kaiser Maximilian I. befreite die besetzten Gebiete sowie Burg Lockenhaus. Es folgte 1491 der Frieden von Pressburg und die Anerkennung der habsburgischen Thronfolge durch Ungarn. Die diplomatischen Habsburger belehnten ungarische Adelsfamilien mit der Burg, seit 1676 bis Mitte des 20. Jahrhunderts war sie im Besitz der Esterházys. Heute ist Burg Lockenhaus die kunsthistorisch wichtigste Festung des Burgenlandes und Mekka der Kammermusik: ein abwechslungsreiches Burghotel, reich an kulturellen und gastronomischen Highlights.

1 Antiker Stuhl und Truhe mit wertvollen Intarsienarbeiten aus Perlmutt. **2** Burg Lockenhaus inmitten der dichten Wälder des Günsergebirges. **3** Ritterrüstung aus dem Mittelalter. **4** Im großen Rittersaal mit seinem gotischen Gewölbe finden heute Hochzeiten und Raubritteressen statt.

1

2

5

3

4

6

1 Burghof. **2** Die eiserne Jungfrau in der Folterkammer. **3** Dunkle Gänge und versteckte Verliese lassen den Besucher gruseln. **4** Antiquitäten im Doppelzimmer. **5** Das Turmzimmer mit Blick über die schöne Landschaft. **6** Beim Ritteressen unterhält ein Minnesänger mit Balladen. **7** Alle Zimmer sind individuell ausgestattet. **8** Doppelbett mit Baldachin.

Burg Lockenhaus

«Zwischen Österreich und Ungarn»

Anreise
Auto: Von Wien über die S 31, Richtung Oberwart. Von Graz über die A 2 Abfahrt Markt Allhau, Richtung Oberpullendorf. *Bahn*: Bahnhof Deutschkreutz.

Sehenswürdigkeiten
Burg Lockenhaus: Etwa 70 Meter über dem idyllischen Markt Lockenhaus erhebt sich die älteste erhaltene Festung Österreichs. Ein Rundgang durch Lockenhaus eröffnet dem Besucher Einblicke in verschiedene kunsthistorische Epochen seit der Gotik, mächtige Gewölbe, den sagenumwobenen Kultraum sowie die großräumige Krypta.
Burgschlaining: Studierende und Lehrer kommen aus der ganzen Welt, um im Auftrag von UNO und OSZE Konflikte zu erforschen und zu vermitteln. Neben der Friedensuniversität wurden verschiedene Sammlungen untergebracht, die sich alle auf das Alltagsleben beziehen: Möbel, Bekleidung, Arbeitsgeräte.
Graz: Die mittelalterliche Altstadt wurde 1999 in die UNESCO-Liste des Weltkulturerbes aufgenommen. Der Schlossberg mit dem bekannten Glockenuhrturm ist integraler Bestandteil dieses organisch gewachsenen, bauhistorisch einzigartigen Areals. Hier hat sich auch eine moderne Kunstszene entwickelt, verkörpert durch die futuristische Architektur des «Kunsthauses Graz».

Freizeitangebot in der Umgebung
Burgenland: Einstmals ein vergessener Landstrich, das südliche Burgenland – trotz der schönen Wein- und Obstlandschaften –, erinnerte man sich schließlich eines brachliegenden Reichtums: des Thermalwassers. Jetzt ist man dabei, hier die europäische Gesundheits- und Wellnessregion schlechthin zu entwickeln – über die Landesgrenzen hinweg, gemeinsam mit der Steiermark. Ganz im Süden befindet sich auch ein Weinbaugebiet, genannt «Blaufränkisch Land», ein Streifen entlang der ungarischen Grenze. Hier gedeihen Weißburgunder, Welschriesling, und wie der Name schon sagt, Blaufränkischer.

Geschichte
13. und 14. Jahrhundert: Burg Lockenhaus ist Gegenstand zahlreicher Grenzkonflikte zwischen Österreich und Ungarn. 1336: Ungarn erhält Lockenhaus. 1405: Burg Lockenhaus wird wieder österreichisch. 1676–1968. Die Esterházys besitzen Lockenhaus. 1968: Prof. Paul Anton Keller und seine Frau Margret kaufen Lockenhaus und restaurieren es großzügig. 1980: Das Land Burgenland führt die «Prof. Paul Anton Keller-Stiftung» weiter.

Kategorie
Doppelzimmer ab 45 Euro. In der erstklassigen Burgtaverne werden landesübliche Gerichte serviert.

Gästeangebot
Seminarräume, Hochzeiten, Burgmuseum, Burgsee, Erlebnisbad, Ritterspiele, Tennisplatz.

Veranstaltungen
Kammermusikfeste, Ritterfeste, Erlebnisburgführungen.

Adresse
Burg Lockenhaus, Günserstr. 5, A-7442 Lockenhaus, Tel. 0043-2616-2394, Fax 0043-2616-239480, www.ritterburg.at

1

2

3

4

Stille Idylle in der Steiermark

Schloss Stubenberg lädt ein zum Entspannen

Die ehemalige Festung diente dem ältesten steirischen Adelsgeschlecht, den Stubenbergern, als Festung gegen die Ungarn und Basis ihrer Herrschaft.

Das Geschlecht der Stubenberger, eines der ältesten und bedeutendsten Geschlechter der Steiermark, das heute noch blüht, erlebte im 12. Jahrhundert einen steilen Aufstieg durch die Beerbung ausgedehnter Landstriche wie das Passailer Becken und der Pittener Besitz. Die Herrschaft über das Stubenberger Gebiet gehörte jedoch nicht zu diesem Erbgut, sondern war Teil jenes Schenkungsgutes, das der Traungauer Markgraf Leopold dem Hochfreien Wulfing übergab, der mit der Schenkung in die Dienste des Markgrafen trat. Um Wulfing rankt sich die Legende, dass er um seine Geliebte, Agnes von Hassberg, mit einem von ihrem Vater favorisierten Nebenbuhler kämpfen musste. Nach einem ergebnislosen Lanzenstechen griffen die beiden Recken zu den gewaltigen Zweihandschwertern, wobei Wulfings Gegner, ein Ritter aus dem nicht minder bedeutenden Geschlecht der Kuenringer, letztlich den Kürzeren zog und sein Leben aushauchte. Aus der anschließenden Ehe zwischen Wulfing und Agnes gingen drei Söhne hervor. Der eine, Otto, ließ in Stubenberg eine Burg errichten, nach der er sich 1166 das erste Mal nannte. Möglicherweise suchte er Schutz vor den einfallenden Ungarn, weshalb er sich seine Festung im abgelegensten und sichersten Winkel auf dem nach allen Seiten steil abfallenden Kögerl erbaute. Das heutige Schloss Stubenberg im Renaissancestil entstand erst 1581 auf dem ehemaligen Meierhof im Dorf Stubenberg.

Im 16. Jahrhundert wandten sich die Stubenberger dem Protestantismus zu und wanderten nach und nach mit dem größten Teil ihres Familienvermögens nach Bayern aus. Sie verkauften die Burg Stubenberg. In den folgenden Jahren wechselten die Besitzer der Burg häufig. Erst als die Grafen von Herberstein, die sich zum herausragenden Rittergeschlecht der Region entwickelt hatten, 1655 Stubenberg samt Pfarrkirche erwarben, kam es zu einer Beruhigung. Damals, nach Ende des Dreißigjährigen Krieges, war die Stubenberger Herrschaft fast entvölkert und umfasste nur mehr siebzehn Untertanen – die Herbersteiner zielten mit dem Kauf

1 Bei einer Tasse Kaffee in der gemütlichen Schlosstaverne. **2** Originales Türschloss im Konzertsaal. **3** Im Schloss Stubenberg finden neben Konzerten auch traditionelle Veranstaltungen statt. **4** Frühlingsausflug mit der Kutsche um den Stubenbergsee.

2

3

ausschließlich auf eine Arrondierung ab, das heißt flächendeckende Schließung ihres Herrschaftsgebietes. 1815 folgten die Grafen von Wurmbrand, und eine Phase wechselnder Besitzer, deren finanzielle Mittel häufig zum Unterhalt des Schlosses nicht ausreichten. Rittmeister Josef Stadler von Wolfersgrün gelang es, Turm und Außenmauern durch aufwändige Renovierungsarbeiten vor dem Einsturz zu bewahren, tauschte jedoch Schloss Stubenberg 1906 gegen zwei Wohnungen in Wien – Stubenberg kam wieder zur Familie Wurmbrand. Eine Gräfin Wurmbrand übergab es 1925 den Franziskanerinnen «Missionäre Mariens», die es bis 1979 als Kloster und Kindergarten nutzten. Familie Schleicher, die das Schloss seitdem führt, hat diese Tradition bewahrt und Stubenberg als einen Ort der Ruhe und Entspannung erhalten. Stubenberg besticht durch unaufdringlichen Luxus und familiäre Atmosphäre.

1 Eckturm des im 12. Jahrhundert gegründeten Schlosses Stubenberg. **2** Blick in den wunderschönen Renaissancehof aus dem Jahr 1581. **3** Im Kulturangebot stehen gut besuchte Konzertsoiréen im Festsaal. **4** Frühling im Schlosspark: blühender Kirschbaum. **5** Festliches Dinner bei Kerzenlicht in der Kaminstube. **6** Im Sommer ist das Café im Innenhof der Burg ein beliebter Treffpunkt. **7** Konzertsaal. **8** Zu einem festlichen Dinner gibt es Tafelmusik.

4

6

7

8

1 Die Zimmer sind großzügig und modern. **2** Mit ihrer zurückhaltenden Einrichtung stehen sie im Kontrast zum alten Schloss und bewahren eine schlichte Eleganz. **3** Blick aus einem Badezimmer auf den bezaubernden Stubenbergsee. **4** Die Kaminstube lässt sich für besondere Anlässe mieten. **5** In der gediegenen Atmosphäre kann der Mensch sich sammeln. **6** Die Schlossherren organisieren Kutschfahrten. **7** Die Stubenbergregion lädt zum Verweilen ein.

Schloss Stubenberg

«Nimm dir Zeit»

Anreise
Auto: Auf der B 54 nach Stubenberg abbiegen.
Bahn: Bahnhof Graz. Danach Abholung durch das Hotel nach Absprache.

Sehenswürdigkeiten
Schlösserstraße: In unmittelbarer Nähe von Stubenberg befinden sich allein vier Schlösser und eine Burgruine.
Archäologische Stätten: Das kulturelle Erbe der Kelten dokumentiert ein als Freilichtmuseum konzipiertes Keltendorf, ein Römergrab zeigt die 2000-jährige Siedlungsgeschichte.

Freizeitangebot in der Umgebung
Tierpark Herberstein: Der international bekannte romantische Wild- und Tierpark weist einen dichten Waldbestand auf. Die Schlossherrn organisieren Kutschenfahrten durch das Gebiet und verwöhnen die Teilnehmer mit einem Picknick.

7

Stubenberger Region: Die Berge Kulm und Rabenwald sind über verschiedene Wanderrouten begehbar, auf dem Kulm befinden sich magische Felsformationen wie der Teufelstein. Im Frühjahr blühen die Apfelbäume, die für das Gebiet auch eine enorme wirtschaftliche Bedeutung haben. Das Freizeitzentrum Stubenbergsee ist besonders für Familien geeignet.

Geschichte
1125–28. Markgraf Leopold übergibt Stubenberg Wulfing. 1160: Nach dem Tod Wulfings wird das Gebiet unter seinen drei Söhnen aufgeteilt. Otto baut die Burg auf dem Stubenberg. 1269: Der böhmische König Ottokar zerstört Stubenberg nach einer Erhebung durch den steirischen Adel. 1459: Stubenberg fällt an den Ritter Hans Drachsler. 1581: Stubenberg wird zu einem Schloss mit Renaissancehof umgebaut. 1632: Der Freiherr von Herberstein erwirbt Stubenberg. 1815: Die Grafen von Wurmbrand kaufen Stubenberg. In der Folgezeit häufig wechselnde Besitzer. 1925: Übergabe an die Franziskanerinnen. 1980: Erwerb durch Familie Schleicher.

Kategorie
4-Sterne-Hotel. Doppelzimmer ab 98 Euro, Suite ab 136 Euro.

Gästeangebot
Die Schlossherrn organisieren Ballonfahrten. Die Gerichte werden mit dem begehrten steirischen Kernöl zubereitet.

Veranstaltungen
Regelmäßig finden Konzertsoireen statt.

Adresse
Hotel im Schloss Stubenberg, A-8223 Stubenberg am See, Tel. 0043-3176-8864, Fax 0043-3176-20060, www.schloss-stubenberg.at

2

Adel verpflichtet

Die Gunst einer Gräfin rettete Burg Finstergrün

Die Burg Finstergrün steht imposant auf einer steil ansteigenden Felsnase hoch über dem bereits auf 950 Meter Seehöhe gelegenen Ort Ramingstein und ist dessen Wahrzeichen.

Die Festung Finstergrün diente den Salzburger Bischöfen seit dem 12. Jahrhundert als Wehr- und Zollburg. Ihre Verteidigungsfunktion richtete sich vornehmlich gegen die steirischen Herzöge, die ihnen ihr Herrschaftsgebiet streitig machten. Die Blütezeit des Silberbergbaus im Lungau zwischen dem 14. und 16. Jahrhundert wies Finstergrün eine wichtige Kontrollfunktion zu. Doch in der Folgezeit verfiel die Burg. Ein Waldbrand, der Ramingstein verwüstete, griff auch auf die Burg über und machte sie zur Ruine – ein Zustand, der erst infolge des persönlichen Ehrgeizes des ungarischen Grafen Sandor Szapary am Ende des 19. Jahrhunderts aufgehoben werden sollte. Sandor fühlte sich durch seinen Wiener Freund und Standesgenossen Hans Graf von Wilczek herausgefordert. Dieser vielseitige Hofbeamte und Abenteurer – 1872 und 1882 unternahm er zwei Polarexpeditionen – hatte 1886 das unweit von Lungau gelegene Schloss Moosham gekauft und behelligte Graf Szapary mit der Aussage, dass er selbst im Gegensatz zu ihm ein Graf mit eigenem Schloss sei. Szapary vermochte wenig dagegen auszurichten, da er knapp bei Kasse war.

Doch dank der Verbindung mit Margit Henckel von Donnersmarck, einer deutschen Gräfin von hoher Liquidität und Großzügigkeit, wurde Finstergrün mit enormem Aufwand restauriert. Luxus war nun angesagt, und kalte Gemäuer gab es nicht: Allein im Winter verbrauchten die sechzig Kachelöfen pro Tag zehn Festmeter Holz. Die Räume der Herrschaften wurden von außen geheizt, um Störungen durch das Gesinde zu vermeiden. Nach Sandors Tod wurden der Witwe die Tage auf Finstergrün allerdings ein wenig lang und der hohe Aufwand für den Unterhalt veranlasste Margit Szapary schließlich, die Burg zugunsten eines eigenen Landgutes in der Umgebung aufzugeben. In den folgenden Jahren diente sie verschiedenen Zwecken. Burg Finstergrün erlebte in den zwanziger und dreißiger Jahren eine Periode als Nobelhotel. 1972 wurde Finstergrün von der Evangelischen Jugend Österreichs erworben und dient seither als Jugendherberge.

1 Nach einem Waldbrand 1841 wurde Burg Finstergrün 1901 im alten Stil wieder aufgebaut. **2** Auf Burg Finstergrün spukt der freundliche Burggeist Finsterling. **3** Da winters die Räume nur schwer beheizbar sind, ist die Herberge in dieser Jahreszeit geschlossen.

1 Das Spiel- und Sportangebot ist vielfältig. **2** Kinder- und Jugendgruppen verbringen im Sommer ihre Freizeit auf der Burg. **3** In Rollenspielen lernen Kinder das Leben der Ritter im Mittelalter kennen. **4** Das Burgfräulein. **5** Auf dem Bibelfelsen wird gesungen. **6** Die mächtigen Wehrmauern und -türme der Burg dienten den Salzburger Bischöfen als Bollwerk gegen die steirischen Herzöge.

Burg Finstergrün

«Zeitlose Romantik im Lungau»

Anreise
Auto: Auf der A 10 geht die Fahrt über Salzburg, Tauerntunnel, St. Michael/Lungau, Tamsweg nach Ramingstein.
Bahn: Bahnhof Ramingstein. Danach zu Fuß oder auf Wunsch Abholung.

Sehenswürdigkeiten
Burg Mauterndorf: Die ehemalige Sommerresidenz der Salzburger Fürstbischöfe ist ein beeindruckendes Zeugnis ihrer Macht und ihres Reichtums. Eine Erlebnisausstellung führt die Besucher ins Mittelalter.
Silberbergwerk Ramingstein: Vor 550 Jahren wurde in Ramingstein damit begonnen, Silber abzubauen. Die begehbaren Bergstollen dokumentieren eindrucksvoll die Geschichte des Edelmetalls in Ramingstein.

Freizeitangebot in der Umgebung
Murtal: Das fichtenbewachsene Wandergebiet zwischen den Nockbergen, so genannt wegen ihrer unbewachsenen Gipfel, bietet ein abwechslungsreiches Panorama mit Trekking- und Lehrpfaden und mit dem Fluss Mur Möglichkeiten für Kajak- und Rafting-Fans.
Lungau: Der Lungau bildet eine große Beckenlandschaft, die von den Radstädter Tauern und den Gurktaler Alpen umschlossen wird. Durch die Flussläufe der oberen Mur und der Taurach ist die Natur sehr abwechslungsreich und fruchtbar. Im Sommer lässt sich hier herrlich wandern, im Winter ist es ein ideales Skigebiet.

Geschichte
1135: Erstmalige urkundliche Erwähnung. Im Mittelalter trug die heutige Burg Finstergrün noch Namen wie «Hous ze Ramungestein» oder «Veste Ramingstein». Der Name «Finstergrün» taucht erst im 17. Jahrhundert auf. 1841: Ein furchtbarer Waldbrand verwüstet Ramingstein und Teile der Burg. 1901: Neubau im Stil des 13. Jahrhunderts. 1920–30: Finstergrün wird als Luxushotel geführt. Insbesondere Gäste aus den angelsächsischen Ländern fühlen sich angezogen von der exklusiven und ein wenig unheimlichen Burgenromantik: Die Burg war damals noch nicht elektrifiziert und wurde mit Fackeln und Kerzen ausgeleuchtet. 1949: Teile der Burg wurden vom Evangelischen Jugendwerk in Österreich vor allem für Kinder- und Jugendfreizeiten angemietet. 1972: Erwerb durch die Evangelische Jugend Österreich.

Kategorie
Eine Nacht in der Jugendherberge inklusive Frühstück kostet für Erwachsene ab 28,40 Euro. Auf Wunsch gibt es Vollpension und vegetarisches Essen.

Gästeangebot
Drei Lagerfeuerstellen, Fußballwiese, zwei Volleyballplätze, Tischtennis, Tischfußball, Gesellschaftsspiele, Bibliothek in der Gruft, Fahrräder nach Vereinbarung.

Veranstaltungen
Lernwochen mit Bergwerks- und Höhlenforschung, Burgfest im September.

Adresse
Burg Finstergrün, A-5591 Ramingstein. Reservierung im Verwaltungsbüro Burg Finstergrün, Liechtensteinstraße 20/9, A-1090 Wien, Tel. 0043-1-317926617,
Fax 0043-1-317926616, www.burg-finstergruen.at

1

2

3

Alles für Geist, Leib und Seele

Die Admonter Benediktiner und das Gesamterlebnis

Wo ein karikierter Bismarck Wasser speit und klösterliches Mäzenatentum das kontrastreichste Privatmuseum Österreichs entstehen ließ, das das achte Weltwunder beherbergt.

Da kann sich der Besucher auf die sprichwörtliche benediktinische Gastfreundschaft verlassen. In kaum einem anderen Kloster sind nicht nur die historischen, baulichen und aktuellen Voraussetzungen so ideal gegeben wie im ältesten Kloster der Steiermark: Stift Admont. Die Mönche selbst nennen das ein «kontrastreiches Gesamterlebnis benediktinischer Weltauffassung, Kunst, Wissenschaft und Natur». Damit der Interessent sich ganz den Eindrücken überlassen kann, haben die Gastgeber auch gleich komplette Pakete geschnürt, die man buchen kann.

So weit dachte der Gründer des Klosters allerdings noch nicht. Erzbischof Gebhard von Salzburg, Graf von Helffenstein, war ein weltgewandter, politisch denkender und für Kirchenreformen engagierter Schwabe, den die Eltern in Salzburg hatten studieren lassen, wo er auch am 4. März 1055 zum Priester geweiht wurde. Als Erzbischof von Salzburg und damit Primas Germaniens errichtete er 1072 mit päpstlicher und königlicher Zustimmung ein selbstständiges Bistum in Gurk. Zwei Jahre später, 1074, gründete er das Kloster Admont im Ennstal als wichtigsten Stützpunkt seiner kirchlichen Erneuerung. Die ersten Mönche kamen denn auch aus der Benediktinerabtei St. Peter in Salzburg. Der papstgetreue Klostergründer wurde nach seinem Tod 1088 in seinem Stift beigesetzt.

Nach den Wirren des Investiturstreits zwischen Kaiser und Papst gewann Stift Admont rasch an Bedeutung und entwickelte sich zu einem monastischen Zentrum für ganz Süddeutschland und Österreich. Es griff die Hirsauer Klosterreform gegen die Verweltlichung auf und setzte sie in 25 Abteien durch. Dank seiner bedeutenden Schreibschule wurde Admont ein spiritueller und kultureller Mittelpunkt. 1120 schloss man dem Stift ein Frauenkloster nach der Benediktus-Regel an, dessen Nonnen sich durch ihre hohe Bildung und literarische Tätigkeit einen bedeutenden Ruf erwarben. Das Nonnenkloster erlosch in der Reformationszeit.

1644 wurde das Gymnasium gegründet. Im selben Jahrhundert florierte eine Stickereischule unter dem aus Kopenhagen stammen-

1 Unter freiem Himmel: Qi-Gong-Seminar vor dem Gartenpavilllon. **2** Im großzügig angelegten Stiftsteich spiegelt sich das im Jahr 1074 von Erzbischof Gebhard von Salzburg gegründete Kloster. **3** Die Bibliothek gilt als spätbarockes Gesamtkunstwerk von europäischem Rang.

den Bruder Benno Haan, aus der eine Sammlung prachtvoller barocker liturgischer Textilien hervorgegangen ist. Im Zuge der regen Bautätigkeit in der Barockzeit begann der Architekt Johann Gotthard Hayberger um 1735 mit einem großzügigen Umbau der Klosteranlage, der vom Grazer Baumeister Josef Hueber weitergeführt wurde.

Ein großer Brand zerstörte 1865 das gesamte Kloster mit Ausnahme der Bibliothek. In den Folgejahren wurden die Stiftsgebäude zum Großteil wieder aufgebaut. Die Admonter Stiftskirche wurde auf den alten Fundamenten neu errichtet und ist der erste große neugotische Sakralbau Österreichs. Das basilikale Langhaus mit einschiffigem Chor und westlicher Portalvorhalle – zwischen zwei kräftigen, 70 Meter hohen Türmen – erzielt in seinen mächtigen Dimensionen eine großartige Raumwirkung und hat eine reiche künstlerische Ausstattung aufzuweisen. An der Nordseite des Langhauses ließ der Architekt karikierte Köpfe Kaiser Wilhelms I. und Otto Fürst von Bismarcks in Form von gotischen Wasserspeiern anbringen.

In dem dreischiffigen neugotischen Kircheninneren lohnt sich eine Entdeckungsreise nach einzelnen Stücken des früheren Inventars, die vom Brand 1865 verschont blieben. Im Altarraum befinden sich vier gestickte barocke Wandteppiche aus der ehemaligen Stickereischule, die den neugotischen Hochaltar aus weißem Marmor umgeben. Die kunstvollen Teppiche sind in Hoch- und Flachstickerei gearbeitet, mit Äbtewappen, Darstellungen von Heiligen und einer bunten Vielfalt an Blumen- und Tiermotiven. Unter dem Chorbogen hängt ein überlebensgroßes gotisches Kreuz von Andreas Lackner aus dem Jahr 1518.

Den Marienaltar im linken Seitenschiff schmückt das barocke Altarbild der Maria Immaculata von Martino Altomonte (1726). Rund

1 Klostergarten mit Rosarium und Stiftskirche «Zum heiligen Blasius». **2** Neugotischer Hochaltar aus weißem Marmor. **3** Die 70 Meter hohen Türme der Stiftskirche. **4** Deckenfresko (1775–1776) von Bartolomeo Altomonte. **5** Orgelempore. **6** Im größten Bibliothekssaal der Welt schuf der Stiftsbildhauer Josef Stammel (1695–1765) die Figurengruppe «Vier letzte Dinge» (Tod, Gericht, Hölle, Himmel). **7** Der Kreuzaltar mit Kreuzigungsbild von Johann Lederwasch und Marienstatue (1410).

7

um das Bild sind 15 Rosenkranzmedaillons von dem aus Graz stammenden barocken Stiftsbildhauer Josef Stammel (um 1726) gruppiert. Stammel schnitzte auch die vielfigurige Szenerie der Admonter Weihnachtskrippe (um 1755/56) im Schrein des Krippenaltars.

Während der Wirtschaftskrise in den dreißiger Jahren des 20. Jahrhunderts konnte sich das Kloster sein Überleben nur durch den Verkauf wertvoller Kunstschätze sichern. Nach der Enteignung durch das nationalsozialistische Regime im Jahr 1939 kehrten die Mönche 1945 wieder ins Kloster zurück.

Heute ist das Stift Admont wieder ein geistliches, kulturelles und wirtschaftliches Zentrum mit überregionaler Bedeutung. Ihm sind 27 Pfarreien inkorporiert. Das Stift ist damit für die Bestellung des jeweiligen Pfarrers und die Erhaltung der Pfarrkirche und des Pfarrhofes zuständig. Es führt ein Pflegeheim in Frauenberg a. d. Enns und ein Gymnasium mit derzeit fast achthundert Schülerinnen und Schülern. Die klostereigenen Wirtschaftsbetriebe beschäftigen rund tausend Mitarbeiter. Das Stift ist daher einer der wichtigsten Arbeitgeber im weiten Umkreis.

Als jüngste Errungenschaft hat das Stift «das kontrastreichste Privatmuseum von Österreich» eingerichtet, das komplett ab 2003 zugänglich ist. Im dreistöckigen Südtrakt seiner Klosteranlage spannt es eine Brücke von seinen historischen Kunstschätzen bis zu seiner umfassenden Sammlung zeitgenössischer Kunst. Darin sollen die Botschaft der Benediktiner und die Anliegen des Stiftes spürbar werden: die Einheit von historischer und zeitgenössischer Kunst, Archivalien und naturwissenschaftlicher Sammlung sowie die Einbindung der Stiftsbibliothek als Kulturgut von europäischer Bedeutung. Neben den Sammlungen tritt das Stift auch als moderner Mäzen auf: Österreichische Gegenwartskünstler werden als

1

«artists in residence» ins Stift eingeladen und schaffen vor Ort Werke, die sich spezifisch mit dem Kloster Admont auseinander setzen und im direkten inhaltlichen Bezug zum Kloster stehen.

In der sehenswerten Admonter Sammlung sind zahlreiche bekannte und (noch) unbekannte Künstlerinnen und Künstler unsrer Zeit vertreten. Einige seien stellvertretend genannt, um den Reichtum und die Kontinuität zu illustrieren: Siegrun Appelt, Jack Bauer, Josef Danner, Maria Hahnenkamp, Martin Kaltner, Alois Mosbacher, Constanze Ruhm, Kurt Ryslavy, Christoph Schmidberger, Hannes Schwarz, Petra Sterry, Ingeborg Strobl, Norbert Trummer, Franz West und Johanes Zechner.

Die kunsthistorische Sammlung umfasst neben gotischen und barocken Gold- und Silberschmiedearbeiten für liturgische Zwecke eine Vielzahl von Skulpturen und Gemälden vom Spätmittelalter bis ins 20. Jahrhundert, die im Kontext mit den übrigen Exponaten

2

1 Der Kräutergarten wurde erst 1998 neben dem Stiftsteich angelegt. **2** Bedeutenden Heiligen und historischen Persönlichkeiten gewidmet: die sechs geometrisch gegliederten Felder im Kräutergarten. **3** Sorgfältig werden die kostbaren Paramente im Archiv aufbewahrt. **4** Beim Bücherstudium im einzigartigen Bibliothekssaal, dem Prunkstück des Stifts: Der größte Bibliothekssaal der Welt, der 1865 unbeschadet den großen, verheerenden Klosterbrand überstand, umfasst heute über 200 000 Bände, Handschriften und Inkunabeln. Einst vom Grazer Baumeister Josef Hueber (1715–1787) erbaut und 1776 vollendet, ist er einer der überwältigendsten architektonischen Schöpfungen, die das Barock hervorgebracht hat. **5** Die vielseitig tätige Gemeinschaft der Admonter Mönche beim Chorgebet. **6** Tischgebet im Refektorium.

des Klosters die einzelnen Perioden der Stiftsgeschichte widerspiegeln. Dazu gehören auch Stickwerke von Bruder Benno Haan aus dem 17. und 18. Jahrhundert, die den Kern der umfangreichen Paramentensammlung, der Messgewänder, bilden.

Ebenso sehenswert ist die naturhistorische Sammlung. Sie enthält Mineralien, Pflanzen und Tiere und wurde in den Jahren 1866 bis 1910 von Pater Gabriel Strobl aufgebaut. Die Insektensammlung zählt mit weit über 250 000 Exemplaren zu den bedeutendsten der Welt. Mehr als tausend Vogelpräparate beweisen ein hohes Maß an Präparierkunst. Als einzige naturkundliche Kollektion aus der Zeit vor dem Brand im Jahr 1865 blieb die wächserne Obstsammlung erhalten.

Eine besondere Stellung in der Sammelleidenschaft des Stiftes nimmt die Bibliothek ein. Das achte Weltwunder wurde sie enthusiastisch schon seit dem frühen 19. Jahrhundert bezeichnet. Ihr Buchbestand zählt zu den größten und eindrucksvollsten klösterlichen Sammlungen der Welt. Die seit Beginn des Klosters entstandene Universalbibliothek bietet wertvolles und umfassendes Quel-

lenmaterial zur Geschichte des Umlandes, der Entwicklung der christlichen Religion als kulturbildende Kraft ebenso wie der Entstehung europäischer Geistesgeschichte. Verschiedene Kunstgattungen wie Architektur, Fresken, Skulpturen, Schriften und Druckwerke wurden zu einer Einheit verschmolzen und demonstrieren die zentrale Stellung des Buches in der Entwicklungsgeschichte des Benediktinerordens.

Der 1776 vollendete, spätbarocke Bibliothekssaal wurde vom Grazer Baumeister Josef Hueber (1715–1787) erbaut. Mit einer Länge von 70 Metern, einer Breite von 14 Metern und einer Höhe von 11 Metern ist dieser in drei Teile gegliederte Raum der größte klösterliche Bibliothekssaal der Welt. Als architektonisches Vorbild diente Hueber die Österreichische Nationalbibliothek in Wien. Der Maler Bartolomeo Altomonte (1694–1783) schmückte den Saal mit sieben Deckengemälden, die durch ihre künstlerische Qualität beeindrucken. Der Stiftsbildhauer Josef Stammel (1695 bis 1765), der als einer der bedeutendsten barocken Bildhauer gilt, schnitzte den umfangreichen Skulpturenschmuck des Prunksaales.

1 Die Sammlung des österreichischen Gegenwartskünstlers Hannes Schwarz im neuen Museum. **2** Der Meditationsgarten in Frauenberg. **3** Seminarteilnehmer beim Buchbinden. **4** Platz zur Entfaltung bietet das Gastzimmer. **5** Immer beliebt bei den Besuchern: der Klosterladen. **6** Auf dem Klostergelände findet der Admonter Adventsmarkt statt.

Besondere Berühmtheit erlangten die «Vier letzten Dinge», eine Gruppe von vier überlebensgroßen Darstellungen von Tod, Jüngstem Gericht, Himmel und Hölle. Der gesamte Bücherbestand umfasst an die 200 000 Bände. Den kostbarsten Schatz bilden die mehr als 1400 Handschriften (ab dem 8. Jahrhundert) sowie die 530 Inkunabeln (Frühdrucke bis zum Jahr 1500).

Zu einem klassischen Kloster gehören auch eine Klosterschänke und ein Kloster- oder Kräutergarten. Der Admonter Kräutergarten wurde zwar erst im Jahre 1998 neben dem Stiftsteich an der Stelle des ursprünglichen barocken Ziergartens angelegt, aber nach dem mittelalterlichen Prinzip des Nebeneinanders von Nutz-, Heil- und Zierpflanzen. Rund tausend Arten von Pflanzen und Gewächsen sind in sechs geometrisch gegliederte Felder gesetzt.

Die einzelnen Felder sind bedeutenden Heiligen und historischen Persönlichkeiten gewidmet, die in engem Bezug zum Benediktinerstift Admont stehen: Ordensgründer Benedikt; Blasius als Patron der Stiftskirche; Stiftsgründer Erzbischof Gebhard; Pater Gabriel Strobl, Mönch und Gründer des Naturhistorischen Museums in Admont; der gelehrte Abt Engelbert von Admont und Garten-Mönch Walahfrid Strabo von der Bodenseeinsel Reichenau.

Als kulinarischer Abschluss empfiehlt sich der traditionsreiche «Stiftskeller Admont». Das Restaurant bietet vierhundert Personen Platz. Sehenswert ist die zeitgenössische architektonische Gestaltung in reizvollem Kontrast zur historischen Bausubstanz des übrigen Stiftskomplexes. Nebenbei bemerkt gehört zum Stift Admont noch heute der viertgrößte private Forstbetrieb Österreichs, der aus Schenkungen in Jahrhunderten entstanden ist.

Admont (Benediktinerstift)

«Aus Liebe und vertrauend auf Gottes Hilfe.»

Anreise
Bahn: Bahnstation Admont (Strecke Bischofshofen–Selzthal–Amstetten–Wien).
Auto: A9, Ausfahrt Adning/Admont/Gesäuse.

Geschichte
1074: Gründung durch den Erzbischof Gebhard von Salzburg und damit das älteste bestehende Kloster der Steiermark. Die ersten Mönche kamen aus der Benediktinerabtei St. Peter in Salzburg. 1120 wurde dem Stift ein Frauenkloster nach der Benediktus-Regel angeschlossen, dessen Tätigkeit in der Reformationszeit erlosch.

6

Sehenswürdigkeiten
Kloster: Stiftskirche (erster großer neugotischer Sakralbau Österreichs), Bibliothekssaal (gilt als größter klösterlicher Büchersaal der Welt, Skulpturenschmuck von Josef Stammel), Naturhistorisches Museum, Schatzkammer, Gemälde- und Skulpturensammlung. *Umgebung:* Naturschutzgebiet der Steiermark, Ennstaler Alpen.

Klosterbetrieb
Stiftskeller, Klosterladen, Stiftsgymnasium für Mädchen und Jungen, Forstwirtschaft, Landwirtschaft, Gärtnerei, Elektrizitätswerk, Museum, Pflegeheim.

Gästeangebot
Touristische Tagesangebote für Einzelpersonen, Gruppen, Schulklassen, Tel. 0043-3613-2312601,
E-Mail: kultur@stiftadmont.at.

Gottesdienste
Werktag: 6.20 Vigil/Laudes, 7.00 Konvent, 12.20 Hore, 18.30 Vesper/Komplet. *Sonntag:* 6.20 Vigil/Laudes, 7.00 Konvent, 12.20 Hore, 17.30 Vesper.

Unterkunft
Im Schloss Kaiserau bei Admont (www.kaiserau.at, Tel. 0034-664-60353550) oder im Jugendlager Hall (Tel. 0043-3613-3858).

Auskunft und Reservierung
Kloster: Benediktinerstift Admont, A-8911 Admont 1, Tel. 0043-3613-2312601, Fax 0043-3613-2312610, Internet: www.stiftadmont.at, E-Mail: kultur@stiftadmont.at.
Touristik: Tourismusverband Gesäuse, A-8911 Admont, Hauptstraße 36, Tel. 0043-3613-2164, Fax 0043-3613-3648, Internet: www.xeis.at, E-Mail: info@xeis.at.

Traumhafter Ausblick auf Ronco Sopra Ascona am Lago Maggiore im Tessin.

Schweiz

1

2

3

4

Jugendburg bei Solothurn

Heute recht gemütlich – Burg Mariastein-Rotberg

Ungeliebt von ihren einstigen Burgherrn und dem Verfall preisgegeben, rettete erst im 20. Jahrhundert der Gemeinsinn die Festung auf einer Felsrippe des Blauens.

Die Jurablauen gehören zu den burgenreichsten Gegenden der Schweiz. Weit über ein Dutzend Burgen und Schlösser erhoben sich vor Zeiten an den Hängen des «Blauen» oder auf dessen Felsvorsprüngen. Eine von ihnen ist die Burg Rotberg. Wann die Burg gegründet wurde, lässt sich nicht mehr genau feststellen. Doch man darf annehmen, dass sie spätestens Ende des 12. Jahrhunderts gebaut wurde. Die Burg Rotberg war der Sitz der Herren zu Rotberg, denen der König die Burg mitsamt der ganzen Herrschaft als Reichslehen überließ. Da sie keine Grafen über sich hatten, kamen alle Einkünfte, die aus dieser Herrschaft hervorgingen, den Edlen zu Rotberg zugute. Die Bauern mussten für sie Frondienste leisten und ihnen die Abgaben entrichten. Das Lehen war der Lohn für die Waffendienste, welche die Herren von Rotberg leisten mussten, was jedoch sehr selten vorkam, da sie weit entfernt von den Konfliktherden des Reiches wohnten. Die Burg Rotberg lag an keinem Verkehrsweg und war deshalb militärisch kaum von Bedeutung. Sie diente nur als Verwaltungs- und Wohnsitz der Edlen zu Rotberg.

Das Leben auf der Burg war hart: Bei Sturm, Kälte und Regen mussten die kleinen Fenster durch Holzladen geschlossen werden, und der Wind trieb oft den Rauch durch die kurzen, offenen Kamine zurück in die Räume. All diese Unannehmlichkeiten sorgten dafür, dass die Herren Rotberg Mitte des 13. Jahrhunderts die Burg verließen und in den Dienst des Bischofs von Basel traten und dort auch wohnten. Im Jahr 1515 verkaufte Ritter Arnold IV. von Rotberg die längst nicht mehr genutzte Burg der Stadt Solothurn. Die Zweckentfremdung der Bausubstanz durch die Mönche des Klosters Beinwil für den Bau des Klosters Mariastein führte zu weiterem Verfall. Erst mit dem Erwerb durch den Allgemeinen Consumverein gewann der Gedanke einer gemeinnützigen Verwendung Gestalt. Das deutsche Vorbild der Jugendburgen setzte sich durch: 1936 wurde die Burg mit Hilfe großzügiger Gönner in ihrer heutigen Form fertig gestelllt und dient seither als Jugendherberge.

1 Erhaben und trutzig ragt Burg Mariastein-Rotberg aus dem Abhang des «Blauen» in der Nähe von Basel. **2** Kerzenlicht trägt stilecht zum wildromantischen Flair der Innenräume bei. **3** Ritterspiele bieten willkommene Abwechslung. **4** Blick vom Palas über den Burghof auf die weite Rheinebene.

1

2

3

4

Jugendherberge Mariastein-Rotberg

«Die Ritterburg am Pilgerweg»

Anreise
Auto: Bis Basel, weiter nach Flüh. Von dort nach Rotberg.
Bahn: Vom Hbf. Basel mit der Tram Nr. 10 Richtung Flüh-Rodersdorf bis Flüh. Weiter mit dem Postauto bis Rotberg (Halt auf Verlangen). Die Burg kann nur zu Fuß erreicht werden.

Sehenswürdigkeiten
Kloster Mariastein: Der Muttergottes-Wallfahrtsort im Dreiländereck geht auf das 14. Jahrhundert zurück. Benediktinermönche bauten darauf die Klosteranlage, die 1655 ihre Weihe erhielt, teilweise mit Steinen aus der Burg Rotberg. Im Mittelpunkt steht die Gnadenkapelle in der Felsengrotte: darin eine Maria mit dem Jesuskind.
Burgruinen: Zahlreiche Festungsrelikte aus dem Mittelalter führen die einstige Bedeutung der Grenzregion vor Augen. Erwähnt seien Landskron, Pfeffingen und Dorneck, die von Denkmalschützern betreut werden.

7

Freizeitangebot in der Umgebung
Baselbiet: Das Naherholungsgebiet mit dem ungewöhnlichen Namen gehört zu den schönsten Gegenden der Schweiz: kleine Dörfer eingebettet in grandiosen Naturlanschaften. Im Leimental bei Mariastein sticht die Chälengrabenschlucht hervor: Der Pfad windet sich zwischen Felswänden über einem ausgewaschenen Bachbett voller skurriler Formen.

Geschichte
12. Jahrhundert: Entstehung der Burg. Mitte 13. Jahrhundert: Die Herren von Rotberg verlassen die Burg und gehen nach Basel. 1636: Die nicht mehr bewohnte Ruine geht als Lehen an das Kloster Beinwil, dessen Mönche die Bausubstanz plündern für das neu zu gründende Kloster Mariastein. 1919: Kauf durch den «Allgemeinen Consumverein». 1934: Wiederaufbau durch arbeitslose Jugendliche. 1936: Eröffnung der Jugendherberge.

Kategorie
Jugendherberge. Die Kosten für eine Übernachtung im Mehrbettzimmer mit Frühstück betragen ab 27,70 CHF. Insgesamt 80 Betten.

Gästeangebot
Schulungs- und Tagungsräume, offene Feuerstelle mit Steintischen und Bänken, Tischtennis, Tischfußball, Gepäck wird mit dem Warenlift in die Burg transportiert.

Veranstaltungen
Walpurgisnacht, Weihnachtsmarkt und Sommernachtsfest. Thementage rund ums Mittelalter.

Adresse
Jugendherberge Mariastein-Rotberg, CH-4115 Mariastein,
Tel. 0041-61-7311049, Fax 0041-61-7312724,
www.youthhostel.ch/mariastein

1 Der Speisesaal mit offenem Kamin ist Aufenthalts- und Tagungssaal zugleich: Hier trat bereits der gesamte Schweizer Bundesrat zusammen. **2** Mittagessen mit den Herbergseltern. **3–4** Mehrbettzimmer und Matratzenlager. **5** Blick vom Turm mit seiner verwinkelten Treppe in den Innenhof. **6** Ein romantischer Fußweg führt empor zur Burg. **7** Der sanfte Herbergshund beobachtet den Hof vom Wehrgang aus.

1

2

3

4

Das Schloss und der See

Castello Seeschloss und seine Palmenterrasse

Luxus pur: Burgenromantik und Spitzengastronomie erwarten den Gast in einem Schloss aus dem 13. Jahrhundert mit individuell gestalteten und komfortablen Zimmern.

Die Burg am Lago Maggiore in Ascona ist um die Mitte des 13. Jahrhunderts als privater Herrensitz der Griglioni (de Ghiriglioni) erbaut worden. Die Familie gehörte dem Mailänder Stadtadel an und besaß im Tessin umfangreiche Güter. Weder trat die Familie politisch in Erscheinung noch war sie in einen der zahlreichen Konflikte verwickelt, die während des Hoch- und Spätmittelalters die Region heimsuchten. Daher konnte die Familie die ursprüngliche Festung bis ins 17. Jahrhundert in ihrem Besitz behaupten. Das Castello de Griglioni unterscheidet sich damit von den vielen Tessiner Burgen, die im Laufe der Jahrhunderte mehrmals ihre Besitzer wechselten. Nach dem Weggang der Griglioni – sie zogen wieder nach Mailand zurück – wurde der Besitz aufgeteilt, was zu Überbauungen und Abtrennungen einzelner Gebäudeteile geführt hat, die dem Schlosshotel sein heutiges Aussehen verleihen.

Ursprünglich bestand das Castello de Griglioni aus einem geräumigen Mauergeviert von rund 41 auf 54 Meter Seitenlänge. Außer dem Schlossturm an der Piazza von Ascona zeugen noch der südöstliche Turm sowie die kleine Gasse «Vicolo de Ghiriglioni» mit den zwei Rundbogentoren – der ehemalige Durchgangsweg in das Burgareal – von den ehemaligen Dimensionen der Burg. Das ursprüngliche Burgareal umfasste 10 000 Quadratmeter: Dazu gehörten ein eigener Bootshafen sowie ein Wassergraben, der später zugeschüttet wurde und schon vorher aufgrund der Versandung austrocknete. Denn: Der Seespiegel war damals höher und reichte bis an die Mauern. Mit dem Wegzug der de Griglioni verliert sich auch die Geschichte des Hauses.

Belegt ist, dass das Castello durch seine Lage und den wunderschönen Blick auf den Lago Maggiore immer wieder Anziehungspunkt für Künstler und Kreative war. Alexej Jawlenski wohnte von 1918–21 im Castello, 1927 kaufte es der Künstler Hanns Wartmann und gründete in seinen Mauern die erste freie Kunstschule der Schweiz. Er betrieb ab 1928 erstmals eine kleine Pension: Der Schriftsteller Hermann Hesse, der Dichter Hugo Baal und der

1 So präsentiert sich das Seeschloss vom Lago Maggiore aus. **2** Gaumenfreuden: Im Hotel werden selbst gemachte Marmeladen und hausgebrannte Obstschnäpse aufgetischt. **3** Zum Aperitif trifft man sich auf der Terrasse. **4** Von der Terrasse des Lokals bietet sich ein grandioser Ausblick auf den Lago Maggiore.

Komponist Arthur Honegger waren nur einige der prominenten Gäste. In den dreißiger Jahren wurde das Castello von der Familie Schumacher übernommen und bis 1952 als Pension weitergeführt. Seit 1952 ist es im Besitz der Familie Ris, die es großzügig ausbaute. Während der Renovierungsarbeiten entdeckte man altes Mauerwerk, Granitportale und Mosaikfußböden. Die Wandmalereien aus verschiedenen Epochen erstrahlen wieder im alten Glanz.
Der Gartenbereich wurde vollkommen neu gestaltet und die Palmenterrasse darin integriert. Für die Gäste entstand eine Ruheoase inmitten der belebten Piazza von Ascona mit einem unverbauten Blick auf den See und die Brissago-Inseln: der beste Ort zum Genießen der ausgezeichneten Küche im Schlossrestaurant «de Ghiriglioni».

1 Von der Uferpromenade blickt man auf den grün umrankten Turm des Castellohotels. **2** Die Tessiner Berge immer im Blick: der Swimming-Pool. **3** Jährliches Jazzfest «New Orleans» Ende Juli. **4** Erleuchteter Eingangsbereich des Hotels. **5** Am Seeufer bietet ein Händler Esskastanien zum Kauf. **6** «Dolce far niente» – so lautet das Motto von Hotel und Gartenlokal. **7** Die Uferpromenade am Lago Maggiore. **8** Im Turmzimmer: Beonders romantisch wirken die Spitzbogenfenster. **9** Zum alljährlichen Risottofest kochen die Küchenchefs sogar im Freien auf.

8

6

9

1

2

3

1 Wer möchte nicht in einer solchen Suite nächtigen? Das Hochzeitszimmer lässt keine Wünsche offen. **2** Prachtvoll: das Foyer des Hotels lädt zum Verweilen ein. **3–5** Alle Zimmer sind individuell mit teils antikem Mobiliar eingerichtet, besonders opulent sind die Turm- und Schlosszimmer eingerichtet. **6** Zum Empfang wird dem Gast ein bunter Früchtekorb überreicht.

Romantik Hotel Castello Seeschloss

«Schweizer Hoteltradition»

Anreise
Auto: A2 Ausfahrt Bellinzona/Süd in Richtung Locarno, dann Schnellstraße nach Italien und Ausfahrt Ascona (nach dem Tunnel).
Bahn: Bahnstation Locarno, mit Bus Nr. 31 Locarno-Ascona oder mit Taxi.

6

Sehenswürdigkeiten
Ascona: Der mondäne Kurort wird auch als «Côte d Azur» der Schweiz bezeichnet, denn an der autofreien Uferpromenade heißt es hier wie dort: Sehen und gesehen werden. Der Borgo, der malerische Dorfkern hinter der Promenade, ist weitgehend erhalten geblieben. In Ascona wurde die Lebensreform-Bewegung gegründet, dokumentiert durch drei Museen auf dem Monte Verità. Hier fanden sich zahlreiche bekannte Künstler und Schriftsteller des 20. Jahrhunderts ein, darunter Hermann Hesse, Erich Maria Remarque und Paul Klee. Musikfestwochen und das «New Orleans Jazz Festival» im Sommer und Herbst sowie der Kunsthandwerksmarkt in der Altstadt sind weitere Anziehungspunkte von Ascona.

Freizeitangebot in der Umgebung
Brissago-Inseln: Mit dem Schiff von Ascona zum Besuch des botanischen Parks. Pflanzen werden hier im Freien kultiviert, die sonst nur in Ländern gedeihen, die nahe der Subtropen liegen. Die Baronin Saint-Léger und der Kaufmann Max Emden bauten insgesamt 1500 exotische Pflanzenarten an. In die Schlossvilla sind ein Restaurant und Veranstaltungs- und Ausstellungsräume integriert.

Geschichte
1250: Erbaut als privater Wohnsitz der Mailänder Familie Griglioni, ursprünglich mittelalterliche Burg mit Wassergraben ringsum, später Wohnhaus, Malschule und Pension. 1952: Erwerb durch die Familie Ris und Fortführung des Hotelbetriebs.

Kategorie
Gehoben bis luxuriös, 4-Sterne-Hotel. Doppelzimmer ab 248 CHF. Die Küche des Gourmetrestaurants ist hervorragend und mediterran geprägt.

Gästeangebot
Wochenarrangements, Hochzeiten, Tagungsräume, großes beheiztes Schwimmbad im Garten und Liegeterrasse. Die Palmenterrasse bietet sich im Sommer für Mahlzeiten an.

Veranstaltungen
Auf der «Wine and Dine Tour» stellt das Castello in anderen, auch deutschen Romantikhotels seine Küche und Weine vor. Informationen über die nächsten kulinarischen Veranstaltungen können beim Romantik Hotel erfragt werden.

Adresse
Romantik Hotel Castello Seeschloss, Piazza Motta, CH-6612 Ascona, Tel. 0041-91-7910161, Fax 0041-91-7911804, www.castello-seeschloss.ch

wird belohnt

Emotionen vor der Via Mala

Beten und abschalten bei den Dominikanerinnen von Cazis

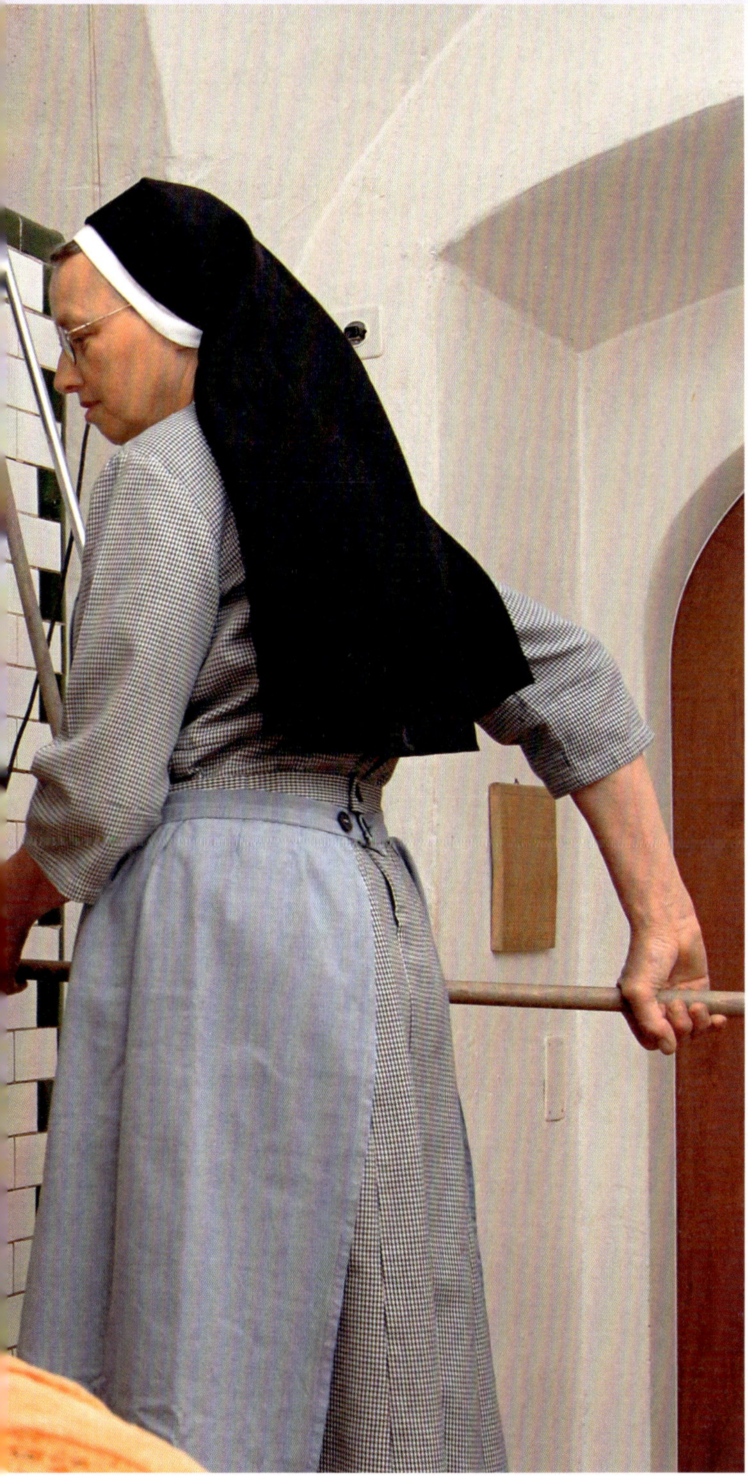

Ein Ort mit abendländischer Geschichte, der die Menschen magisch anzieht, ein Ort der Stille, ein Ort, um sich neu zu besinnen, ein Ort, an dem man fast zwangsläufig meditiert.

Der Wegweiser verheißt wörtlich genommen nichts Gutes: Via Mala, schlechter Weg. Doch wer ihm heute auf der Reise von Chur in Graubünden in den Süden über den Splügenpass oder über Bellinzona nach Mailand folgt, erfährt das Gegenteil von dem, was dieser einst heruntergekommene, schwer passierbare Schluchtenpfad bedeutet hat. Er ist, wie die Dominikanerinnen des Kloster Peter und Paul von Cazis nahe der Einfahrt in die romantische Schlucht meinen: «Willkommen im Erfahrungsland des Lebens!»

Die Orientierung ist nicht zu übersehen Neben Burgen und Schlössen zieht der markante Kirchturm des Klosters Cazis Neugierige und Suchende magisch an, manch einer auf der schnellen Durchreise von und nach Italien und Süddeutschland hält inne.

Hier spürt jeder, dass abendländische Geschichte durchgezogen ist. Über Cazis führen die Routen zum Albula, Julier und Septimerpass, aber vor allem die Hauptroute zu den Hinterrheinpässen Splügen und San Bernardino. Begangen wurden sie schon in prähistorischer Zeit. Bronzezeitliche Siedlungen sind belegt. Das Christentum hat sich hier vermutlich seit den römischen Anfangszeiten kontinuierlich entwickelt, auch wenn das Kloster Cazis «erst» indirekt 806 erwähnt wird.

Hier findet der Mensch fast zwangsläufig zum Meditieren. Meint Lebenswandel die Art, fragen die Schwestern, wie man seine Zeit auf Erden verbringt? Ist wirklicher Lebenswandel nicht vielmehr ein Wunder wie jenes, wenn sich im Frühjahr die Winterwiese zum Blütenschnee verwandelt? Wie der Sommer seine Vollendung in herbstlicher Farbenpracht findet, wie über goldgelben Lärchen und tiefroten Heidelbeersträuchern wieder die erste Winterwiese erscheint? Diese Region Heinzenberg-Domleschg preist sich einfühlsam an. Hier werde der eigene Lebenswandel eins mit dem großen Wunder des Lebens, in einer einzigartigen Umgebung mit wundervollen Obstgärten und alten Schlössern. Mit malerischen Bauerndörfern und mächtigen Burgen, umgeben von sanften

1 Das Kloster mit dem Kirchturm der ehemaligen Klosterkirche und heutige Pfarrkirche. **2** Taube unter dem Baldachin der Kanzel in der Pfarrkirche. **3** Das Glasfenster zeigt eine Szene aus dem Leben des heiligen Dominikus. **4** Schwester Aurelia beim Backen des Klosterbrots mit Ruchmehl.

Bergeshöhen und ganz nah an der dunklen Mystik der Via-Mala-Schlucht.

Cazis war um das Jahr 700 das erste Frauenstift in Churrätien. Doch die Kanonissen waren sich, wie die Heinzenberger Kirchengeschichte von Emil Camneisch von 1950 festhält, nicht immer ihrer hohen Aufgabe, eine Leuchte des christlichen Glaubens zu sein, bewusst. Um die Mitte des 12. Jahrhunderts hatte sich die Disziplin in dem Kloster derart gelockert, dass der Bischof von Chur strenge Zuchtregeln über die meist adeligen Damen verhing. Bis zur Mitte des 12. Jahrhunderts war es üblich, dass in einem Kloster Männer und Frauen untergebracht waren. Der Abt des Männerklosters übte zugleich das Amt des geistlichen Leiters über den Frauenkonvent aus. Damit war nun Schluss. Die Reformen des 13. Jahrhunderts beendeten das Nebeneinander von Männern und Frauen an einem Ort als verwerflich. Dazu gehörte nun auch eine strenge Klausur.

In der Reformation wurde das Kloster 1526 der weltlichen Obrigkeit unterstellt und ausgetrocknet. Fortan durften keine Novizinnen mehr aufgenommen werden. 1570 wird das Kloster nach dem Tod der letzten Augustinerin aufgehoben. Ein Kapuzinerpater beschrieb bald den verwunschen wirkenden Ort wie einen «Wald für wilde Tiere». Beim Abschied kamen ihm die Tränen ob des Zerfalls.

Mit sechs Dominikanerinnen begann 1647 die neuerliche Blüte, die trotz vieler Rückschläge bis heute anhält. Das Kloster fand eine neue Bestimmung. Es wurde ein Zentrum der Ausbildung von Mädchen. Die wilden Zeiten waren längst vergessene Geschichte.

1 Das Kloster mit dem Kirchturm der ehemaligen Klosterkirche und der heutigen Pfarrkirche. **2** Schwester Magdalena beim Salatschneiden im Garten. **3** Kurs zur Begleitung von depressiven Menschen unter Leitung von Schwester Agnes und Schwester Benedicta. **4** Die Vesper am späten Nachmittag wird immer mit Harfe begleitet. **5** Die Chorapsis in der Pfarrkirche, ehemalige Klosterkirche. **6** Von der Gästedachterrasse blickt man Richtung Stätzerhorn.

Das Gegenteil herrschte nun in Cazis. Im 19. Jahrhundert starben viele Schwestern an dem übertrieben asketischen Leben. Ihnen musste ein weniger strenges Fasten und mehr Gartenarbeit vorgeschrieben werden. Kaum zu glauben, wenn man die Schwestern heute beim Gießen von Tomaten, beim Ernten des Bienenhonigs, in der Schneiderei, bei der Hühnerzucht oder der Traubenlese zusieht. Besucher können beim Brotbacken zuschauen und Kunstkeramiken von Ordensschwestern erwerben. Die Dominikanerinnen arbeiten in den Kindergärten der Umgebung, pflegen Alte, begleiten Schwerkranke auf dem letzten, würdigen Weg in den Tod unterrichten und führen ein Internat. In einem Projekt «Senfkorn» führen sie Kinder mit ihren Eltern in Seminarien in die Grundlagen der Eucharistie ein, Seelsorge, wie sie mancher in einem Frauenkloster nicht erwartet hätte.

Der echten Freude auf die Spur kommen. Dazu wollen die Schwestern den Gästen verhelfen, die sich für Tage in ihrem Gästehaus einmieten für eine «ganzheitliche Erholung an Leib und Seele dort, wo der Mensch noch zählt». Die besondere Atmosphäre mit gesunder Ernährung, viel Wandern und Leben in froher Gemeinschaft sowie der Teilnahme am Stundengebet sollen den Menschen den Weg zu sich selbst erleichtern.

Ein besonderes spirituelles Erlebnis bereiten die Schwestern allen Besuchern, die an ihrem Chorgebet teilnehmen. Meistens beten dreißig bis vierzig Schwestern von der Harfe begleitet. Emotional, anrührend und eindrucksvoll wie der Blick aus dem Chorraum ins Tal und auf die gegenüberliegenden Berge.

Cazis (Dominikanerinnenkloster)

«Betrachten und das Betrachtete weiterschneken»

Anreise
Bahn: Bis Chur, umsteigen in den Schnellzug nach Thusis (Richtung St. Moritz). In Thusis den Bus nach Caizis. Bei Anmeldung holen Klostermitarbeiter die Gäste am Bahnhof Cazis ab.
Auto: Autobahn A13 nach Chur, auf der Europastraße A13/E43 Richtung San Bernardino bis zur Ausfahrt Rothenbrunnen/Cazis oder Thusis-Nord.

Geschichte
Der Churer Bischof Viktor II. gründet in Cazis um 700 das erste Frauenstift in Churrätien. 1156 Umwandlung des verweltlichten Stiftes in ein reguliertes Kloster, das vor allem

6

Augustinerinnen aus dem niederen Adel und den Rittergeschlechtern aufnimmt. 1526 in der Reformation der weltlichen Obrigkeit unterstellt, keine Novizen mehr erlaubt. 1570 wird das Kloster aufgehoben und erst 1647 neu gegründet. 1866 Gründung der Schule St. Catharina, der Beginn der Mädchenbildung.

Sehenswürdigkeiten
Imposanter Gesamtkomplex in den Alpen mit einer 1996 fertiggestellten Kapelle. In dem «kleinen Heiligtum» befindet sich die neu gemalte Ikone der Cazner Dominikanerinnen nach einem Vorbild aus dem 13. Jahrhundert. Viele Wanderwege am Fuß des Heinzenbergs.

Klosterbetrieb
Landwirtschaft, Brotbacken, Kunstkeramik, Krippenfiguren Letzte Begleitung von Schwerkranken durch die Schwestern, Projekt Senfkorn zur Vorbereitung auf die Erstkommunion.

Gästeangebote
Motto: Wo der Mensch noch zählt. Übernachtungen schon ab einer Nacht mit Halb- und Vollpension in einem Gästehaus, ab 55 CHF. Teilnahme am Stundengebet möglich.

Auskunft und Reservierung
Kloster der Dominikanerinnen
Oberdorf
CH-7408 Cazis
Tel. 0041-81-6511432, Fax 0041-81-6511444
Internet: www.kloster-cazis.ch
E-Mail: info@kloster-cazis.ch

1

2

3

4

Im Tal der Burgen

Hoch über Sils – Burg Ehrenfels im Domleschgtal

Das Domleschg – eine landwirtschaftlich geprägte Region nahe der italienischen Grenze mit sehr warmem Klima – ist der Standort zahlreicher mittelalterlicher Festungen.

Über Sils, welches das fruchtbare und geschichtlich anregende Domleschg abschließt, ragt nahe dem Weg nach Hohen Rätien die Burg Ehrenfels empor. Ihre Geschichte beginnt mit einer kleinen Grundherrschaft, deren Mittelpunkt sie bildete und die vermutlich den Herren von Sils gehörte. Der Name «Ehrenfels» ist gleichbedeutend mit «Herrenfels», da im Mittelhochdeutschen «ehr» «Herr» bedeutet. In den Urkunden treten die Herren von Ehrenfels erstmals im Jahr 1257 auf. Laut einer Wappenrolle aus dem 14. Jahrhundert hatten die Ehrenfelser drei Fische im Wappen, ein weiterer saß auf der Helmzier. Am Ende des 15. Jahrhunderts kam die Burg an das Kloster Cazis. Die Festung soll damals dem Verwalter für die umliegenden Güter Wohnung geboten haben. Im 16. Jahrhundert bewohnten die Brüder Rudolf und Kaspar von Schauenstein eine Zeit lang die Burg. Das Geschlecht der Ehrenfels-Schauenstein verarmte und starb im Jahr 1742 aus. Der Schwestersohn Johann Anton von Buol übernahm Titel, Wappen und Namen. Die Burg war damals nur mehr eine Ruine und wurde als Steinbruch für den Bau von Häusern benutzt.

In den dreißiger Jahren des 20. Jahrhunderts wurde Ehrenfels vom Architekten und Präsidenten des Schweizerischen Burgenvereins, Eugen Propst, wieder zu einer vollständigen Burg aufgebaut. Zahlreichen jugendlichen Arbeitslosen verschiedener Berufsgattungen konnte so, wenigstens vorübergehend, ähnlich wie bei der Jugendherberge Mariastein-Rotberg, in der Wirtschaftskrise eine befriedigende Tätigkeit zugewiesen werden. Sie rodeten das Unterholz, fällten Bäume, gruben die vom Schutt bedeckten Teile der Burg aus und führten Baumaterialien zu. In dem fast noch auf die ursprüngliche Höhe erhaltenen Turm wurden Balken eingezogen und ein Dach aufgesetzt. 1954 erwarb der Verein für Jugendherbergen die romantische Burg. In der geschichtsträchtigen Umgebung von Ehrenfels befinden sich allein 21 Burgruinen sowie 5000 Jahre alte Felszeichnungen: Domleschg ist damit eine wahre Fundgrube für große und kleine Archäologen.

1 Urtümliche Felsen zu Füßen der Burg. **2** Wandmalereien im Speisesaal. **3** Gemütliches Beisammensein mit Musik. **4** Oberhalb von Sils im Domleschgtal liegt versteckt in den Wäldern Burg Ehrenfels mit bezauberndem Panoramablick auf den schneebedeckten San Bernadino.

1

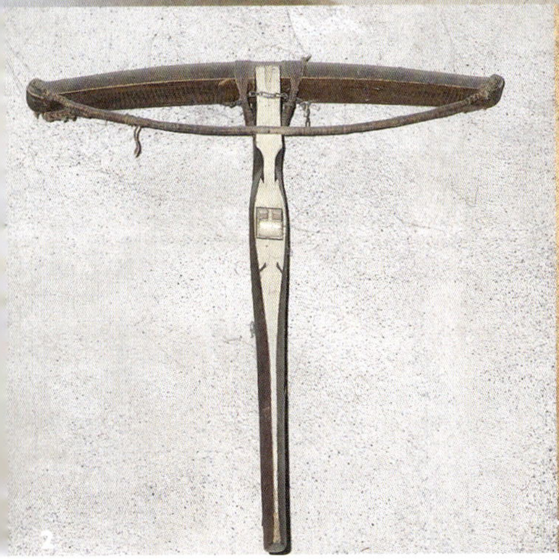

2

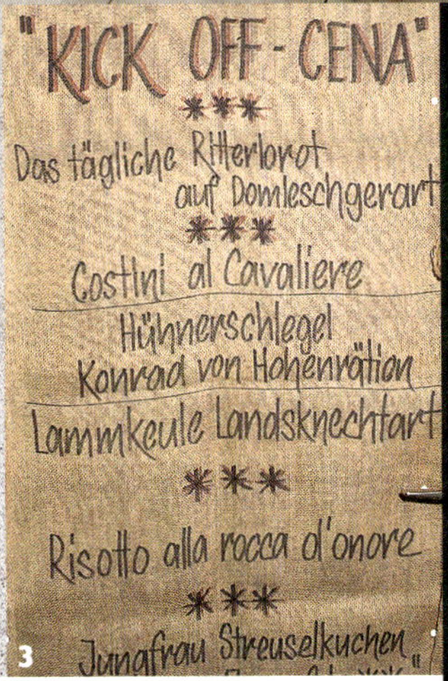

3

1 Blick in den schlicht gehaltenen Speise- und Aufenthaltsraum. **2** Erinnerung ans Mittelalter: dekorative Armbrust im Speisesaal. **3** Die Küche geht mit ihrem Speiseangebot auf die Besonderheiten des geschichtsträchtigen Anwesens ein. **4** «Durch diese hohle Gasse muss er kommen», hieß es schon in Schillers «Wilhelm Tell»: Malerische Treppe vom Turm hinab in den Innenhof. **5** Natursteinmauerwerk: besonders rustikal ist der Eingang in die Jugendherberge. **6** Für Kinder das Höchste: Stockbrotgrillen am offenen Lagerfeuer. **7** Das Wappen der Burg Ehrenfels.

4

Burg Ehrenfels – Jugendherberge Sils i. D.

«Burgenromantik in Sils»

Anreise
Auto: Autobahnausfahrt Thusis-Süd, A 13 Richtung San Bernardino-Bellinzona, Parkplätze am Bahnhof Sils.
Bahn: Via Thusis mit Bus bis Sils, anschließend 10 Gehminuten.

Sehenswürdigkeiten
Burgruinen: Das Domleschg entwickelte sich schon zu Urzeiten zu einem wichtigen Verkehrskanal. Dies belegen die zahlreichen prähistorischen und römischen Funde. Im Mittelalter wurden die Reisenden geschützt, besteuert und oft ausgeplündert. Den Vorlieben und Möglichkeiten der jeweiligen Burgherrn entsprechend, dienten die insgesamt 21 Burgen in der Region im landschaftlich reizvollen Domleschgtal dem einen oder anderen Zweck.

Freizeitangebot in der Umgebung
Viamala: Abwechslungsreich und farbenfroh präsentiert sich die Region. Ein riesiges Angebot an Wanderwegen, Berggipfeln und Biketrails präsentiert sich in einer intakten Bergwelt, weit weg vom großen Rummel. Wanderern und Bergsteigern erschließt sich ein fast unberührtes Naturparadies. Das südliche Graubünden bietet ausgesprochene Schneesicherheit: Die Wintersportmöglichkeiten reichen von Skipisten in allen Schwierigkeitsgraden bis zu romantischen Langlaufstrecken und Winterwanderwegen.

7

Geschichte
1257: Erstmalige urkundliche Erwähnung als Grundherrschaft der Herren von Ehrenfels. Ende des 15. Jahrhunderts: Übergabe an das Kloster Cazis. 18. bis 20. Jahrhundert: Die Burg steht leer und verfällt zur Ruine, wie so viele andere in der Umgebung mit der nachlassenden Bedeutung der Handelsroute. 1937: Wiederaufbau der Burg durch den Architekten Eugen Probst. Arbeitslose Jugendliche übernehmen die Bauarbeiten. 1954: Erwerb durch den Verein für Jugendherbergen.

Kategorie
Gruppenjugendherberge. Preis pro Person für ein Mehrbettzimmer 22 CHF. Geöffnet von April bis Oktober.

Gästeangebot
Ideal für Schulklassen: 2 Schulungsräume inkl. Equipment für je 25 Personen, der umgestuhlte Speiseaal für 60 Personen. Klavier, Theaterraum mit Bühnenelementen, Spielwiese, Labyrinth, Brotbackofen, Tischtennis, Spiele.

Veranstaltungen
Keine.

Adresse
Burg Ehrenfels – Jugendherberge Sils i. D., CH-7411 Sils, Tel. 0041-81-6511518, www.youthhostel.ch/sils

1

2

3

4

Exil am Bodensee

Schloss Wartegg mit familiärer Atmosphäre

Zahlreiche bekannte und weniger bekannte Persönlichkeiten, die einen Zufluchtsort suchten, wählten Schloss Wartegg – die Reize des Schlosses locken heute aufs Neue.

Die Geschichte von Schloss Wartegg beginnt 1557, als Kaspar Blarer von Wartensee an der Südseite des Bodensees einen Renaissance-Palas errichtete. Blarer selbst stand in Diensten des Bistums Konstanz, während sein Bruder Diethelm als Abt über den winzigen Gottesstaat St. Gallen regierte. Über Feindseligkeiten zwischen St. Gallen und Wartegg ist nichts bekannt. Im Gegenteil: Während des Dreißigjährigen Krieges flüchteten zahlreiche Mönche vor der Pest in die Mauern von Schloss Wartegg – später sollte es noch Emigranten ganz anderer Art aufnehmen. Doch zunächst residierte hier Sebastian Zwyer Peregrin von Evibach, der gemeinsam mit dem Basler Bürgermeister Rudolf Wettstein im Westfälischen Frieden 1648 die Unabhängigkeit der Schweiz völkerrechtlich verankern half. 1663 erwarb St. Gallen das Schloss. Der St. Gallener Landeshofmeister Fidel von Thurn, ein geschickter Diplomat, der die Außenbeziehungen des Gottesstaates organisierte, baute Schloss Wartegg weiter aus. Es blieb Zufluchtsort illustrer Gestalten: 1791 rettete sich hierher der Marquis de Bombelles, französischer Diplomat und Geheimagent im Dienste des Königs, für einige Jahre vor der blutigen Revolution in seinem Lande. 1860, nach der Unabhängigkeit Italiens, folgte die Herzogin von Parma und baute Wartegg zu einer Exilresidenz aus: Sie verstärkte das Gebäude um einen weiteren Flügel und legte den Park an. Von ihren zahlreichen Enkeln ehelichte eine gewisse Zita den letzten Österreichischen Kaiser Karl und blieb bis zu ihrem Tod in den achtziger Jahren eine Ikone der «Yellow Press». Der deutsche Industrielle Carl Gustav Mez zog sich Ende der zwanziger Jahre auf das von ihm erworbene Wartegg zurück, als er hellsichtig den Siegeszug der braunen Kolonnen vorausahnte. Es wurde ihm nicht gedankt: Nach dem Zweiten Weltkrieg wurde Schloss Wartegg durch die US-Behörden beschlagnahmt. Schloss Wartegg stand leer. Den Bemühungen des Ehepaars Mijnssen ist es zu verdanken, dass seit 1994 das Schloss in wunderbar familiärer Atmosphäre seinen Gästen wieder offen steht.

1 Blick vom Park auf das Schloss Wartegg in perfekter Lage hoch über dem Bodensee. **2** Speisen auf der Terrasse im Einklang mit der Natur. **3** Alle Küchenkräuter werden selbst angebaut. **4** Das prachtvoll verzierte Barockportal präsentiert sich als stilvolles Entree.

1

2

3

1 Vom Musiksaal blickt man weit über den – hier verhangenen – Bodensee. **2** Die lichtdurchfluteten und geräumigen Gästezimmer strahlen entspannte Atmosphäre aus. **3** Der großzügige Musikraum ist Ort vielfältiger Konzertangebote. **4** Im türkisen Bad aus dem Jahr 1930 kann man den Alltag vergessen, Ruhe und Kraft tanken. **5** Treppenhaus. **6** Wappen der Burg.

Schloss Wartegg

«Idylle am Bodensee»

Anreise
Auto: A1 (St. Gallen/St. Margrethen), Ausfahrt Rheineck. Weiter nach Rorschach.
Bahn: Bahnhof Staad.

Sehenswürdigkeiten
Bregenzer Festspiele: Im Juli und August wird der Bodensee zum Magneten für tausende Opern-, Musical- und Konzertliebhaber aus aller Welt. Beim «Spiel auf dem See» finden die Vorführungen auf der Seebühne statt, wiederholt gab man hier die «West Side Story». Im Festspielhaus zeigen u. a. die «Wiener Symphoniker» ihr Können, zum Konzertprogramm gesellt sich noch ein Opernprogramm.
St. Gallen: Die Geschichte des Bistums geht bis auf das Jahr 612 zurück, als die Alemannen durch irische Wandermönche zum christlichen Glauben bekehrt werden sollten. Sehenswerte Altstadt, der Stiftsbezirk ist UNESCO-Weltkulturerbe, die Stiftsbibliothek ein Juwel des Rokoko.

Freizeitangebot in der Umgebung
Bodensee: Unter dem Motto «Vier Länder (Deutschland, Österreich, Schweiz und Liechtenstein) – ein See – tausend Möglichkeiten» lockt die Urlaubsregion Erholungssuchende, Natur- und Kunstliebhaber, Sportler und Genießer an. Dafür sorgen eine faszinierende Berglandschaft, hervorragende Gastronomie und natürlich der drittgrößte See Europas.

Geschichte

1557: Kaspar Blarer von Wartensee baut Wartegg. 1663: St. Gallen erwirbt das Schloss. 1860: Die Herzogin von Parma kauft Wartegg. Ihre Enkelin Zita zieht sich nach dem Sturz der Habsburger Monarchie hierher zurück.1927: Der Industrielle Carl Gustav Mez kauft Schloss Wartegg. Nach dem Zweiten Weltkrieg fällt es an die Kriegsgewinner und wird letztlich versteigert. 1994: Das Ehepaar Mijnssen erwirbt Schloss Wartegg und verwandelt das baufällige Gebäude in ein Schlosshotel.

Kategorie
Gehoben, mittlere Preisklasse, Doppelzimmer ab 190 CHF. Hervorragende, leichte Küche, mit Bodenseefisch und frischem Obst, Gemüse, Blüten und Kräutern aus dem biologischen Schlossgarten.

Gästeangebot
Seminarräume. «Das schönste Bad der Schweiz» (ein türkises Bad von 1930). Historischer, englischer Park. Fünf Minuten zur öffentlichen Badewiese am Bodensee. Leseraum mit Bibliothek. Konzertsaal mit profiliertem Konzertangebot.

Veranstaltungen
Konzertfestival im Mai, regelmäßige ausgesuchte Konzerte und Lesungen mit kulinarischer Begleitung.

Adresse
Schloss Wartegg, Von-Blarer-Weg, CH-9404 Rorschacherberg, Tel. 0041-71-8586262, Fax 0041-71-8586260, www.wartegg.ch

Gutshof Groß Behnkenhagen

ganzjährig geöffnet – «Kleinod für Erholungsuchende»

Anreise
Auto: Vom Autobahndreieck Rostock in Richtung Stralsund. Weiter nach Sanitz und Abtshagen. Nach rechts abbiegen Richtung Wittenhagen / Brandshagen, weiter nach Behnkendorf.
Bahn: Bahnhof Stralsund

Sehenswürdigkeiten
Stralsund: Die UNESCO-Hansestadt lockt mit historischer Altstadt, zahlreichen Sehenswürdigkeiten und abwechslungsreichem Kulturprogramm.

Kategorie
Ferienwohnungen, mittlere Preisklasse. In der Nebensaison beginnen die Apartmentpreise ab 49 Euro/Tag, in der Hauptsaison ab 69 Euro. Während der Saison gibt es Tagesgerichte im Bistro der Schänke «Zu den drei Schweinsköpfen».

Gästeangebot
Standesamt und Hochzeiten im historischen Ambiente, reichhaltige Bibliothek zum Schmökern, nostalgische Gartenspiele auf weitläufigem Gutsareal mit Park, LGB®-Eisenbahn.

Veranstaltungen
Großes, jahreszeitabhängiges Freizeitprogramm: Wintersport an der Küste, im Sommer Führun- gen durch den Gutsherrn, Herrn Ferber, an die umliegenden Schlösser, im Herbst zur Erntezeit das «Küchentheater Le Pomm». Feinschmecker-wochenende im September.

Adresse
Gutshof Groß Behnkenhagen GmbH, D-18519 Sundhagen, Tel. 038328-610, Fax 038328-6115, www.gutshof-behnkenhagen.de

Schloss-Hotel Kurfürstliches Amtshaus Dauner Burg

«Fürstliches Ambiente im Grafenschloss»

Anreise
Auto: auf der A48 Abfahrt Daun oder über A61 Autobahnkreuz Meckenheim B257 durch Ahrtal nach Daun.
Bahn: bis Bahnhof Gerolstein (25 km) oder Cochem an der Mosel (33 km).

Sehenswürdigkeiten
Wildparks befinden sich in Daun und Gerolstein. Der *Nürburgring* mit einem Rennsportmuseum lockt Autofans.
Adenau und *Ahrweiler* sind alte historische Marktflecken, auch *Beilstein* an der Mosel besitzt einen schönen Ortskern und eine Burg. *Burg Cochem* und *Burg Eltz* lohnen einen Besuch, ebenso Deutschlands älteste Stadt .

Kategorie
Exklusiv-luxuriös. Stilvoll und komfortabel eingerichtete Zimmer mit Antiquitäten. Das Doppelzimmer gibt es ab 125 Euro. Das Gourmet-Restaurant «Graf Leopold» ist mit einem Michelin Stern ausgezeichnet. In der Ritterbar «Grafenschänke» können Gäste den Tag ausklingen lassen.

Gästeangebot
Schwimmhalle, Sauna, Tagungs- und Banketträume. Naturfreunde können die herrliche Umgebung der Vulkaneifel genießen, es werden Radwanderungen organisiert. Sommerrodelbahn in Daun.

Veranstaltungen
Erlebnisgastronomie: Tafeln wie im Mittelalter.

Adresse
Schloss-Hotel Kurfürstliches Amtshaus Dauner Burg, D-54550 Daun/Vulkaneifel, Tel. 06592-9250, Fax 06592-925255, www.daunerburg.de

Schloss Waldeck

«Tolle Aussicht in luftiger Höhe»

Anreise
Auto: A 5 Abfahrt Homberg/Etze oder auf der A 7 bei Kassel auf die B 49 nach Fritzlar.
Bahn: Bahnhof Bad Wildungen. Abholservice.

Sehenswürdigkeiten
Edersee: Hervorragend geeignet für einen Badeurlaub. Der Nationalpark lockt mit dichten Buchenwäldern und einer faszinierenden Tierwelt, u.a. Wildschweine, Hirsche und Luchse.
Bad Wildungen: Das Heilbäderzentrum ist eine Kurstadt mit viel historischem Flair und grünen Oasen.

Kategorie
4-Sterne-Hotel, exklusiv-luxuriös, Doppelzimmer ab 146 Euro. Die hervorragende Küche wartet mit regionalen Gerichten auf. Alle Zimmer zeigen nach außen und gewähren eine tolle Aussicht von bis zu 50 Kilometern über das Waldecker Land.

Gästeangebot
Hochzeiten mit eigenem Standesamt und großem Begleitprogramm (Motto: «Man muss nur noch den Ehepartner mitbringen.»), Tagungen, Sonnenterrasse und Sonnenliegen, Swimmingpool.

Veranstaltungen
Schlossfest Ende Juni. Open-Air-Kino im Juli und August mit alten Filmen und Vorpremieren. Weihnachtsmarkt.

Adresse
Hotel Schloss Waldeck, D-34513 Waldeck, Tel. 05623-5890, Fax 05623-589289, www.schloss-waldeck.de

Schlosshotel Althörnitz

«In schöner Umgebung Muße pflegen»

Anreise
Auto: über die A 4 Ausfahrt Bautzen Ost, Richtung Bautzen, dann auf der B 6 nach Löbau, auf die B 178 Zittau, Stadtring Richtung Stadtzentrum, weiter nach Hörnitz.
Bahn: Bahnstation Zittau, von dort Transfer zur Burg möglich.

Sehenswürdigkeiten
Zittau bietet Museen mit sehenswerten Exponaten wie z. B. dem berühmten Großen Zittauer Fastentuch von 1472, außerdem historische Gebäude.
Görlitz weist ein schönes mittelalterliches Stadtensemble auf. Die Ruinen von *Burg und Kloster Oybin* stammen aus dem 14. Jahrhundert.

Kategorie
Gehoben/mittel. Im Hotel und einigen Zimmern findet man liebevoll restaurierte historische Elemente. Die Doppelzimmerpreise beginnen bei 95 Euro. Im Restaurant können Gäste Oberlausitzer Spezialitäten genießen. Köstliches für Zwischendurch gibt es im Café mit Blick auf den Schlosspark.

Gästeangebot
Das Haus verfügt über Tagungsräume und eine Beautyfarm. Um das Schloss liegt ein schöner Park. Die Umgebung lädt zu Wanderungen im Zittauer Gebirge, Isergebirge, Riesengebirge oder durch die Oberlausitz ein.

Veranstaltungen
Das Haus bietet verschiedene Arrangements für seine Gäste.

Adresse
Ramada Schlosshotel Althörnitz, Zittauer Straße 9, D-02763 Bertsdorf-Hörnitz, Tel. 03583-5500, Fax 03583-550200, www.schlosshotel-althoernitz.de

Burghotel Götzenburg

«Die Burg des Ritters mit der eisernen Hand»

Anreise
Auto: A 81 Ausfahrt Möckmühl.
Bahn: Bahnhof Möckmühl, dann weiter mit dem Bus nach Jagsthausen.

Sehenswürdigkeiten
Jagsthausen und Jagsttal: Die mittelalterliche Stadt lockt nicht nur mit historischer Altstadt, sondern auch mit ihrer landschaftlichen Umgebung mit den sonnigen Flussauen der Jagst und grünen Wäldern. Das gesamte Jagsttal ist durchsetzt mit Schlössern und Burgen der so genannten «*Burgenstraße*», die die Geschichte Schwabens als Ursprungsland deutscher Kaiser und Könige und bedeutender Adelsgeschlechter erzählt.

Kategorie
Gehobene Preisklasse, Doppelzimmer von 125 Euro bis 154 Euro. Historisch eingerichtete Zimmer. Gehobene, regionaldeutsche Küche.

Gästeangebot
Hochzeiten, Tagungsräume, Beautyfarm. Ausblick auf das Jagsttal.

Veranstaltungen
Die Götzenburg ist Schauplatz der alljährlich stattfindenden, landesweit bekannten Burgfestspiele. Namhafte Darsteller aus dem deutschsprachigen Raum bieten neben Goethes Drama «Götz von Berlichingen» wechselnde Schauspiele, Musicals und Märchen jeweils im Zeitraum Juni bis August.

Adresse
Burghotel Götzenburg, D-74249 Jagsthausen, Tel. 07943-94360, Fax 07943-9436200, www.goetzenburg.de

Hotel Bonnschlössl

«Residieren am Bayerischen Meer»

Anreise
Auto: A 8 München–Salzburg, Ausfahrt Bernau.
Bahn: Station Bernau oder Prien am Chiemsee.

Sehenswürdigkeiten
Chiemsee und Umgebung: Das «Bayerische Meer» ist reich an Attraktionen und Freizeitangeboten. Wassersport aller Art ist hier beheimatet, die Alpen laden zum Wandern und Skifahren ein. Die «*Fraueninsel*» mit dem Benediktinerinnenkloster und der karolingischen Klosterkirche ist weltbekannt, auf der «*Herreninsel*» wurde im Schloss Herrenchiemsee das deutsche Grundgesetz aus der Taufe gehoben. Die angrenzenden Ortschaften bieten zahlreiche kulturelle Vergnügungen: so etwa das Heimatmuseum in *Prien*, das Römermuseum und das Automobilmuseum in *Seebruck*.

Kategorie
Mittlere Preisklasse. Doppelzimmer ab 40,50 Euro. Großzügige Zimmer im Schlossstil. Bayerische Küche. Fleisch nur aus der Region, hausgemachte Kuchen.

Gästeangebot
Wellnessbereich, Schlosspark mit Liegewiese, Frühstücksterrasse mit Springbrunnen. Sportanlagen und Golfplatz in der Nähe.

Veranstaltungen
Keine.

Adresse
Hotel Bonnschlössl, Ferdinand-Bonn-Str. 2, D-83233 Bernau, Tel. 08051-9656990, Fax 08051-965699500, www.bonn-schloessl.de

Burg Bernstein

«Exklusiver Familienbetrieb»

Anreise
Auto: A 2 von Wien kommend, Ausfahrt Krumbach (exit 76), Bundesstraße über Kirchschlag nach Bernstein.
Bahn: Bahnhof Oberwart.

Sehenswürdigkeiten
Pannonische Tiefebene: Die sanf- te Landschaft mit geschwunge-nen Hügelketten ist geprägt durch den Bestand an Fichten und Kiefern – und nicht zuletzt durch die Weinberge, in denen vor allem «Blauer Zweigelt» und «Blau- fränkischer» angebaut werden.
Schlösserstraße: Die 14 schönsten Schlösser und Burgen der Steiermark und des Burgenlandes liegen in unmittelbarer Umgebung.

Kategorie
Exklusiv-luxuriös. Doppelzimmer ab 150 Euro. Exquisite österreichisch-ungarische Küche. Wunderschöner Rittersaal. Das Ambiente mit 10 Zimmern ist sehr persönlich. Gäste werden durch das Ehepaar Berger-Almásy wie in einer Familie aufgenommen. Frau Berger-Almásy ist übrigens die Großnichte des Wüstenforschers und ungarischen Grafen Laszlo Almásy aus dem Film «Der Englische Patient».

Gästeangebot
Reiterstall mit Unterbringungsmöglichkeiten, Slotracing-Bahn. Exklusives Mobiliar. Burggarten.

Veranstaltungen
Keine. Die private Atmosphäre soll ungestört bleiben.

Adresse
Hotel Burg Bernstein, Schlossweg 1, A-7434 Bernstein, Tel. 0043-3354-6382, Fax 0043-3354-6520, www.BurgBernstein.at

Schloss Münchenwiler

«Die Schönheit des Seenlandes»

Anreise
Auto: N 1 bis Ausfahrt Murten, Richtung Lausanne, dann der Beschilderung nach Münchenwiler folgen.
Bahn: Bahnhof Murten.

Sehenswürdigkeiten
Schweizer Seenland: Durch den Neuenburgersee, den Murten- und Bielensee bietet die außerordentlich fruchtbare Region zahlreiche attraktive Ausflugsziele, insbesondere das traumhafte Wanderparadies «Großes Moos».
Murten: Der Hauptort des freiburgischen Seenbezirks kann auf eine 800-jährige Tradition und Architekturgeschichte zurückblicken, die sich in der beeindruckenden und in dieser Qualität einzigartig gut erhaltenen begehbaren Ringmauer manifestiert. Daneben laden die Seepromenade und das mittelalterliche Stadtbild zum Flanieren ein.

Kategorie
Modern, gehoben, Doppelzimmer ab 236 CHF. Die Speisekarte bietet Köstlichkeiten aus der Region und aus dem eigenen Schlossgarten, die Zimmer sind komfortabel.

Gästeangebot
Hochzeiten, Tagungen, großzügige Bankette im Festsaal, Restaurant.

Veranstaltungen
Konzerte und Lesungen das ganze Jahr über.

Adresse
Parkhotel Schloss Münchenwiler, CH-1797 Münchenwiler/Murten, Tel. 0041-26-6728181, Fax 0041-26-6728182, www.schlossmuenchenwiler.ch

Nütschau (Benediktinerkloster)

«Mit dem Blick der Liebe sehen lernen.»

Anreise
Bahn: Bahnhof Bad Oldesloe, dann Taxi (6 km), Tel. 04531-4711.
Auto: Autobahn A1 Hamburg–Lübeck, Abfahrt Bargteheide-Kiel in Richtung Kiel auf der A21 (bisher B404) bis Abfahrt Bad Oldesloe-Nord/Tralau/Kloster Nütschau.

Sehenswürdigkeiten
Kloster: Klosteranlage.
Umgebung: Naturlandschaft.

Klosterbetrieb
Buchladen, Tagungs- und Gästehaus, Jugendgästehaus.

Gästeangebot
Erwachsenen- und Jugendbildung, Kloster auf Zeit, offene Angebote für Jugendliche, Gruppen- und Einzelgäste, Teilnahme an den Gebeten, Stiller Bereich für Einzelgäste, Nütschauer Bibeltage, Seminare, Exerzitien, Konzerte.

Unterkunft
Haus St. Ansgar, Tel. 04531-50040.
Jugendgästehaus St. Benedikt, Tel. 04531-5004158.

Adresse
Kloster: Haus St. Ansgar, Schloßstraße 26, D-23843 Travenbrück, Tel. 04531-50040, Fax 04531-5004100, Internet: www.kloster-nuetschau.de, E-Mail: kontakt@kloster-nuetschau.de.

Himmerod (Zisterzienserkloster)

«Unser Tor ist offen – das Herz noch mehr.»

Anreise
Bahn: Köln Hauptbahnhof–Schmidtheim–Dahlem–Jünkerath–Gerolstein–Kyllburg, oder Köln Hauptbahnhof–Rheinstrecke bis Wittlich.
Auto: A48 Koblenz–Trier, Ausfahrt Manderscheid, Richtung Großlittgen oder Autobahn A 48 Trier–Koblenz, Ausfahrt Wittlich, B50 Richtung Bitburg, dann Kyllburg.

Sehenswürdigkeiten
Kloster: Abteikirche, spätgotischer Kreuzgang, Gnadenkapelle, Begegnungsstätte «Alte Mühle» mit Museum (Sammlung internationaler Emailkunst).
Umgebung: Eifellandschaft.

Klosterbetrieb
Landwirtschaft, Buch- und Kunsthandlung, Gaststätte, Fischerei, Onlineshop, Klosterlikör.

Gästeangebot
Einzelexerzitien, Kloster auf Zeit, Mitleben in der Gemeinschaft, Morgen- und Abendmeditation, Angebote für Schulklassen, «Himmeroder Forum» mit Kulturveranstaltungen.

Unterkunft
Gäste- und Exerzitienhaus (Pater Stefan, Tel. 06575-951321), Abtei (Pater Martin, Tel. 06575-951334).

Adresse
Kloster: Zisterzienserabtei Himmerod, D-54534 Großlittgen, Tel. 06575-95130, E-Mail: abtei.himmerod.gmbh@web.de, Internet: www.kloster-himmerod.de.
Himmeroder Forum, Kurfürstenstraße 15, D-54531 Manderscheid, Tel. 06575-951355.

Ottobeuren (Benediktinerabtei)

«Unser Leben folgt bewährten alten Grundsätzen, aber versucht auch das Gute unserer Tage im Klosterleben zu integrieren.»

Anreise
Bahn: Vom Bahnhof Memmingen (Bahnlinie Ulm–Kempten) oder Sontheim (Bahnlinie München–Memmingen) gibt es regelmäßige Busverbindungen nach Ottobeuren.
Auto: A7 Ulm–Kempten, Ausfahrt Memmingen-Süd, Beschilderung Ottobeuren.
A96 München–Lindau, Ausfahrt Erkheim-Ottobeuren, Beschilderung Ottobeuren.

Sehenswürdigkeiten
Kloster: Barockkirche, Bibliothek, Kaisersaal, Kunstsammlung. *Umgebung:* Oberallgäu, Schwäbische Barockstraße, Kirche von Bad Schussenried, Bad Wörishofen.

Klosterbetrieb
Buch- und Kunsthandlung, Bildungshaus, Klostercafé, Garten, Bäckerei, Imkerei, Likörherstellung, Ottobeurer Konzerte.

Gästeangebot
Ottobeurer Studienwoche, Kloster auf Zeit, Besinnungstage, Einkehr im Kloster, Exerzitien, Oblatentage, selbstständig organisierte Tagungen, Seminare, Kurse.

Unterkunft
Abtei-Gästetrakt (Reservierung siehe unten).

Adresse
Kloster: Benediktinerabtei Ottobeuren, Sebastian-Kneipp-Straße 1, D-87724 Ottobeuren, Tel. 08332-7980, Fax 08332-798125, Internet: www.abtei-ottobeuren.de, E-Mail: bildungshaus@abtei-ottobeuren.de.

Ettal (Benediktinerabtei)

«Succisa virescit – abgehauen grünt es neu.»

Anreise
Bahn: Bahnhof Oberau über München–Garmisch, von dort Busverkehr nach Ettal.
Auto: A95 München–Eschenlohe; B2 Eschenlohe–Oberau; B32 Oberau–Ettal.

Sehenswürdigkeiten
Kloster: Gesamtanlage, Basilika, Gnadenbild, Presbyterium, Sakristei, Destillerie des Klosters und Brauereimuseum. *Umgebung:* Schloss Linderhof, Freilichtmuseum Glentleiten, Oberammergau.

Klosterbetrieb
Humanistisch-neusprachliches Gymnasium, Internat für Jungen, Klosterbuchhandlung, Klosterladen, Onlineshop, Buch- und Kunst-Verlag, eigenes Hotel («Ludwig der Bayer»), Bräustüberl, Brauerei, Brauereimuseum, Destillerie, Land- und Forstwirtschaft, Elektrizitätswerk, handwerkliche Betriebe.

Gästeangebot
Kloster auf Zeit, Pfarr- und Wallfahrtsseelsorge, Erwachsenenbildung, Gruppenbetreuung, Führungen durch die Basilika, Ettaler Sommerkonzerte.

Unterkunft
Hotel «Ludwig der Bayer» mit Restaurant, Bräustüberl, Hallenbad, Tennisplatz sowie Ferienwohnungen, Kaiser-Ludwig-Platz 10–12, 82488 Ettal, Tel. 08822-9150, Fax 08822-915420, E-Mail: hotel@kloster-ettal.de.

Adresse
Benediktinerabtei Ettal, Kaiser-Ludwig-Platz 1, D-82488 Ettal, Tel. 08822-740 (Pforte), Fax 08822-74228, Internet: www.kloster-ettal.de, E-Mail: verwaltung@kloster-ettal.de.

Plankstetten (Benediktinerabtei)

«Singend lasst uns vor ihn treten, mehr als Worte sagt ein Lied.»

Anreise
Bahn: Bahnstation Neumarkt/ Oberpfalz (Strecke München–Passau–Nürnberg), von dort Bahnbus Richtung Beilngries.
Auto: A9 München–Nürnberg, Ausfahrt Greding, dann 10 km; B229 bis 25 km südlich von Neumarkt.

Klosterbetrieb
Gästehaus, Jugendhaus St. Gregor, ökologische Landwirtschaft, Klosterschenke mit Biergarten, Klosterladen, Gärtnerei, Bäckerei, Metzgerei, Schreinerei, Schneiderei.

Gästeangebot
Tage im Kloster, Kurse, Tagungen, Vorträge, Meditation, Vorstellung der ökologischen Arbeit, Exerzitien, Besinnungstage, Malkurse, christliche Kontemplation.

Unterkunft
Gästehaus St. Gregor: Einzel- und Doppelzimmer, tellweise Dusche/WC, Tel. 08462-206130, E-Mail: info@kloster-plankstetten.de.

Adresse
Kloster: Benediktinerabtei Plankstetten, Klosterplatz 1, D-92334 Berching, Tel. 08462-2060, Fax 08462-2062, Internet: www.kloster-plankstetten.de E-Mail: info@kloster-plankstetten.de
Touristik: Tourismusbüro Berching, Pettenkoferplatz 12, 92334 Berching, Tel. 08462-2050, Fax 08462-20590, Internet: www.berching.de E-Mail: info@berching.de

Seckau (Benediktinerabtei)

«Dem Gottesdienst soll nichts vorgezogen werden.»

Anreise
Bahn: Bahnstation Knittelfeld (Strecke Wien–Klagenfurt), von dort Bus oder Taxi nach Seckau.
Auto: S36 Murtalschnellstraße bis Ausfahrt Feistritz bzw. Knittelfeld-Ost, dann L517 bis Kobenz und der Beschilderung folgen.

Sehenswürdigkeiten
Kloster: Gnadenbild, Säulenbasilika, Kreuzigungsgruppe, Johannesfresko, gotischer Maria-Krönungsaltar, gotische Plas-tiken, Renaissance-Mausoleum Erzherzog Karls II., Fresken in der Engelkapelle von Herbert Boeckl. *Umgebung:* Graz.

Klosterbetrieb
Abteigymnasium mit Werkstattausbildung, Goldschmiede, Buch- und Kunsthandlung, Kunst-, Möbel- und Antiquitätentischlerei, Destillerie, Gasthof «Hofwirt».

Gästeangebot
Mitleben in der Hausgemeinschaft, «Ostern in Seckau», Theologische Tage, Meditationskurse, Hobbykurse der Kunst-, Möbel- und Antiquitätentischlerei, Schaubrennerei, kulturelle Veranstaltungen, Ausstellungen.

Unterkunft
Klostergasthof «Hofwirt», Tel. 0043-3514-56450, *Jugendherberge und Klostergästetrakt*, Tel. 0043-3514-52340.

Adresse
Abtei Seckau, A-8732 Seckau 1, Tel. 0043-3514-5234, Fax 0043-3514-5234105, Internet: www.abtei-seckau.at, E-Mail: verwaltung@abtei-seckau.at.

Kloster Neustift (Augustiner-Chorherrenstift)

«Seit den Zeiten der mittelalterlichen Latein- und Schreibschule beleben Schüler bis zum heutigen Tage dieses Kloster.»

Anreise
Bahn: Brenner–Vahrn (Richtung Brixen).
Auto: Brennerautobahn A22, Ausfahrt Vahrn-Nord (Brixen).

Sehenswürdigkeiten
Kloster: Basilika, gotischer Kreuzgang, Engelsburg, Stiftsbibliothek, mittelalterlicher Weinkeller.
Umgebung: Brixen, Bozen, Südtiroler Weinstraße, Eisacktal.

Klosterbetrieb
Bildungstätigkeit, Klosterladen, Weinkeller.

Gästeangebot
Führungen, Kurse, Seminare, Bibelzentrum, Computerzentrum, Aus- und Weiterbildung, religiöse Orientierungshilfe, praktische Bibelarbeit, Ökozentrum.

Unterkunft
Hotel «Pacher», Pustertaler Straße 6, 39040 I-Vahrn/Neustift, Tel. 0039-0472-836570, Fax 0039-0472-834717, Internet: www.hotel-pacher.com, E-Mail: info@hotel-pacher.com.

Adresse
Kloster: Augustiner-Chorherrenstift Neustift, Stiftstraße 1, I-39040 Vahrn, Tel. 0039-0472-836189,
Fax 0039-0472-837305, Internet: www.kloster-neustift.it,
E-Mail: bildungshaus@kloster-neustift.it.

Einsiedeln (Benediktinerabtei)

«Höre und du wirst ankommen.»

Anreise
Bahn: Bahnstrecke Zürich–Einsiedeln.
Auto: Zürich (A3)–Ausfahrt Einsiedeln.

Sehenswürdigkeiten
Kloster: eindrucksvolle Klosteranlage mit Gnadenkapelle, Deckenfresken von C. D. Asam (größtes Freskengemälde der Schweiz), Stuckaturen, Stiftsbibliothek.
Umgebung: Sihlsee, Luzern, Vierwaldstätter See, Zürich.

Klosterbetrieb
Gymnasium, Theol. Fakultät, Klosterladen, Weingut, Gärtnerei, Forstabteilung, Gestüt.

Gästeangebot
Besinnungstage, Reiten.

Unterkunft
Kloster: Gästezimmer (Reservierung siehe unten).

Adresse
Kloster: Benediktinerabtei Einsiedeln, CH-8840 Einsiedeln, Tel. 0041-55-4186111, Fax 0041-55-4186112, Internet: www.kloster-einsiedeln.ch,
E-Mail: gastpater@bluewin.ch.
Touristik: Einsiedeln Tourismus, Hauptstraße 85, CH-8840 Einsiedeln, Tel. 0041-55-4184488, Fax 0041-55-4184480, Internet: www.einsiedeln-online.ch,
E-Mail: info@einsiedeln.ch.

Klöster laden ein, Tage oder Wochen der Stille und der inneren Einkehr im Zusammenleben mit ihrer Ordensgemeinschaft zu verbringen. Wer heute auf der Suche nach sich selbst – oder nach Gott – einen Konvent aufsucht, wird nicht nach Religiosität oder Konfession gefragt. Das Klosterleben auf Zeit soll keine Weltflucht bedeuten, sondern diejenigen, die es in Anspruch nehmen, zu Ruhe und Innerlichkeit, zu Bescheidenheit und Einfachheit führen. So können sie anschließend ausgeglichener und spirituell gestärkt in das Alltagsleben zurückkehren.
Viele Klöster bieten eine prunkvolle Ausstattung, hier der Bibliothekssaal von Ottobeuren: 44 Marmorsäulen tragen die Empore, in der Raummitte wacht eine Statue der Minerva, der römischen Schutzgöttin der Wissenschaft, über die wertvolle Büchersammlung.

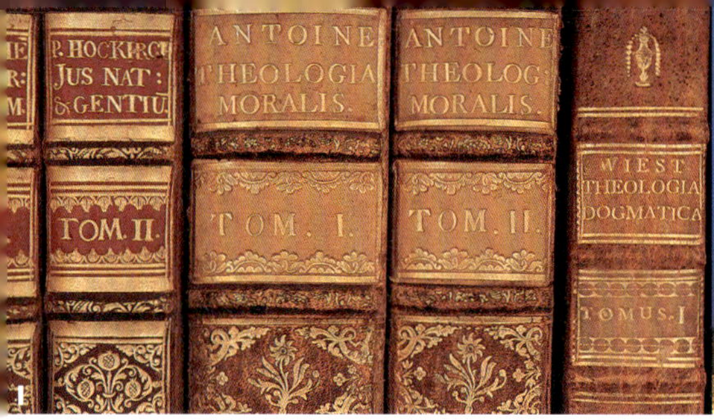
ANTOINE
THEOLOGIA
MORALIS
TOM. I.
ANTOINE
THEOLOG
MORALIS
TOM. II.
WIEST
THEOLOGIA
DOGMATICA
TOMUS. I
TOM. II.
1

2

3

1 Die Bibliothek im Empfangszimmer von Kloster Weltenburg. **2** Schloss Schönburg in der Spätdämmerung. **3** Das Kutschenmuseum führt in die Geschichte des Wagenbaus ein. **4** Detail aus der Bibliothek in Schloss Ralswiek. **5** Der Weinkeller der «Alten Münze». **6** Ritter auf Burg Stargard. **7** Steinschleuder in Stargard.

1 Buchmalerei in Kloster Einsiedeln. **2** Admonter Klosterladen. **3** Schnitzarbeit im Kloster Weingarten. **4** Kloster Maria Laach: Kräutergärtnerei.

Impressum

Die Fotografen
Thomas Härtrich, Reportage-, Porträt- und Architekturfotografie, Mitinhaber der Agentur «transit», lebt in Leipzig.

Mirko Milovanovic studierte Fotodesign in Dortmund und arbeitet seit 1993 als freier Fotograf vor allem für Werbung, Reise, Theater- und Tanzprojekte. Darüber hinaus realisiert er multimediale Arbeiten und Diavorträge. Er lebt in München.

Axel Mosler, freier Reise-, Werbe- und Architekturfotograf, Bildautor zahlreicher Reisebildbände zu europäischen und internationalen Themen. Lebt in Dortmund.

Autoren und Redaktion
Lukas Meermann (Burgen und Schlösser), freier Autor und Redakteur, arbeitet für Zeitschriften, Zeitungen und Buchverlage. Lebt in München.

Hanspeter Oschwald (Klöster), Redakteur und Publizist, beschäftigt sich seit seiner Jugend mit Kirchenfragen. Er war viele Jahre bei dpa, darunter in Rom und Paris, Außenpolitikchef der WELT und Auslandschef des FOCUS. Schrieb Bücher u.a. über den Vatikan, über die Päpste Benedikt XVI. und Pius XII. sowie Klosterurlaubsführer.

Anette Späth (Redaktion), freie Lektorin, Redakteurin und Autorin im Reise- und Outdoorbereich, arbeitet für Buch- und Zeitschriftenverlage. Sie lebt in Breisach am Rhein.

Danksagung:
Autoren und Verlag danken allen Burg- und Schlosshotels für die Erlaubnis der Präsentation in diesem Band, für die Überlassung der Nutzungsrechte an ihrem Bildmaterial sowie für die Erlaubnis, aus ihren Webseiten zu zitieren. Der Autor dankt den Klöstern und örtlichen Fremdenverkehrsämtern für die Erlaubnis, aus ihren Webseiten zu zitieren.

Wir danken allen Rechteinhabern und Verlagen für die Erlaubnis zu Nachdruck und Abbildung. Trotz intensiver Bemühungen war es nicht möglich, alle Rechteinhaber zu ermitteln. Wir bitten diese, sich an den Verlag zu wenden.

Alle Angaben dieses Bandes wurden von den Autoren sorgfältig recherchiert und vom Verlag auf Stimmigkeit und Aktualität geprüft.
Allerdings kann keine Haftung für die Richtigkeit der Informationen übernommen werden.
Für Hinweise und Anregungen sind wir dankbar.

Zuschriften an den:
Bruckmann Verlag,
Produktmanagement,
Postfach 400209,
D-80702 München
E-Mail: lektorat@bruckmann.de

Bildnachweis:
Thomas Härtrich fotografierte die Burgen und Schlösser im Kapitel Hessen, Thüringen, Sachsen und Sachsen-Anhalt sowie in Bayern die Steinburg, Wernberg und Saaleck.
Mirko Milovanovic fotografierte die Klöster.
Axel Mosler fotografierte die Burgen und Schlösser im Kapitel Nordrhein-Westfalen und Rheinland-Pfalz.

Alle weiteren Bilder stammen von (Die Ziffern nach dem Punkt beziehen sich auf die Bildnummern der jeweiligen Seite): Archiv für Kunst und Geschichte, Berlin: S. 1, 80.1, 194.1; «Auf Schönburg»: S. 82.4, 83.5; Bildarchiv Preußischer Kulturbesitz, Berlin: S. 102.2; 169.6; 191.4, 231.5; Bildarchiv Steffens, Mainz: S. 107.7; Oliver Bolch: S. 218.1 u. 2, 220.1–3, 221 (4), 222 (3), 223 (4), 224 (3), 232 (4), 234.1-4 u. 6, 235.7 u. 8, 236.1 u. 2, 238.1 u. 2, 239.5 u. 7, 240.1 u. 2, 241.4, 5 u. 7, 242.1 u. 3; Burg Bilstein: S. 68 (4), 50.3; Burg Ehrenfels: S. 9.4, 270.1 u. 3, 272.1; 273.5 u. 6; Burg Finstergrün: S. 242.2, 244 (4), 245 (2); Burg Hessenstein: S. 92.3, 93.6; Burg Hohenberg: S. 2.7; Burg Lockenhaus: S. 234.5; Burg Mariastein-Rotberg: S. 256.3, 258.1; Burg Stargard: S. 26.2, 28.1 u. 3, 285.6; Burg Wernberg: S. 170.2, 3, 172.1 u. 2, 173.6; Castello Seeschloss: S. 262.1 u. 3, 263.9, 264 (3), 265.4 u. 5; Ehrenburg: S. 72.3, 74.2-4;
Thomas Härtrich: S. 6.1, 11.3; Achim Käflein: S. 2.8, 156 (4), 158.1 u. 3, 159 (4), 256.1, 2 u. 4, 258.2–4, 259 (3), 260 (4), 262.2 u. 4, 263.5-8, 265.6, 270.2 u. 4, 272.2–4, 273.7, 274 (4), 277 (3), 278 (3); Detlef Klose: S. 14 (4), 16 (3), 17 (3); Kloster Habsthal: S. 144.2, 146 (4), 147 (4); Axel Mosler: S. 3.10 u. 12, 10.1, 11.4, 284.2; Schloss Augustusburg: S. 118.3, 121(3), 284.3; Schloss Elmau: S. 208.1 u. 2, 210.5; Schloss Eringerfeld: S. 44.1, 47.7; Schloss Hohendorf: S. 22.3, 24.1; Schloss Hubertushöhe: S. 32 (4), 33(3), 34.3, 35 (2); Schloss Hugenpoet: S. 52.3, 55.4; Schloss Kronberg: S. 7.2; Schloss Lehen: S. 158.2; Schloss Lembeck: S. 56.1; Schloss Mönchstein: S. 218.3 u. 220.4; Schloss Neuburg: S. 194.3; Schloss Neufahrn: S. 178.2, 180.1, 2 u. 4; Schloss Ralswiek/Wiesenberg: S. 3.11, 18.3, 20.3; Schloss Spangenberg: S. 101.5; Schloss Steinburg: S. 168.3, 169.4; Schloss Stubenberg: S. 236.3 u. 4, 238.3 u. 4, 239.6 u. 8, 240.3, 241.6; Schloss Vellberg/Christoph Bauer: S. 4/5; Tom Schulze: S. 11.5, 18.1,2 u. 4, 20.1, 2, 4 u. 5, 21 (2), 22.1, 2 u. 4, 24.2 u. 3, 25 (5), 26.1, 3 u. 4, 28.2, 29 (3), 30 (4), 34.1 u. 2, 285.4,5 u. 7; Martin Siepmann: S. 178.1, 3 u. 4, 180.3, 181.5 u. 6, 188 (2), 190.2, 191.5–7, 192 (3), 194.2, 195 (4), 208.3 u. 4, 210.1–4, 211 (4); Gerhard Trumler, Wien: S. 7.3, 8.1, 9.2 u. 3, 10.2, 177.3; Veste Oberhaus: S. 190.1 u. 3; Wachsenburg: S. 108.3; Wartburg: S. 107.9; Wasserburg Anholt: S. 62.2, 64.1, 65.5; Wasserschloss Westerburg: S. 114.4, 161.1 u. 3, 117.8;

Die Aufnahmen vom Kloster Weingarten entstanden mit freundlicher Genehmigung des Staatl. Vermögens- und Hochbauamts Ravensburg.

Produktmanagement: Susanne Kuhl
Umschlaggestaltung: Studio Schübel, München
Layout: graphitecture, Rosenheim
Kartografie: Astrid Fischer-Leitl
Herstellung: Bettina Schippl
Repro: Repro Ludwig, Zell am See
Printed in Italy by Printer Trento

Einbandfotos: Vorderseite: oben: Schloss Ralswiek (Schulze), Burghotel Schwalenberg (Mosler)
Rückseite: Hochzeitspaar im Schloss Obermayerhofen
Vordere Klappe:
S. 1: Oberwesel am Rhein mit Burgruine Schönburg, Gemälde von Johann H. Schilbach, 1832.

Die Deutsche Nationalbibliothek verzeichnet diese Publikation in der deutschen Nationalbibliografie; detaillierte bibliografische Daten sind im Internet über http://dnb-nb.de abrufbar.

Die Originalausgaben erschienen 2003 unter dem Titel Zeit für Klöster und 2004 unter dem Titel Zeit für Burgen und Schlösser in der C.J. Bucher Verlag GmbH, München.

ISBN 978-3-7654-5531-5

Eucharistiefeier im Benediktinerkloster Mariastein in der Schweiz